北大知识产权评论
Peking University Intellectual Property Review
（2018年）

张 平◎主编

图书在版编目(CIP)数据

北大知识产权评论.2018年/张平主编.—北京:北京大学出版社,2020.10
ISBN 978-7-301-31731-0

Ⅰ.①北… Ⅱ.①张… Ⅲ.①知识产权—研究—文集 Ⅳ.①D913.04-53

中国版本图书馆 CIP 数据核字(2020)第 191481 号

书　　　名	北大知识产权评论(2018年) BEIDA ZHISHI CHANQUAN PINGLUN（2018 NIAN）
著作责任者	张　平　主编
责 任 编 辑	孙战营
标 准 书 号	ISBN 978-7-301-31731-0
出 版 发 行	北京大学出版社
地　　　址	北京市海淀区成府路 205 号　100871
网　　　址	http://www.pup.cn
电 子 信 箱	law@pup.pku.edu.cn
新 浪 微 博	@北京大学出版社　@北大出版社法律图书
电　　　话	邮购部 010-62752015　发行部 010-62750672　编辑部 010-62752027
印 刷 者	北京虎彩文化传播有限公司
经 销 者	新华书店
	730 毫米×980 毫米　16 开本　13.5 印张　335 千字 2020 年 10 月第 1 版　2020 年 10 月第 1 次印刷
定　　　价	36.00 元

未经许可，不得以任何方式复制或抄袭本书之部分或全部内容。
版权所有，侵权必究
举报电话: 010-62752024　电子信箱: fd@pup.pku.edu.cn
图书如有印装质量问题，请与出版部联系，电话: 010-62756370

目 录

十年一剑　砥砺前行
——《国家知识产权战略纲要》实施十周年有感
　　………………………………………………… 张　平　001

批评知识产权的中国声音（1998—2003 年）
——观念史的梳理 ……………………………… 陈倩蓉　011

论科技资源共享的改进
　　……………… 张　平　张金平　邱祎杰　赫运涛　024

禁止反悔原则对专利权行使的约束与规范
——从专利默示许可谈起 ……………………… 季冬梅　036

中美专利侵权诉讼时效制度的比较 ……………… 宋德峰　054

专利劫持、许可费堆叠与反向劫持的理论与现实
　　…………………………………………………… 崔亚冰　064

网络专利侵权中电子商务平台经营者转通知义务
研究 …………………………… 李佳笑　刘雯媚　080

中韩实用新型专利审查制度比较及启示 ………… 姜珍英　092

美国与印度、巴西的 301 争端及对中国的启示 …… 徐美玲　106

锚定效应视角下的专利审查驳回案 ……………… 刘　耘　120

论网络交易平台提供商商标帮助侵权中的"故意"
　　…………………………………………………… 王　丹　129

中国"本土化"局部外观设计制度的初步构想
　　……………………………………………… 王　珺　西村洋　146

区块链技术在知识产权确权和交易中的运用及其
　　法律规制 ……………………………… 马　超　邱　睿　168

网络游戏直播的著作权问题分析 ……………… 刘　彤　178

规范手机 APP 对个人数据收集的相关探讨
　　——以必要性、知情同意原则为视角 ………… 张立祥　188

论网络游戏直播与二次创作著作权的合理使用 … 于　韵　199

编后记 …………………………………………………… 210

十年一剑　砥砺前行
——《国家知识产权战略纲要》实施十周年有感[*]

张　平[**]

历史总是在进步中轮回,十年前《国家知识产权战略纲要》颁布时,我们遇到的知识产权国际困境今天似乎再现,而我国的知识产权保护及应用的现状却是今非昔比。十年间,在《国家知识产权战略纲要》的引导下,我国在知识产权创造、保护、管理和应用方面取得了巨大的进步,知识产权这柄市场竞争之剑已经小露锋芒,企业知识产权战略也从无知、觉醒到炼成,进入了新的高度。

在我国开始实施知识产权制度的时候,人们对知识产权战略的认知还仅停留在企业层面,很少提到国家战略高度,但是2002年7月3日,日本建立了知识产权战略会议制度,颁布了《日本知识产权战略大纲》[①],提出了"知识产权立国"的口号,这一改我们曾经信奉的"实业救国""教育立国""科技兴国"的理念。一个小小的知识产权问题怎么能与立国相提并论?在专利领域,即使在我国《专利法》实施已经17年之久的2002年,我国专利申请布局上大多是外国公司的专利申请,特别是在所有技术领域中的发明专利申请几乎是外国公司的天下,专利代理机构也都以涉外代理为主要业务来源,甚至在国外专利申请高峰时,专利局的审查部门也承担一部分国际专利申请的翻译业务;在商标领域,国外驰名商标占据了城市的主要街面,在合资合作中,我国企业的商

---

[*] 本文原载于国务院知识产权战略实施工作部际联席会议办公室组织编写:《一项兴国利民的国家战略——〈国家知识产权战略纲要〉颁布实施十周年纪念文集》,知识产权出版社2018年版。

[**] 张平,北京大学知识产权学院常务副院长、北京大学法学院教授,兼任中国知识产权研究会副会长、中国科技法学会常务副会长兼秘书长、中国知识产权法学研究会副会长、国家知识产权专家咨询委员会委员、最高人民法院特邀咨询员。在《国家知识产权战略纲要》制定过程中,担任"科技创新与知识产权战略研究"专题组常务副组长。

[①] 钱孟姗译:"日本知识产权战略大纲",载张平主编:《网络法律评论》(第4卷),法律出版社2004年版,第297页。

标被雪藏和封杀，我国的执法部门保护的也都是国外商标权人的权利；在著作权领域，当时在打击侵犯国外著作权人的盗版行为，电视里充满了火烧盗版光盘的画面，政府在做软件正版化的推动，首先就是要花费巨资购买正版的电脑操作系统。在这样的知识产权状况和对知识产权制度的认知水平上，我们突然听到邻国的"知识产权立国"，一时茫然不知所云，又有如醒世惊雷方才觉悟，原来发达国家的经济体系中，知识产权有如此重要地位，在我们还强调用农民工的血汗劳动进行贴牌加工换得 GDP 的增长时，发达国家用一个商标许可就拿走了大部分的利润。难怪他们可以把知识产权作为立国之本。也是在 2002 年，日本颁布了《日本知识产权基本法》②，成立了知识产权战略本部，全面开始了国家知识产权战略推进计划。那一年，我开始关注"国家知识产权战略"，并组织了研究小组，开始集中翻译、整理日本的"国家知识产权战略"。此时才发现，早在 1997 年，日本就成立了知识产权委员会，发布了《迎接智力创造时代的挑战》③，专门为日本特许厅提供面向 21 世纪的日本知识产权政策方面的建议。该报告集中讨论了以下问题：

（1）经济全球化和知识产权；
（2）加大在发展中国家的知识产权保护力度；
（3）增加知识产权的价值；
（4）作为经济意义上的资产的知识产权；
（5）与科技有关的基本法律带来的影响；
（6）通过知识产权来实现新科技的不断进步。

该报告提出 8 个进入 21 世纪知识产权保护体系方面的对策，也是后来日本提出的"知识产权立国"以及《日本知识产权基本法》的前期研究基础。

也是在同一年，英国知识产权委员会发布《知识产权与发展政策整合研究报告》，国家知识产权局条法司翻译了此文。这份报告尽管受英国政府委托，但确实是由来自世界各地的专家独立自由思考和研究完成的，其任务在于：

- 在包括 TRIPS 这样的国际条约的范围内，怎样最好地规划国家知识产权制度才能使发展中国家从中受益；
- 怎样才能改善、发展由规则和协议组成的国际框架——例如，在传统保护领域——以及怎样改善、发展 IPR 规则和包括使用基因资源这样的制度之间的关系；
- 需要更广泛的政策体系以补充知识产权制度，这些知识产权制度包括通过竞

---

② 〔日〕中村真帆译，王莹莹校："日本知识产权基本法"，载张平主编：《网络法律评论》（第 4 卷），法律出版社 2004 年版，第 314 页。

③ 张铭、李慧南译，廖文彬校："迎接智力创造时代的挑战"，载张平主编：《网络法律评论》（第 4 卷），法律出版社 2004 年版，第 267 页。

争法规、法律来控制反竞争做法。④

看过这份报告,国人才开始重视知识产权制度的另一层面,那就是知识产权制度不仅能促进创新,也可能阻碍创新;不仅可以促进市场竞争,也会阻止公平竞争。特别是在一个开放的经济体中,原来弱势的中小企业可能被知识产权强势企业所吞噬,排斥在市场竞争之外。为了维护知识产权制度对经济、科技、文化产业的平衡发展带来的影响,竞争法对知识产权保护的规制是非常必要的。这份报告的前言里说得再清晰不过了:"可能是我们所生存的时代鼓励盲信教条。这影响了很多方面,也肯定影响了整个知识产权领域。一方面,发达国家一些有影响力的游说议员相信,所有的知识产权都对商业有利,普遍地对公众有益,并能作为技术进步的催化剂。他们相信并呼吁:既然知识产权是有好处的,那么知识产权越多越好。另一方面,发展中国家一些充满抱怨的游说议员认为,知识产权可能会削弱本地工业和技术的发展,对本地居民有害,除了对发达国家有利外,不会对任何人有好处。他们相信并呼吁:既然知识产权是有害的,那么越少越好。实施 TRIPS 的作用并没有导致存在分歧双方之间的隔阂缩小,而是更加促进了双方坚定已有的观点。那些支持更多知识产权和支持建立'水平竞技场'的人欢迎 TRIPS 作为实现他们目的的有用工具。再一方面,那些认为知识产权对发展中国家有害的人相信,在 TRIPS 实施之前,经济竞技场是不平等的,它的引入加重了不平等性。人们如此坚定、真诚地坚持这些观点以至于不时表现出来哪一方也不愿意听取另一方的意见。""对于知识产权制度是有利还是有害,发达国家在长期的交换中已经达成知识产权和解。虽然在某些时候不利的方面超过有利的方面,但是基本上发达国家经济能力很强,并建立了法律机制来克服引起的问题。在其有利的方面超过不利方面的范围内,发达国家利用提供的机会创造了财富、增强了基础机构。而对于发展中国家和最不发达国家来说,情况可能就不是这样。"⑤

该报告提出的建立法律机制克服知识产权制度的不利一面即是通过制定《反垄断法》来防止知识产权的权利滥用,而当时我国并没有《反垄断法》,所以,在知识产权制度的运行方面我国缺少了一个轮子,变得非常不平衡,才会导致在知识产权制度实施近二十年的时候,市场主体还没有进入角色,当时少有的几家国有大型企业的专利拥有量仅在十位数,大多数企业在个位数或者没有知识产权。民营企业中也只有华为一枝独秀,大多数民营企业的产品在走出国门的时候都遇到知识产权诉讼的阻止。

此时看到的这份来自发达国家的知识产权报告才给我们展示了知识产权制度的两面性。

也是在 2002 年,美国专利商标局发布了《21 世纪战略计划》,该计划以全球为视角,展望了一种美国发明人为在世界范围内保持竞争优势所需要的专利商标体系。美

---

④ 参见国家知识产权局条法司译本。
⑤ 同上。

国专利商标局也提出了非常具体的发展目标:"致力于创建一种高效率、高生产率、对市场反应灵敏的组织机构,并支持21世纪的以市场驱动为中心的知识产权制度。"这份报告强调了美国专利商标局需与其他国家的知识产权组织在自动化、全球专利分类和检索方面相互合作。该计划不仅要求美国专利商标局在行为上的转变,还要求知识产权制度内的所有参与者都进行适当的行为上的转变。这份报告给我的直接启示是:知识产权制度是市场驱动型制度。这也成为我日后参与国家知识产权战略研究中的定位点和主要研究结论:知识产权制度诞生于市场经济,发展于市场经济,服务于市场经济。知识产权制度以市场经济为服务对象,其本质作用是鼓励垄断,通过获得垄断权激励市场主体进行创新。远离市场的创新与竞争活动,知识产权制度无法发挥作用;市场经济不完善的领域知识产权制度的作用有限。中国目前的市场经济还相当不完善,还属于发展中国家,知识产权的创造和应用能力都很薄弱。在引入一个更加有力的知识产权保护体系之后,短期内可能看不到知识产权对国家经济发展的直接贡献,这是因为强有力的保护体系所带来的收益可能需要较长时间才能体现出来。成本和收益在这方面的矛盾更难动员未来的受益者进入当下的投入之中,特别是对于国有企业来说,在管理模式和企业经营模式上,在资本运用方式上,都没有实现从传统资本运营向以知识产权为核心的资本运营的转型。在市场营销环节,对一些操作性极强的因市场区分策略产生的专利许可、专利联营引起的知识产权竞争问题明显应对不足。所以,要实现创新型国家的目标,依然任重道远。而在实施国家知识产权战略上,制定出既符合国际惯例又符合国情的产业政策更具有重要意义。⑥

正是基于上述研究基础,2004年我和当时还在条法司工作的何越峰副司长一起策划了一本书,书名就是《论国家知识产权战略》,计划评论一下几个主要国家的"国家层面"的知识产权战略计划或者纲要,并给出对我国国家知识产权战略的思考和建议,出书计划已经报给知识产权出版社,由时任知识产权编辑室主任李琳老师担任责任编辑,出书预告很快就发布了。就在这时,国家知识产权局开始酝酿筹备国家知识产权战略研究计划,我们两位作者自知这个书名会产生一些混淆,也希望等我国的国家知识产权战略清晰之后再做主张,此书搁浅,而后放弃,李琳老师理解我们的想法,也没有算作我们违约。

2005年,国家知识产权战略研究正式开始,由时任国务院副总理吴仪领导,国家知识产权战略制定工作领导小组办公室牵头,20个部委参与其中,共分为20个专题组,一个总纲组。由各相关部委的部长(副部长)任专题组长。其中专题三是"科技创新中的知识产权问题研究",由时任科学技术部副部长李学勇任专题组长,我担任专题组常务副组长。整个项目的专家组成依托于北京大学知识产权学院,整合科学技术部、

---

⑥ 参见张平:"论知识产权制度的'产业政策原则'",载《北京大学学报(哲学社会科学版)》2012年第3期。

国家知识产权局、清华大学、中国科学院、上海大学、同济大学、中南大学、武汉大学、北京航空航天大学等研究机构,广东、湖南、湖北、辽宁、上海、重庆等地方科技厅以及华为公司、方正集团、大唐电信等产业资源共计47人组成专业骨干研究团队。自2005年12月签订任务书至2006年12月完成研究报告,再至2007年1月首批通过验收,在1年的时间里,我们进行了大量的国内调研和国外资料翻译,尽管我们参与的是"科技创新中的知识产权问题研究",但是该题目涉及整个知识产权制度与科技创新的关系问题。该专题的研究过程也是研究团队对知识产权制度重新认识的过程,客观、独立、理性认识我国科技创新中的知识产权问题和今后发展中的对策是我们秉持的基本研究原则。WTO创设的国际知识产权制度改变了科技创新成果平等利用的法律格局。发达国家重新调整了创新战略,利用知识产权制度争夺国际贸易市场。知识产权制度已不仅仅是激励创新的法律保障,更被用作巩固科技优势、贸易地位、垄断和控制国际市场的战略工具。国家间技术先进性竞争已经演变为技术垄断性的竞争。必须让我国的科技界认识到仅有创新能力和创新成果是不够的,还要将创新成果权利化、市场化。

白驹过隙,在《国家知识产权战略纲要》实施五周年的时候我曾经写过一篇小文,今日读来,犹若昨日重现,我国在知识产权问题上面对的困局仍在,我的思考仍在。不妨将这篇文章全文附于此,也算作十周年的再度思考。

国家知识产权战略实施五周年有感[⑦]

回顾过去五年,在国际贸易体系下的国家之间、企业之间的知识产权战略竞争异常激烈,知识产权制度远超过法律应用的范畴,已然成为国家之间政治、经济、科技和文化竞争的工具。

(一)知识产权制度让跨国公司占尽利益

从历史上看,知识产权制度并不是在WTO框架下建立起来的,但是WTO框架为知识产权制度的一体化创造了前所未有的条件。这种一体化是建立在TRIPS有关知识产权的最低保护水平之上的。在知识产权与国际贸易结为一体的大背景下,"强保护"的知识产权为各跨国公司进入发展中国家市场牟取暴利提供了极大的制度便利。

通过在某一产业、行业精心的知识产权布局和不公平的合资合作协议,跨国公司可以独占相关领域的竞争优势,坐收巨额的许可费用。我国的汽车领域和日用化工领域是最为明显的例子,彻底开放的市场没有为国内企业换来竞争优势,在这两个领域的贴牌制造反而让早先还有一定研发基础的产业失去创新的机会。汽车产业由于早期签订的合资协议中对中方创新和申请专利的约束,导致在合资生产中中方没有任何

---

⑦ 张平:"国家知识产权战略实施五周年有感",载《中国法律》2013年第5期。

创新权利和任务可言。难怪在我国《专利法》实施 20 年之后,几大汽车公司没有什么专利申请,早先希冀的"以市场换技术"的开放目的没有达到,汽车产业用了 30 年的时间也没有形成有竞争优势的汽车品牌,相比韩国和日本,同样也是用 30 年的发展时间,汽车产业在世界的影响力大不一样。我国日用化工领域更为悲惨,当年还有一些洗涤、护肤用品的知名商标,像"熊猫"洗衣粉、"雪花"膏等今天已经"销声匿迹"。跨国公司在日用化工领域没有发动太多的专利战术,但是通过企业收购和"雪藏"商标也达到了垄断市场的目的。而在 IT 领域,在跨国企业强大的知识产权优势下,开放的市场导致的是国内企业支付高昂的许可使用费,本可以利用巨大的国内市场换取先进的技术,至少应当换得知识产权利用上的优惠,但在缺少谈判技巧以及国内各部门缺少协调的情况下,从整个产业来看,国内产业依然处于"被许可方"地位。专利与技术标准相结合,进一步固化了跨国公司的技术优势。跨国公司将其专利技术与技术标准捆绑在一起,联合经营,打包许可,一方面在国际标准化机构中控制着标准实施的专利政策,另一方面推动国内实施国际标准的义务,双管齐下,国内企业无法逃脱标准专利的进攻与围堵。

在国外驰名商标强大的市场效应以及国内企业所谓"加工经济"的贴牌政策下,国内企业既付出了高昂的商标许可费,也没有在消费者市场中占据一席之地,在中国这个国际贸易市场中,人力成本比较优势所获得的利益与跨国公司的收益相比相形见绌。

(二) 欧美的国内法挡住了中国企业的出门之路

欧美发达国家对贸易自由向来都奉行"双重标准",对自己企业进入他国市场高举"自由竞争"大旗,对外国企业进入本国市场却严守贸易保护主义。

美国的"337 调查"就是最明显的贸易保护主义行为。历史上,凡是对美国国内市场构成竞争的外国企业,几乎都遭到过"337 调查"。当中国企业天真地认为在加入 WTO 之后就可以自由进入美国贸易市场时,面对的正是"337 调查"的当头棒喝。美国国际贸易委员会(ITC)公布的最新数据显示,中国已经连续 10 年成为遭遇美国"337 调查"案件数量最多的国家。在 2012 年,中国企业遭受美国"337 调查"13 起,虽然同比有所减少,但仍处于历史高位,而且应诉的难度越来越大。2013 年年初,ITC 宣布,对包括华为、中兴在内的多家厂商生产的 3G 和 4G 无线设备发起"337 调查",以确定这些产品是否侵犯美国公司的专利权。"337 调查"以贸易救济为名,行单边制裁性质的贸易保护行为之实,其启动门槛低,应诉费用高,成为中国企业进入美国市场的重要贸易阻碍,也成为一种新型竞争手段和隐形知识产权壁垒。

发达国家关注知识产权保护,更多的是出于维护其自身利益的考虑。一方面,发达国家把知识产权保护当成进入市场的"矛",使其拥有知识产权的大企业在进入中国市场后能够获得最大利益;另一方面,也把知识产权当成市场防守的"盾",对中国企业进入国外市场设置重重壁垒。相比之下,中国企业的知识产权之"矛"不够锋利,知识产权之"盾"不够坚实。作为知识产权战略实施主体的企业在产品的知识产权布局上缺少预见性和市场规划,获得知识产权的动力多来自短期利益的需求,也使其在走出国门时无法利用知识产权"武器"。

(三) 区域和双边贸易协定:我们还将失去什么

在WTO框架下占尽利益之后,发达国家为了进一步推动知识产权保护水平的提高,开始通过区域贸易和双边贸易谈判寻求WTO之外的知识产权惠益。考察相关区域贸易协定中的知识产权政策,可发现其具有一个共同特点,即包含超过TRIPS标准的义务,这通常被称为"超TRIPS"(TRIPS-plus)规则。它主要包括几种情形:第一,针对TRIPS未涉及的问题作出规定;第二,针对TRIPS已有规定的问题,设定高于TRIPS的义务;第三,针对TRIPS允许选择的授权性条款,取消其灵活性将其转为强制性义务。例如,美国近年来通过双边自由贸易协议(FTA)逐个迫使其贸易伙伴提高知识产权保护水平,谋求比TRIPS更为严格的保护标准。

在FTA为代表的区域和双边贸易协定框架下,只有点对点的贸易伙伴谈判,不再有面对面的对峙。发展中国家与发达国家划分和南北集团结盟的实质意义已经大为削弱,这不仅使得既有国际条约给予发展中国家的特殊待遇不复存在,也使得本可以借助结盟的集体力量弥补相对弱势不足的发展中国家陷入更加不利的地位。欧美发达国家通过逐个击破的手段逐步提高国际知识产权保护水平,当越来越多的发展中国家市场被攻破后,最后坐上谈判桌的国家只能面对"被围剿"的尴尬。这是当前实施国家知识产权战略所必须重视的一个新情况、新形势。

(四) 专项打击行动的局限

中国知识产权的运动式执法既是法治不完善的无奈选择,也是应对国际压力的被动所迫。中国知识产权制度的建立与改革开放大门的开启基本是同步的,在改革开放初期,知识产权专项打击行动是国家整个运动式执法的一部分。但在市场经济相对完善的今天,知识产权专项打击行动仍然时有出现,不能否认这背后的国际压力。当国家领导人与外国领导人的对话仍离不开知识产权保护的话题时,不定期的知识产权专项打击行动就不会停止。

"双打""亮剑""剑网""护航"等专项行动,刑事、行政责任并举,确实严厉打击了恶意侵害知识产权的行为,但由此带来的问题是,作为TRIPS确定的"私权"有被"公权"过度保护的嫌疑。

面对赤裸裸的利益诉求,发达国家所声称一直捍卫的民主、法治等基本价值被远远抛弃一边,外国政府的领导人可以直接过问在中国的知识产权案件,领事馆也极力向各级政府部门施加影响。甚至,某些外国组织直接参与到专项打击行动中。专项打击行动短期效果明显,但行政执法成本高昂,普遍利用公权力维护私权的合理性存在问题,对我国知识产权战略目标的实施能起到何种作用尚待研究,而在外部政治和经济压力之下所采取的"专项行动"也有损于中国的法制建设。

（五）知识产权刑事责任扩大的趋势

知识产权侵权入刑及刑事责任强化是近年来知识产权执法的趋势。这里既有震慑具有严重社会危害性的知识产权犯罪行为的需要,也有迫于国际压力的背景。例如,2007 年,美国向 WTO 提起申诉,指控中国知识产权刑事立法门槛过高,不利于知识产权保护。之后,最高人民法院和最高人民检察院出台了司法解释,将侵权数额的"严重"程度下调,以降低刑事责任的门槛。在 1997 年《刑法》通过之后,知识产权刑事保护的完善主要通过制定和发布司法解释来实现。司法解释的适用在某种程度上又受到相应时期的司法政策影响,而知识产权司法政策又是整个国家知识产权政策的一部分。伴随知识产权保护力度增强的需要,知识产权刑事责任扩大化的趋势日益明显。根据最高人民法院 2013 年 4 月份发布的《中国法院知识产权司法保护状况白皮书（2012）》,民事、行政、刑事三类知识产权案件中,刑事一审案件的增长速度最快,高达 129.61%,在我国企业尚没有对知识产权制度充分认识和利用的情况下,在整个社会对知识产权的管理还准备不足的情况下,知识产权刑事执法会被用来限制正常的市场竞争。

一般来看,市场竞争中发生知识产权纠纷属于正常现象,企业间知识产权纠纷应当先通过民事程序解决。但是,强大的刑事威慑力能够更有效地阻止竞争对手,愈来愈多的权利人愿意诉诸刑事手段维权。过度通过刑事手段解决市场行为,将会带来公权力寻租、滥用职权的风险,严重的制裁后果也会扼杀产业发展与科技进步,进而与鼓励科技创新的政策方向产生冲突。因此,只有在有严重社会危害性的情况下,才能启动刑事制裁这一最后手段。事实上,有时权利人在民事官司中可能会越打越亲密,越打越合作,比如松下和索尼打了几十年,也未见有刑事诉讼;三星和苹果互有上亿美元的赔偿诉讼,也未见有对两家公司的高管采取刑事强制措施。

尤其需要注意的是,真正能够通过刑事手段实现自身诉求的往往是一些实力雄厚的大企业。其中不乏同时拥有经济资源、政治资源和法律资源优势的跨国公司。在这种情况下,知识产权保护制度很可能异化为谋取市场话语权和支配权的手段,会偏离它激励创新的初衷。

（六）知识产权执法受到外部影响

知识产权执法机关肩负着践行法治原则、保护知识产权、维护公共利益的使命。在具体的知识产权案件处理中,执法机关应秉持公平、公正的基本原则定分止争,不能受到案件任何一方不合理的影响。然而,在许多知识产权案件中,国外的政府部门、领馆、使馆以及行业联盟机构直接对我国公权力机关施加影响。他们早已忘记,在很多场合下被他们诟病的中国司法不独立此时正在受他们的干预,他们在指责的同时也在践踏着中国法治。

更令人思考的是,外资企业、机构等以在打击对外资企业知识产权的侵权犯罪中作出突出贡献为由,授予我国某一政府机构的"褒奖",可能就是对另外一些政府机构业绩的"贬损"。2011年6月,全球反假冒组织再次将中国海关评为"全球反假冒最佳政府机构奖",中国海关是本年度全球唯一获此奖项的政府机构,而查扣的假冒产品依然以出口为主。这样的颁奖说明什么?是作为政府机构的海关积极作为的业绩?还是另一些政府部门不作为或作为不力的"劣迹"(打假不力,依然有如此之多的假冒产品被制造和出口)?数量如此之高的侵权产品在海关被扣押,足以说明中国的知识产权保护状况堪忧,为有些国家在WTO起诉中国又提供了直接的证据。这样的评奖可谓是一箭双雕,反过来就是政府间谈判的"把柄",使我们落进悖论之中。

(七)对知识产权制度的再认识

知识产权制度的核心是通过授予垄断权鼓励市场主体的创新活动,最终实现利益价值。市场、垄断和创新是知识产权制度的三个基本点,利益追求是核心目标。

第一,市场经济是知识产权制度实施的前提。没有完善的市场经济,就不会有完善的知识产权制度。在市场经济不完善的领域里,知识产权制度的作用也就非常有限。知识产权制度以市场经济为服务对象,对远离市场的创新和竞争活动,知识产权制度无法发挥作用。有创新能力的主体如果不参与市场竞争就不会有知识产权保护的需求。因此,国家知识产权战略的实施应当以市场经济最活跃的领域为重点。企业知识产权战略应当以市场竞争为引导。在知识产权的保护和利用上,不同的市场主体有不同的战略考量。

第二,垄断是知识产权制度实施的必然。知识产权制度本质上就是一种法定的垄断制度。没有垄断欲望的市场主体不会致力于寻求知识产权的创造、保护、运用和管理。垄断是一把双刃剑,利用好知识产权制度就要把握好垄断的利弊,通过合理设置知识产权的例外制度,平衡好垄断的积极作用和消极影响。因此,国家知识产权战略的实施既要认识到知识产权对社会经济的促进作用,也要认识到知识产权运用不当、过当会对社会经济造成不利影响,在坚定地实施知识产权战略的同时,要注意在国情基础上把握知识产权保护的整体节奏、进度和水平。

第三,创新是知识产权制度合理性的表现形式。知识产权制度并不当然具有鼓励创新的功能。创新需要基本的条件:资本、人力、市场以及有远见的企业管理者。即使这些条件都具备,也未必会推动社会的整体创新活动。赋予权利人垄断利益才能让市场主体真正有创新的动力。长久以来,我们一直在传播这样的理念:知识产权制度鼓励创新,没有良好的知识产权保护,就不能鼓励人们的创新活动。这也是许多教科书赋予知识产权制度合理性的原因所在。但这仅仅是其表象,知识产权制度实质是市场竞争的工具,剥去"捍卫智慧""保护创新"的形式,暴露的是赤裸裸的"利益"。今天,我们应当对"知识产权制度保护创新"这一说法重新认识。特别是当知识产权异化为谋取市场话语权和支配权的手段后，出现的"专利蟑螂""专利怪兽""专利寡头"等现象，均背离了它激励创新的初衷。实施国家知识产权战略，有必要对危及创新的知识产权异化现象提早作出预案，避免知识产权制度走入歧途。

（八）知识产权保护与国家发展

我国知识产权制度的确立与完善不仅仅是应对国际压力的权宜之计，更是创新型国家建设的战略决策与制度支撑，是加快经济发展方式转变的内在要求和必然选择。但就现阶段我国的经济发展而言，从国际贸易竞争态势来看，知识产权保护与国家发展之间是有一定张力的。尤其要考虑到，越来越强化的新一轮区域和双边贸易协定中，TRIPS 所确立的发达国家知识产权既得利益集团在巩固其科技优势、贸易优势地位后对后发国家知识产权竞争的进一步限制。

对于中国而言，尽管目前专利和商标的拥有量已经达到国际前列，但是知识产权质量不高、布局不完整、缺少竞争力等一系列问题都造成了在国际贸易中的明显劣势。特别是如果企业盲目追求知识产权数量而忽视其市场竞争性，最终将会伤害到国家的创新体系。如同今日"中国制造"在国际上的评价毁誉参半一样，"中国专利""中国商标"极速的增长最终也会被世人"打入另类"。

结语

2018 年，华为、中兴在美国的遭遇让我们明白，在知识产权保护上我们太过善良与天真。

必须清楚地认识到：知识产权制度从来就是市场竞争的工具，它可以服务于技术创新，服务于社会进步，但作为制度整体，在世界实现大同以前，它在根本上只能服务于本国的产业利益。这是在知识产权战略顶层设计和知识产权立法、司法、执法过程中应当一体适用的基本原则。

因此，知识产权制度的实施必须有效地体现出市场竞争的优势，如果一个国家实施知识产权制度多年而市场主体在国际贸易环境下依然没有竞争力，则不能不令人反思制度的实施效果。

回首十年，一路风雨一路彩虹，知识产权事业风起云涌，知识产权困局仍在，知识产权保护依然任重道远。

批评知识产权的中国声音(1998—2003年)
——观念史的梳理

陈倩蓉*

【摘要】 以微软推广"维纳斯计划"为导火索,中国在公共舆论中开始出现对知识产权批评的声音。在1998—2003年之间,微软诉亚都案件引发的法律争论、DVD专利许可费的谈判、数字图书馆的建立以及SARS病毒专利的争夺战等公共事件引发了公众对知识产权制度的更多关注和争论。我国公共领域中出现的对知识产权的批评声音与西方国家的"反知识产权运动"并不相同。

【关键词】 知识产权;计算机软件;专利;数字图书馆

知识产权制度不过数百年的历史。对知识产权制度批评、批判,甚至根本否定的声音,一直伴随其孕育和发展的历程。在西方国家,从20世纪中后期以来,"反知识产权"的观念重新兴起,出现了"知识产权怀疑论""反知识产权论"和"知识产权僵化论"三股思潮。① 学术上的反思、公共领域的批评不绝于耳,甚至形成一种所谓"盗版党"的政治力量,以"改革版权法、废除专利"为政治诉求。② 我国学术界和媒体中也不乏对知识产权制度批评的声音。但此种批评与西方的"反知识产权运动"表现出不同的特点。谁在批评知识产权?他们为何批评知识产权?他们对知识产权制度持何种立场?对相关争论做一梳理,有其学术价值。本文择取中国加入世界贸易组织前后的1998年至2003年这一时间段,以引起社会公众关注的知识产权影响力事件为节点,力

---

* 陈倩蓉,暨南大学法学院/知识产权学院硕士研究生。
① 参见曹新明:"知识产权法哲学理论反思——以重构知识产权制度为视角",载《法制与社会发展》2004年第6期。
② 参见季丽亚:"海盗湾与法律的拉锯战",http://tech.hexun.com/2017-07-18/190100314.html,2018年8月10日最后访问。

图重现公共舆论中出现的批评知识产权的声音。需要说明的是,进行此种观念史的研究,笔者采用的方法是"白描式"的,力图以一种客观的观察者的态度还原过程。文中对相关观点的介绍,并不代表笔者本人持有赞同或反对的态度。

一、20世纪末围绕微软发生的争论

(一)"维纳斯计划"引发的微软"知识垄断"质疑

凭借Windows在PC领域中占据垄断地位的微软,于1999年在全球推行"维纳斯计划"。我国作为人口众多的国家,对家电的需求量旺盛,自然被微软作为"维纳斯计划"的重点推广目标。1999年3月10日,微软在深圳举行新闻发布会,主要内容是"将维纳斯带给中国人",国内电子企业如海尔、步步高、联想等参加该会。《微软维纳斯计划白皮书》指出其目的是帮助中国大众早日进入数字生活或网络生活方式,与中国产业界共同把握机遇。[③]

1999年3月12日,"博客中国"(blogchina.com)的创始人方兴东在《南方周末》发表《"维纳斯计划"福兮祸兮?》一文,公开叫板微软,批判微软滥用垄断霸权,阻碍我国民族IT产业发展。文章言辞激烈,一经发表即引发关注。文章指出微软利用垄断地位差别定价。Windows 98升级版在美国定价98美元,而国内却标价1198元,高出50%以上;微软给大厂商的Windows 98许可费是300元左右,而中小品牌PC厂商则达690元。[④] 方兴东急呼:我国民族产业的旗帜已然快被微软的霸权垄断搞倒,需重振我国IT企业精神。[⑤]

当时,《光明日报》刊登了民众对"维纳斯计划"的评论。"这下微软要插手家电领域了,我估计不用1年,在桌面操作系统之后,我国信息家电也是微软的天下了!绝不能让盖茨在中国搞新的垄断!""一个内核也就几百K的大小,并没有什么技术含量。""如今的Windows时代,一切都要在人家的框子里办事,才智被人左右。"[⑥]信息产业部电子信息产品管理司副司长陈冲这么看待微软在中国的作用,他说:第一,是否有利于中国用户采用最先进的信息技术;第二,是否有利于我国信息产业的发展。不允许它把美国的不正当竞争带到中国来。[⑦]

1998年5月18日,微软被美国司法部提起反垄断诉讼的消息传到我国。1999年6月,方兴东和王俊秀出版《起来——挑战微软霸权》一书,专设章节详细介绍这场轰动全球的"世纪末的审判"以及微软的垄断行为。书中将微软的霸权定位为"披着知

---

③ 参见《微软维纳斯计划白皮书》,http://www.360doc.com/content/09/0524/10/135371_3629177.shtml,2018年8月10日最后访问。

④ 参见方兴东:"'维纳斯计划'福兮祸兮?",载《南方周末》1999年3月12日第12版。

⑤ 同上。

⑥ 参见兰河:"盖茨的维纳斯",载《光明日报》1999年3月24日第14版。

⑦ 参见红河:"盖茨访华毁誉交加",载《光明日报》1999年3月19日第10版。

识产权神圣外衣的知识霸权",使用的是一套完全由强者制定和解释的强权话语,令传统观念和法律难以有效地制约。⑧ 针对当时全国范围的反盗版行动,书中认为微软无视中国国情的软件高价是中国正版化路上的最大障碍。该书收录的清华大学自动化系赵南元教授《软件盗版的伦理与经济学问题》一文认为盗版软件与盗车不同,物主损失的利益计算起来不那么简单。私人盗版由于计算机软件的"吸附效应"往往不是减少而是增加生产者的利益。⑨

(二)自由软件对微软版权保护的冲击

1996年旅芬计算机学者赫尔辛基理工大学科学研究员宫敏博士用手提肩背的方式将20盒磁带背回中国,其中有80G容量的自由软件。⑩ 1997年6月17日,我国用宫敏提供的自由软件和技术支持建成了亚洲最大的自由软件数据库,即中国自由软件库。1999年4月28日,《光明日报》就发展以Linux为代表的自由软件的意义,即如何发展我国的自由软件为中心,刊登《自由软件专家谈》一文。中国软件行业协会顾问、国际自由软件应用研究发展分会主任委员胡贻志提出,"自由软件是由开发者提供软件全部源代码,任何用户都有权使用、拷贝、扩散、修改该软件,同时用户也有义务将自己修改过的程序代码公开。我们要走学习、研究、应用、发展自由软件的路"。中科院院士、原中国计算机学会理事长张效祥认为自由软件在发展中国家应该受到特别重视,政府应介入推广,它是摆脱垄断的机遇。⑪

1999年10月29日,著名的自由软件运动领袖、GNU(自由软件协会)组织的创始人理查德·斯托曼在清华大学GNU/Linux研发中心的剪彩仪式上做题为"自由软件运动和GNU操作系统运行体系"的主题演讲,吸引了近千名软件爱好者。⑫ 在国内,对于如何打破微软Windows占据90%以上操作系统市场的局面的问题,以中科院院士倪光南为代表的计算机业界人士提出"发展基于Linux的自主操作系统"的办法。⑬ 随着自由软件在我国的不断普及和应用,IT领域出现众多开源软件的拥护者。2007年4月20日,当比尔·盖茨在北大出席"创新盛会"发表演讲后,一个开源软件的拥护者突然跑上前台,举起"自由软件,开放源代码"的标牌,大喊"反对暴利,反对垄断,要求微软开放源代码"。⑭

20世纪80年代之后的20年,是国人对知识产权制度逐渐建立认知,并了解和熟

---

⑧ 参见方兴东、王俊秀:《起来——挑战微软"霸权"》,中华工商联合出版社1999年版,页6。
⑨ 参见红河:"盖茨访华毁誉交加",载《光明日报》1999年3月19日第10版。
⑩ 参见王开源:"中国自由软件火种的传播者",载《程序员》2006年第10期。
⑪ 参见程伟光:"自由软件专家谈",载《光明日报》1999年4月28日第12版。
⑫ 参见许洪琳:"'自由软件之父'来华引发Linux风潮",载《光明日报》1999年11月3日第13版。
⑬ 参见范新宇:"Linux的自由之路",载《微电脑世界》1999年第30期。
⑭ 参见"盖茨北大演讲 一男抗议垄断",http://news.sina.com.cn/c/2007-04-21/022711683785s.shtml,2018年8月10日最后访问。

悉这套西方规则的过程。政府、公众，甚至包括知识产权学术界在内，对于专利、商标和著作权制度都还缺少深入的认识。在这样的知识背景下，我们没有能力对于知识产权制度进行批评和反思。再加上微软等西方国家的企业家不断使用"盗版就是小偷"的道德话语责难我们，不断要求我们提高对知识产权的保护力度，故对于知识产权成为跨国企业获利的工具、知识产权制度的合法性，我们没有足够的时间去思考并提出质疑。直到20世纪快要结束之际，方兴东这样一位知识产权圈外人士才第一次提出了跨国企业可能存在的滥用知识产权和利用知识产权谋求垄断的问题。虽然其文章情绪性的东西多于细致的学理分析，但对于国人而言——他们对知识产权可以说还处于懵懵懂懂和诚惶诚恐的心态——不啻晴天霹雳，即便对于中国的知识产权学者而言也颇为新鲜。

（三）"微软诉亚都案"引发的论战

1999年，微软公司一纸诉状将北京亚都科技集团告上法庭，起诉亚都科技集团非法复制并使用其MS-DOS、Windows 95、Office97等软件达三十余套，侵犯计算机软件著作权。当时我国的法律并未对"软件最终用户使用未经授权软件"的法律责任问题有具体规定，所以该案不仅引发了法律界的争论，也引发了IT业界和社会公众的关注。

上海大学法学院寿步教授就此问题提出"三级台阶保护论"：软件侵权的最终界限不延伸到任何最终用户的是"第一台阶"；区别具体情况只延伸到部分最终用户的是"第二台阶"；对具体情况不作任何区分而延伸到所有最终用户的是"第三台阶"，即超世界水平。当前发达国家和地区的软件保护水平一般处于第二台阶。⑮ 对于要求我国最终用户承担责任的处理方法，寿步教授认为明显不适应我国国情。

以寿步教授为代表的一方持"合理保护论"的观点，主张知识产权保护程度要与我国的经济科技文化发展水平相适应，不可贸然提高保护程度，实行"第三台阶的超世界水平保护"。相对的一方持"严格保护论"，认为软件具有易复制的特点，因此对其著作权的保护要比传统作品严格，需禁止软件最终用户的非授权复制和非授权使用。寿步教授在新浪网上连续发文，梳理我国软件知识产权保护历程，论证合理保护的必要性。他在1999年8月12日发表《软件侵权如何界定——从微软诉亚都案说起（上）》⑯《软件侵权如何界定——从微软诉亚都案说起（下）》⑰，1999年9月13日发表《正常水平还是超世界水平——再论软件侵权的界定》⑱几篇网文。2002年12月26

---

⑮ 参见寿步、方兴东、王俊秀编：《我呼吁》，吉林人民出版社2002年版，页104。
⑯ 参见寿步："软件侵权如何界定——从微软诉亚都案说起（上）"，http://tech.sina.com.cn/news/computer/1999-8-12/4035.shtml，2018年8月10日最后访问。
⑰ 参见寿步："软件侵权如何界定——从微软诉亚都案说起（下）"，http://tech.sina.com.cn/news/computer/1999-8-12/4036.shtml，2018年8月10日最后访问。
⑱ 参见寿步："正常水平还是超世界水平——再论软件侵权的界定"，http://tech.sina.com.cn/news/review/1999-9-13/6494.shtml，2018年8月10日最后访问。

日,中关村 IT 协会副理事长王东临在新浪网上回应《评论:中国版权保护是亟待加强而绝非保护过度》。⑲ 2002 年 1 月 9 日,寿步就该文再次发声《现实执法水平的"第一台阶"与立法保护水平的"第三台阶"》⑳,2 月 9 日发文《分析:软件侵权如何界定(3)》㉑。

"严格保护论"方也进行了一系列宣传活动。1999 年 8 月,北京大学知识产权学院和中国软件联盟(CSA)在北京召开研讨会。1999 年 11 月、2000 年 4 月、7 月美国商业软件联盟(BSA)和 CSA 在北京、上海、广州召开"软件知识产权保护媒介研讨会"。㉒ 2001 年 4 月 24 日,在微软中国(有限)公司的支持下召开软件知识产权与技术保护研讨会,主题为:关于知识产权和盗版的问题。国家版权局版权管理司司长王化鹏、版权管理司处长吴海涛、北京大学法学院知识产权学院秘书长郑胜利、中国软件联盟秘书长邹忭和软件企业代表等参加会议,主要内容是提高法律对计算机软件的保护水平,打击盗版。在会议上,王化鹏司长提道:"现在著作权法修正案正在全国人大讨论,这个月全国人大准备第二次审议我们的著作权法修正案。如果著作权法能够尽快通过,相应地还有一个计算机软件保护的条例,也会很快通过,我们制定计算机软件保护的条例,就说明对计算机软件的作品的版权保护的充分重视,单独列了一个保护条例。著作权法和软件条例通过以后,对我们在网络上使用作品和在平时使用计算机软件保护的基本原则就确定下来了。"此外,专家代表郑胜利提出自己的观点:开放专利对计算机软件的保护,我们国家还应该往前走。1999 年 12 月 17 日,北京市第一中级人民法院对"微软诉亚都案"公开宣判,法院因原告证据不足驳回起诉。㉓ 在最终用户使用未经授权软件这一问题上,法院并未回应。

如果说"维纳斯计划"引起的争议只是指向跨国企业以知识产权谋求不正当垄断利益的问题,在"微软诉亚都案"的论战中,批评者则明确提出了知识产权保护水平是否应该与现阶段的发展水平相适应的问题,在观念上对于那种知识产权保护越强越好的看法提出了挑战。值得注意的是,虽然论战主要在网络上进行,但批评者阵营却已由高校的知识产权法学者挑起了大旗。换言之,专业领域的学者开始介入公共领域舆

---

⑲ 参见王东临:"评论:中国版权保护是亟待加强而绝非保护过度",http://tech.sina.com.cn/it/e/2001-12-26/97401.shtml,2018 年 8 月 10 日最后访问。

⑳ 参见寿步:"现实执法水平的'第一台阶'与立法保护水平的'第三台阶'",http://tech.sina.com.cn/s/n/2002-01-09/98776.shtml,2018 年 8 月 10 日最后访问。

㉑ 参见寿步:"分析:软件侵权如何界定(3)",http://tech.sina.com.cn/news/review/1999-10-26/9565.shtml,2018 年 8 月 10 日最后访问。

㉒ 参见方兴东:"中国软件超世界水平保护之路",http://tech.sina.com.cn/path/2002-04-08/811.shtml,2018 年 8 月 10 日最后访问。

㉓ 参见许敬斌:"证据是诉讼之本——微软诉亚都软件著作权侵权案代理侧记",载《中国司法》2000 年第 2 期。

论场,在自媒体上主导了一场关于软件著作权保护的论争。

(四)《计算机软件保护条例》制定中出现的论争

1999年,我国开始制定《计算机软件保护条例》。记者将《计算机软件保护条例(草案)》的修改方案向公众披露后引发了激烈的争论。一方面,修改方案删除了原《计算机软件保护条例(草案)》第22条"因课堂教学、科学研究、国家机关执行公务等非商业性目的的需要对软件进行少量的复制,可以不经软件著作权人或者其合法受让者的同意,不向其支付报酬"㉔。另一方面,在"软件最终用户使用未经授权软件是否构成侵权"的问题上,草案修改稿增加规定"未经软件著作权人许可,在计算机中装入其软件的属侵权行为"。这意味着修法可能采纳"严格保护论"者的方案,自然引起"合理保护论"者的不满。

2001年12月12日,20多位青年学者们聚集在北京,共同探讨即将出台的《计算机软件保护条例》存在的问题。2001年12月23日,安徽大学法学院教授王先林、网络作家王佩、IT评论家王俊秀、方兴东、IT记者刘韧、IT记者李学凌、学者吴伯凡、经济学家汪丁丁、管理学者胡泳、中国经济法研究会副研究员俞梅荪、IT评论家段永朝、《互联网周刊》名誉总编姜奇平、律师高云、新加坡国立大学东南亚研究所崔之元研究员等14名中青年学者联名签署了一份《合理保护软件知识产权的呼吁书》。㉕ 2002年1月1日《计算机软件保护条例》正式施行,我国对软件最终用户采取"第三台阶"的保护。面对这样的现实,俞梅荪等人在《合理保护软件知识产权的呼吁书》的基础上,纳入当时发表在网络上的相关文章,著成《我呼吁——中国首次立法论战》,将该书赠送给人大、政府、政协和学术界的相关领导及人员。㉖

之后,张学东等31位人大代表和倪光南等17位政协委员在全国人大和全国政协九届五次会议上分别提交了修改《计算机软件保护条例》的议案和提案:(1)由全国人大常委会再次修改《著作权法》,在该法规定软件保护办法,并废止新条例;(2)由国务院有关部门广泛听取各方面意见,尤其是广大消费者的意见,再次修改新条例,除去其中保护过高的规定;(3)由最高人民法院对软件保护的具体问题发布司法解释,搁置新条例中保护过高的规定。㉗ 最后,最高人民法院于2002年10月12日通过了《关于审理著作权民事纠纷案件适用法律若干问题的解释》。该《解释》第21条规定:计算机软件用户未经许可或者超过许可范围商业使用计算机软件的,依据《著作权法》第47

㉔ 参见俞梅荪、王俊秀、方兴东、赵岩:"立法的社会论争和民间游说与司法互动——我国宪政民主制度的新尝试",载《法律文献信息与研究》2004年第2期。

㉕ 同上。

㉖ 同上。

㉗ 同上。

条第(1)项、《计算机软件保护条例》第 24 条第(1)项的规定承担民事责任。㉘ 对前述"合理保护论者"关于软件著作权保护问题观点作出回应。

由"软件最终用户使用未经授权软件"引发的一系列争论,特别是方兴东、寿步等人所提出过高的知识产权保护水平不适合我国国情的批评意见,至少引起了学界、法律实务界对于该问题的思考,对于立法和司法产生了实际的影响,同时也第一次将知识产权作为公众话题推向了公众和媒体。

二、围绕 DVD 专利问题的争论

（一）DVD 专利许可事件

我国 DVD 企业凭借着廉价劳动力、土地的成本优势在国际 DVD 市场上占据相当大的份额,据说 2001 年我国 DVD 出口量占到全球 DVD 需求量的 1/3。㉙ 但是产业发展中伴随着专利许可授权问题。2000 年 11 月初,世界六大 DVD 技术开发商(简称"6C",包括日立、松下、JVC、三菱、东芝、时代华纳)在北京发布《DVD 专利许可激励计划》,告诉全世界的 DVD 厂商要生产 DVD 必须获得其专利许可。

2002 年 1 月 9 日,英国海关扣押了深圳普迪公司的 DVD,2 月 21 日惠州德赛公司的 DVD 也被德国海关扣押,扣押理由均是专利权人认为其出口的 DVD 并未获得专利许可。我国 DVD 企业自此开始正视专利问题。㉚ 2002 年 4 月和 8 月,受 DVD 企业委托的中国电子音响工业协会先后与 DVD 专利联盟集团 6C、3C(索尼、先锋、飞利浦)签订了专利许可协议,基本接受了跨国公司专利联盟的专利收费要求。在当时 DVD 国际市场的销售价格已跌至每件 30—40 美元的时候,我国 DVD 企业要缴纳每件 15—20 美元的专利许可费。㉛ 这样的谈判结果让利润微薄的我国 DVD 行业更加步履维艰,大型企业如夏新、康佳转向其他生产领域,有些小企业因为没有转型的资金和能力,只能倒闭破产。据资料显示,截至 2004 年,我国 DVD 生产企业已由 100 多家降为 20 多家。㉜

（二）对 DVD 事件的反应

2000 年 12 月 7 日,由清华大学当代中国研究中心组织有关专家、中国厂家以及

㉘ 参见寿步:"中国计算机软件著作权保护的回顾与展望",载《暨南学报(哲学社会科学版)》2010 年第 6 期。

㉙ 参见金俊利、刘立柱:"新 DVD 标准之争及对中国 IT 企业的警示",载《信息技术与标准化》2002 年第 11 期。

㉚ 参见"DVD 专利费之争:中国制造业的蒙羞",http://finance.sina.com.cn/leadership/case/20070531/15593649402.shtml,2018 年 8 月 10 日最后访问。

㉛ 参见国家知识产权局知识产权发展研究中心组织编写:《规制知识产权的权利行使》,知识产权出版社 2004 年版,页 114。

㉜ 参见王海镇:"中国 DVD 企业的诉讼之路该怎么走",载《国际商报》2005 年 2 月 7 日第 2 版。

6C代表,召开了"中国厂家是否应向跨国公司购买DVD专利权专家研讨会"。北京金正公司的代表人员说:我们肯定尊重别人的知识产权,并且已经委托行业协会去交涉谈判。目前谈判没有结果,其原因是企业普遍认为6C的要价太高。中国社科院知识产权中心副主任李明德认为:6C要向别人收取费用,首先得确保自己真正拥有权利。事实上,6C的专利技术目前在中国拥有多大的权利,其范围并不明确。㉝ 中国电子音响工业协会秘书长说:尊重知识产权、交纳专利费用,是政府、行业协会和企业的一贯观点;目前的问题不是付不付,而是付多少的问题,我们所付的专利费用必须合情合理。㉞

被巨额专利费压得喘不过气来的中国DVD行业终于决定反击。2004年6月无锡多媒体公司向美国加利福尼亚州南方联邦地区法院起诉3C联盟固定专利价格、捆绑搭售、垄断市场区别许可费。虽然该案最终由于证据不足未予立案,但其作为中国DVD企业首次使用法律武器,维护自己利益的行为在国内DVD产业和社会公众中产生了巨大的影响力,一时间众多媒体争相报道这一事件。随后,中国知识产权学界接棒维权大旗,由北京大学法学院知识产权学院张平教授开始,之后陶鑫良、单晓光、朱雪忠、徐家力四位教授加入其中,他们就飞利浦的一项DVD专利向国家知识产权局提出无效申请。由于飞利浦在复审结果未出来之前主动将争议专利撤出"专利池",所以最终双方和解,共同发表了保护知识产权的声明。㉟ 这场由中国知识界出面对抗国外企业专利壁垒的专利无效请求案,为国内的家电企业在面对专利费这个铜墙铁壁时合法维护自身权益提供了借鉴。㊱ 之后,我国也开始了知识产权反垄断制度的构建。

2002年10月14日,美国《纽约日报》刊载了《知识产权争论》一文,谈到从19世纪的美国到20世纪的日本和韩国,都是在很宽松的知识产权保护措施下起飞的。以此实现非常容易和低成本的技术转移,直到本国的技能和本地产业发展到发达水平,这时才采取较为严格的知识产权保护,这样有利于自身利益。㊲ 这篇文章被介绍到国内后,使不少国人有醍醐灌顶的感觉。标准与专利的关系、专利与反垄断,这些问题已露雏形,十余年后成为知识产权界的热点问题。知识产权在这些事件的争论中逐渐走

㉝ 参见慕梓:"DVD专利费你交不交?",http://www.people.com.cn/GB/channel745/20001212/346488.html,2018年8月10日最后访问。

㉞ 参见陈筱红:"日美厂商索要专利费 中国DVD能否躲过灭顶之灾?",http://finance.sina.com.cn/g/31072.html,2018年8月10日最后访问。

㉟ 参见宋文明:"五教授逼退飞利浦DVD争议专利",http://tech.sina.com.cn/e/2006-12-15/08361289933.shtml,2018年8月10日最后访问。

㊱ 参见宋文明:"中国5教授逼退飞利浦DVD争议专利 反击外企壁垒",http://www.techweb.com.cn/news/2006-12-15/130951.shtml,2018年8月10日最后访问。

㊲ 参见朱翠微:"从发展中国家视角看全球化时代知识产权的国际保护问题",载《南京师大学报(社会科学版)》2006年第3期。

下神坛。DVD专利事件使中国企业第一次切身感受到跨国企业专利的巨大压力。这一专利许可谈判所带来的对中国企业明显不公平的结果，自然会激发对发达国家主导的国际知识产权制度的更多批评。

三、围绕数字信息资源的争论

（一）首宗网络作品侵权案引起的反应

1999年5月31日，王蒙、张抗抗、张承志、张洁、毕淑敏、刘震云六位作家起诉世纪互联通信技术有限公司，称世纪互联通信技术有限公司所属的网站"北京在线"未经著作权人同意将其作品上传到网络上，应承担著作权侵权责任。1999年9月18日，北京市海淀区人民法院一审判决侵权成立，在互联网环境中，文字作品的著作权人享有《著作权法》规定的使用权和获得报酬权，在互联网上传播作品是使用作品的一种方式。[38]由于该案件涉及的网络著作权相关问题，我国法律没有明文规定，所以判决内容引起了学界、社会的广泛关注和争议。

知识产权法专家寿步对该判决结果不甚赞同，他认为：我国现行著作权法律法规并没有关于在网上刊登作品的规定，更没有明确规定作者享有网络传播权……在中国这样一个主权国家，法院判决的依据只能是中国现行有效的法律法规，加上立法机关的立法解释、最高人民法院的解释、批复和最高人民法院审判委员会所认可的案例。[39]时任北京大学知识产权学院副教授的张平对法院判决并无争议，但她认为：网络发展的趋势将使现行著作权法认定的侵权行为难以避免。与其"堵"，不如"疏"。国家应将网站纳入规范管理的范畴，给予其一定的法定许可。[40]

中国作家协会作家权益保障委员会张树英主任在采访中表示：作家们对胜诉十分谨慎，有的甚至不愿意表态，是因为他们不想给人造成"作家是网络发展的阻力"的印象。[41] 在当时的一个网络民意调查中，68.5%的人认为网上藏书屋对读者有利，应该继续扩大，认为此种做法有侵权之弊的几乎没有。[42] 另外，同为作家的余秋雨公开支

---

[38] 参见"传统与网络冲突四起"，http://news.sina.com.cn/comment/1999-12-14/41972.html，2018年8月10日最后访问。

[39] 参见"作品、网络、著作权——访上海大学法学教授寿步"，http://tech.sina.com.cn/news/it/1999-10-18/8927.shtml，2018年8月10日最后访问。

[40] 参见"专家评说六作家告网站一案"，http://news.sina.com.cn/china/1999-11-2/28186.html，2018年8月10日最后访问。

[41] 参见梁平："六作家面对胜诉出言谨慎"，http://news.sina.com.cn/china/1999-9-22/16604.html，2018年8月10日最后访问。

[42] 参见"6作家起诉'北京在线'侵权详情"，http://news.sina.com.cn/china/1999-9-17/15433.html，2018年8月10日最后访问。

持网民将其作品放在网上。㊽ 还有人认为:当下中文网络信息资源匮乏,作品数字化可以大大促进我国文化在世界范围内的传播,因此我国在初期阶段不应过度保护网上版权。㊾

（二）数字图书馆案引起的反应

2001年12月,北京大学法学院陈兴良教授发现中国数字图书馆有限责任公司未经其同意,擅自将其作品上传到网络上,认为侵犯其信息网络传播权,提起诉讼。2002年6月27日,北京市海淀区人民法院作出判决:被告中国数字图书馆有限责任公司停止在其网站上使用陈兴良教授的三部著作,并赔偿原告经济损失8万元人民币和因诉讼支出的合理费用4800元。㊿ 本案是数字图书馆在文献数字化过程中遭遇的第一起著作权侵权诉讼案件,正值我国图书馆数字工程项目的发展阶段,因此受到关注。法学界和图书馆界的专家、学者们针对数字图书馆的知识产权问题意见不一,来自知识产权法和知识产权管理方面的某些声音强调保护知识产权。来自图书馆和教育、科学领域的声音则强调数字图书馆的公益性质。[46]

在数字图书馆案中,虽然海淀区人民法院给出了确定的司法态度,但是该问题在理论界还是有不同的声音。一方强调保护知识产权,主张数字图书馆必须获得作者的许可才有权对文献等资料数字化;另一方强调数字图书馆的主要目的是利用计算机网络技术,保护国家资源、民族文化,满足社会公众对信息资源的诉求,应该适用"合理使用"原则。2002年9月15日起施行的《著作权法实施条例》进一步强化对著作权人的保护,完全没有规定数字图书馆的例外。这在当时的背景下限制了数字图书馆的发展,引发了更激烈的讨论。但事实上,信息资源共享的呼声早已经出现在人大代表、政协代表的提案中,最早可追溯至2002年3月的第九届全国人大和全国政协会议。[47]

四、围绕知识产权与公共健康的争论

（一）SARS事件引发对专利的质疑

SARS是一种严重急性呼吸综合征。2002年11月16日,我国广东顺德发现全世

㊽ 参见"传统与网络冲突四起",http://news.sina.com.cn/comment/1999-12-14/41972.html,2018年8月10日最后访问。

㊾ 参见张东操、崔丽:"六作家状告网站胜诉",http://news.sina.com.cn/china/1999-9-19/15748.html,2018年8月10日最后访问。

㊿ 参见北京市海淀区人民法院(2002)海民初字第5702号民事判决书。

[46] 参见陈传夫:"解决网络与数字图书馆知识产权问题应坚持什么立场",载《图书情报工作》2002年第12期。

[47] 同上。

界第一例SARS感染患者,截至2003年8月16日,我国已有5327例感染,349例死亡。[48] 2003年5月5日,美国《华尔街日报》报道,国际上的SARS研究热正在演变为一场专利争夺战。[49] 与国外研究机关就SARS病毒的测序结果递交专利申请不同,我国并未申报专利。对此,中国科学院北京基因组研究所代表人徐磊提到其中一个原因是我们希望自己带头,使国内的研究机构都不要去争专利,这样可使SARS的研究进展得更顺畅。[50] 当时,国际上一些专家认为这种在生命面前还优先考虑专利利益的做法太自私,所有有关SARS的科学发现和研究成果,都应当让大家免费分享,才不至于使非典在全球蔓延。[51] 不仅SARS,2002年9月卫生部官方公布:我国艾滋病病毒感染者中能接受每年1万美元的"鸡尾酒疗法"的只有100人左右。[52] 而导致治疗艾滋病的药物价格高昂的一个重要原因就是其包含的专利费用,进而引起了公众对于药品专利制度的疑问:在疫病流行时期就防治疫病的科研成果申请专利是否具有正效应,是否应得到限制以及在怎样的程度上得到限制?在保护药品专利权人合理利益的同时如何限制其权利滥用,成为亟待解决的制度难题。[53]

(二)《关于与贸易有关的知识产权协定与公共卫生的宣言》的艰难谈判

2001年11月,在卡塔尔首都多哈召开的WTO第四次部长级会议发表了《关于与贸易有关的知识产权协定与公共卫生的宣言》(以下简称《多哈宣言》)。根据《与贸易有关的知识产权协定》与《多哈宣言》第6段,2002年年底各国要对"没有足够的或不具有药品生产能力国家使用强制许可"这一问题达成一致。然而这一谈判进程远比计划中要艰难。2003年5月28日,我国国家知识产权局官方网站上发布《TRIPS与公共健康多哈宣言发展进程步履维艰》,文章指出各方在解决方案采取的法律途径、疾病和药品范围、药品进出口受益国的资格以及防止贸易转移的保障措施等方面存在着严重分歧。2003年TRIPS委员会继续讨论《多哈宣言》第6段的问题,到目前为止依然没有取得任何结论性进展。在有关疾病和药品的覆盖范围方面的争议甚至又回到了

---

[48] 参见百度百科:"SARS事件",https://baike.baidu.com/item/SARS事件/770226? fr = aloddin,2019年12月26日最后访问。

[49] 参见杨靖:"SARS国际专利之战引发争论愈演愈烈",http://www.cas.cn/zt/kjzt/fdgx/gwdt/200306/t20030603_1710975.shtml,2018年8月10日最后访问。

[50] 参见刘腾:"中国要不要SARS基因组测序专利?",http://finance.sina.com.cn/roll/20030531/1420347073.shtml,2018年8月10日最后访问。

[51] 参见吴辉、刘世阶:"国外SARS专利战敲响警钟 中国企业何时出手?",http://finance.sina.com.cn/g/20030516/1044341208.shtml,2018年8月10日最后访问。

[52] 参见古元:"公共健康:怎一个穷字了得",载《WTO经济导刊》2003年第1期。

[53] 参见陈玫:"浅议药品专利的权利限制——对SARS国际专利争夺战的沉重思考",载《中国卫生法制》2004年第3期。

2001年11月多哈部长级会议前的起点。[54]

2003年2月25日,我国对外贸易经济合作部和《WTO经济导刊》在北京共同举办了"知识产权与公共健康"国际研讨会。香港无国界医生组织公关经理郭敏仪说:我真的很痛心!在专利的圣洁和生命之间存在着可怕的不平衡。[55] 北京佑安医院和首都医学院传染病教研室人员、卫生部艾滋病咨询专家委员会委员徐莲芝接受记者采访,回答知识产权与公共健康之间的关系时说"钱不重要,要救命"[56]。2004年9月3日,中国社会科学院知识产权中心和台湾"清华大学科技法律研究所"共同主办了"知识产权与公共健康和社会发展学术研讨会",参会单位有国内知名高校和国家知识产权局。与会学者、专家就"TRIPS协议与公共健康""专利制度与公共利益"和"新一轮世界贸易组织谈判中的知识产权"三方面的问题进行讨论。[57] 有学者认为药品创造者的专利权与药品消费者的健康权存在明显的冲突,但是遵循人权优先性的规则,在特定的情况下,某些人权可以优先于其他人权。人的健康权应高于包括专利权在内的知识产权。《多哈宣言》秉承公共利益原则,以人权优先性的规则,协调药品专利权与健康权之间的冲突,这一做法无疑是后TRIPS时代对知识产权制度的重要调整。

现实中,公共健康需求与专利制度的冲突将专利制度的负面效应直观地呈现于公众面前,促使人们思考"钱重要还是命重要"[58]的问题。如果说以前公众对于专利制度有距离感,那么发生在身边的公共健康问题则使更多的公众进入了关于专利制度的讨论。

五、结论

本文是对1998年至2003年这一特定时间段知识产权观念史的研究,关注的是这5年来在公共媒体和自媒体上出现的我国公众对于知识产权的批评意见。如前所述,相关讨论呈现了下述特点:

一是我国公众对于知识产权的讨论比较少。本文引证的各类评论大多出自高校专家学者和与知识产权制度紧密相连的家电、计算机、医药领域的专业人士,并未形成普遍化、多层次的公众讨论热潮。相应,对于知识产权的批评声音也比较少。这可能与公众对知识产权的了解比较少有关。知识产权的专业性阻碍了它成为公众话题。批评需要能力,缺乏了解导致缺乏参与讨论的能力。

---

[54] 参见中华全国专利代理人协会:"TRIPS与公共健康多哈宣言发展进程步履维艰",http://www.acpaa.cn/article/content/200303/911/1.html,2019年12月26日最后访问。

[55] 参见朱菲娜:"TRIPS:并非愉快的旅程",载《WTO经济导刊》2003年第1期。

[56] 参见魏姝:"如果有药,他还会活着——一个艾滋病防治专家对知识产权与公共健康的看法",载《WTO经济导刊》2003年第1期。

[57] 参见张小勇:"知识产权与公共健康和社会发展学术研讨会综述",载《科技与法律》2004年第4期。

[58] 参见林秀芹:《TRIPS体制下的专利强制许可制度研究》,法律出版社2006年版,页1。

二是舆论对知识产权制度总体上持积极态度,"只有保护知识产权才能鼓励创新"是主流观点,提高我国知识产权保护水平也成为主流认识。我国对于知识产权的批评和反思没有西方国家深入和强烈,无论是学术还是公众舆论中均未出现根本否定知识产权制度正当性的观点。批评意见是在肯定现有知识产权制度总体结构的基础上指出其局部的弊端,提出对现有知识产权制度调适的措施。

三是对知识产权的批评意见主要集中于知识产权保护水平是否与我国发展水平相适应,跨国企业是否存在滥用知识产权谋求不正当垄断利益,以及知识产权制度是否阻碍了信息共享和公共健康目标的实现等问题。

(责任编辑:陈博文)

Intellectual Property Criticism in China(1998—2003)
—the research of concept history

Abstract: Dated from the "Venus project" promoted by Microsoft, public opinion gradually aroused some criticism about intellectual property in China. From 1998 to 2003, there are some public events causing more attention and controversy to the system of intellectual property, like "Microsoft v. Yadu", DVD patent license, digital library, and the SARS virus patent. Compared with western country's "Anti-intellectual property campaign", our country has different characteristic about the intellectual property criticism.

Key words: Intellectual Property, Computer Software, Patent, Digital Library

论科技资源共享的改进*

张 平　张金平　邱祎杰　赫运涛**

【摘要】 科技资源共享对于我国科学技术的发展非常重要,依照现有的立法和规范性文件,我们取得了一些成就,也存在一些问题。我们应当立足中国国情,针对现有状况,对科技资源的共享模式做一定程度的改变。

【关键词】 共享模式;产权界定;网络平台

一、导言

我国非常重视科技资源的共享。2007年修订的《科学技术进步法》第46条从法律层面对科技资源共享进行了明确规定:利用财政性资金设立的科研机构,应当建立有利于科学技术资源共享的机制,促进科学技术资源的有效利用。2013年,国务院颁布的《国家重大科技基础设施建设中长期规划(2012—2030年)》明确要求强化科技平台的开放共享,健全重大科技基础设施开放共享制度,最大限度发挥其公共平台作用。2015年1月初发布的《国务院关于国家重大科技基础设施和大型科研仪器向社会开放的意见》,进一步要求将国家大型科研仪器的共享作为重点工作来抓。

依照前述立法及规范性文件,我国已经在很长一段时间以来积极开展科技资源的共享工作,取得了一定成就,但也存在不少问题。[①] 突出成就方面,包括但不限于推出

---

* 课题项目:国家科技基础条件平台专项课题(编号:2015DDJ1FG01),本文系该课题阶段性研究成果。
** 张平,北京大学知识产权学院常务副院长、北京大学法学院教授;张金平,中央财经大学法学院讲师,法学博士;邱祎杰,北京市大兴区人民检察院助理检察官;赫运涛,国家科技基础条件平台中心副研究员,研究领域:科技资源共享与管理。

[①] 参见马怀德、张红、高辰年:"我国科技资源共享立法的几个问题",载《北京理工大学学报(社会科学版)》2007年第2期;杨行、彭洁、赵伟:"2002—2012年国内科技资源共享研究综述",载《情报科学》2015年第1期;于赵波:"由'持有者权利主义'转向'使用者权利主义'——论科技资源共享立法的制度理念",载《中国科技论坛》2007年第7期。

了国家生态系统观测研究网络等23家科技平台作为科技资源共享建设的重点单位和先行实践单位。问题方面,由于前述法律法规的规定过于原则性,导致共享平台在推进具体共享工作时遇到诸多棘手问题:共享范围不够清晰、共享主体的职责不够清晰、共享模式和流程不够规范、共享是否收费以及如何收费的规定不够明确、共享的监督和激励机制不够完善等。② 然而,本文的写作目的并不在于解决所有上述问题,而在于厘清我国现有科技资源共享立法,确认共享客体的所有权与管理权二元分离的关系,并在此基础之上提出合适的共享模式,指出实施这些共享模式时应当注意的重要事项。③

二、科技资源共享的法律框架

共享,通常是指与其他人共同拥有一件物品或者信息的使用权。因此,要将科技资源进行共享,首先要解决的是谁对共享客体享有所有权,然后才能决定谁有权限将科技资源的使用权单独共享出来、供他人使用,以及怎么管理和监督他人的使用。这也是共享单位及其人员在推进共享工作中的首要困惑。

(一)科技资源的所有权规定

我国《宪法》规定,国家公共财产神圣不可侵犯,禁止任何组织或者个人利用任何手段侵占或者破坏。因此,对于科技资源的共享,首先,要明确哪些科技资源归国家所有;其次,对于这些科技资源的共享,应当依法进行,否则可能构成侵占国家公共财产;最后,应当提高科技资源共享的效率,最大化利用科技资源的效益。

对于科技资源的所有权,目前我国并没有统一的法律进行规定,相关条文散见于《宪法》《物权法》《专利法》《著作权法》《保守国家秘密法》《企业国有资产法》等法律。其中《宪法》的规定属于宣示性规定,而《物权法》的规定更为全面。《物权法》第41条规定,法律规定专属于国家所有的不动产和动产,任何单位和个人不能取得所有权;第49条、第50条、第51条规定野生动植物资源、无线电频谱资源以及文物都属于国家所有;第52条规定,国防资产归国家所有,铁路、公路、电力设施、电信设施和油气管道等基础设施,依照法律规定为国家所有的,属于国家所有。

对于科技资源中的数据或信息资源的所有权,《保守国家秘密法》第9条规定科学技术中的秘密事项以及经国家保密行政管理部门确定的其他与科技活动有关的秘密事项,都属于国家秘密,不得泄露。《专利法》和《著作权法》规定了职务发明、职务作品的归属。其中,《专利法》第4条规定,申请专利的发明创造涉及国家安全或者重大利益需要保密的,按照国家有关规定办理。第5条第2款和第25条第1款规定,对违反法律、行政法规的规定获取或者利用遗传资源,并依赖该遗传资源完成的发明创造,

---

② 笔者曾对科技部和财政部联合评审的国家生态系统观测研究网络等23家科技平台进行实地调研。
③ 本文仅探讨国家所有的科技资源的共享,不涉及科技方面的私有财产的共享。

以及科学发现、智力活动的规则和方法、疾病的诊断和治疗方法、动物和植物品种等方法,不授予专利权。第6条第1款规定,执行本单位的任务或者主要是利用本单位的物质技术条件所完成的发明创造为职务发明创造;该职务发明创造申请专利的权利属于该单位,申请被批准后,该单位为专利权人。④

《著作权法》第5条规定,除了法律、法规,国家机关的具有立法、行政、司法性质的文件及其官方正式译文,时事新闻,历法、通用数表、通用表格和公式之外,其他符合著作权法要求的作品,都享有著作权。《著作权法》第11条规定,一般情况下,创作作品的公民是作者,作者对作品享有所有权;但特别情况下,由法人或者其他组织主持,代表法人或者其他组织意志创作,并由法人或者其他组织承担责任的作品,法人或者其他组织视为作者。第14条规定,如果数据库符合汇编作品的要求(即对其内容的选择或者编排体现独创性的),也可以享有著作权。第16条规定,公民为完成法人或者其他组织工作任务所创作的作品是职务作品,其著作权归属于法人或其他组织。⑤

此外,《科学技术进步法》第20条第1款为了鼓励科技项目承担者开展科研,将《专利法》或《著作权法》规定应由法人或其他组织享有所有权的职务发明或职务作品,规定为"利用财政性资金设立的科学技术基金项目或者科学技术计划项目所形成的发明专利权、计算机软件著作权、集成电路布图设计专有权和植物新品种权,除涉及国家安全、国家利益和重大社会公共利益的外,授权项目承担者依法取得"。但是,如何判断这些科研成果涉及国家安全、国家利益和重大社会公共利益,尚不明确。

由此可见,科技资源中涉及国家所有的动产和不动产的权利归属,《宪法》和《物权法》对此规定得非常清晰,由国家所有。其中,科学仪器和设备属于物权法意义上的动产。科技资源中的数据和信息,涉及国家秘密的,不得泄露;而涉及专利和作品的数据和信息,其权属的规定由于涉及是否为职务发明或职务作品的判断,相较于动产和不动产而言,更为复杂,应当依据《专利法》《著作权法》和《科学技术进步法》具体情况具体分析。

(二)科技资源的管理和使用的法律规定

对于国家所有的科技资源的管理和使用,我国也没有统一的法律规定,相关条文散见于《保守国家秘密法》《物权法》《专利法》《著作权法》《科学技术进步法》《促进科技成果转化法》等法律法规。

---

④ 其中,"执行本单位的任务所完成的职务发明创造",指的是:(1)在本职工作中作出的发明创造;(2)履行本单位交付的本职工作之外的任务所作出的发明创造;(3)退休、调离原单位后或者劳动、人事关系终止后1年内作出的,与其在原单位承担的本职工作或者原单位分配的任务有关的发明创造。"本单位的物质技术条件",是指本单位的资金、设备、零部件、原材料或者不对外公开的技术资料等。

⑤ 这里有两种构成职务作品的情形:(1)主要是利用法人或者其他组织的物质技术条件创作,并由法人或者其他组织承担责任的工程设计图、产品设计图、地图、计算机软件等的;(2)属于法律、行政法规规定或者合同约定著作权由法人或者其他组织享有的。如果不属于前述两种情形的,其著作权归属于作者。

其中,《保守国家秘密法》第9条第1款规定科学技术中的秘密事项以及经国家保密行政管理部门确定的其他与科技活动有关的秘密事项,都属于国家秘密,不得泄露;第10条第1款规定,国家秘密的密级分为绝密、机密、秘密三级;第15条规定国家秘密的保密期限,除法律另有规定外,绝密级不超过30年,机密级不超过20年,秘密级不超过10年;机关、单位对在决定和处理有关事项工作过程中确定需要保密的事项,根据工作需要决定公开的,正式公布时即视为解密。因此,涉及国家秘密的科技资源,在解密之前,依法不得共享。

对于国家所有科技资源中属于动产和不动产的管理和使用,《物权法》第45条规定,法律规定属于国家所有的财产,除法律另有规定之外由国务院代表国家行使所有权;第53条和第54条规定,国家机关和国家举办的事业单位对其直接支配的不动产和动产,享有占有、使用以及依照法律和国务院的有关规定处分的权利。

对于国家所有的科技资源中属于专利的管理和奖励,由《专利法》规定。其中,《专利法》第16条和《专利法实施细则》第76—78条规定被授予专利权的单位对职务发明创造的发明人或者设计人给予的奖励,有约定的从其约定,没有约定的,应当自专利权公告之日起3个月内发给发明人或者设计人奖金。[6]

对于国家所有的科技资源中属于作品的信息和数据,包括文字、图案、录音、视频、数据库,都由《著作权法》规定。其中,《著作权法》第14条规定,汇编人对汇编作品行使著作权时,不得侵犯原作品的著作权。对于属于作者而非法人或其他组织享有著作权的职务作品,第16条规定,法人或者其他组织有权在其业务范围内优先使用;作品完成两年内,未经单位同意,作者不得许可第三人以与单位使用的相同方式使用该作品。

对于科研项目承担者享有发明权和著作权的发明和作品的使用,《科学技术进步法》第20条规定,项目承担者应当实施该知识产权,同时采取保护措施,并就实施和保护情况向项目管理机构提交年度报告;在合理期限内没有实施的,国家可以无偿实施,也可以许可他人有偿实施或者无偿实施;同时,国家为了国家安全、国家利益和重大社会公共利益的需要,可以无偿实施,也可以许可他人有偿实施或者无偿实施;项目承担者因实施上述知识产权所产生的利益分配,先按照法律法规的规定进行执行,如无规定的,按照项目承担者与项目管理机构的约定执行。

对于职务科技成果(包括职务发明和职务作品),《促进科技成果转化法》规定了

---

[6] 具体奖金设定为:一项发明专利的奖金最低不少于3000元;一项实用新型专利或者外观设计专利的奖金最低不少于1000元;而且,在专利权有效期限内,实施发明创造专利后,每年应当从实施该项发明或者实用新型专利的营业利润中提取不低于2%或者从实施该项外观设计专利的营业利润中提取不低于0.2%,作为报酬给予发明人或者设计人,或者参照上述比例,给予发明人或者设计人一次性报酬;被授予专利权的单位许可其他单位或者个人实施其专利的,应当从收取的使用费中提取不低于10%,作为报酬给予发明人或者设计人。

促进这些成果进行社会效益转化的措施。其中,第 3 条规定,科技成果的转化要有利于实施创新驱动发展战略,并应当遵守市场规律、遵守法律法规。第 7 条规定,国家为了国家安全、国家利益和重大社会公共利益的需要,可以依法组织实施或者许可他人实施相关科技成果。第 10 条规定,利用财政资金设立应用类科技项目和其他相关科技项目,应当明确项目承担者的科技成果转化义务。第 43 条规定,国家设立的研究开发机构、高等院校转化科技成果所获得的收入全部留归本单位,在对完成、转化职务科技成果作出重要贡献的人员给予奖励和报酬后,主要用于科学技术研究开发与成果转化等相关工作。⑦

因此,对于科技资源的使用和管理,大型仪器、设备等动产与数据类或信息类的国际秘密、发明、作品的使用和管理存在比较大的区别:前者的归属明确,国家在管理时比较容易;而后者涉及复杂的国家秘密划定、职务发明和职务作品的判定,其管理和使用较为复杂,其利用也往往涉及科研人员的奖励和报酬问题。

(三)科技资源共享的法律框架

目前,我国并没有明确而统一的科技资源共享立法,但部分立法在一定程度上涉及了共享的问题。⑧

例如《科学技术进步法》第 46 条规定,利用财政性资金设立的科学技术研究开发机构,应当建立有利于科学技术资源共享的机制,促进科学技术资源的有效利用。其中,对于大型科研仪器、设备的购买,第 64 条规定指出国家要根据科学进步的需要,按照统筹规划、突出共享、优化配置、综合集成、政府主导、多方共建的原则,制定购置大型科学仪器、设备的规划,并开展对以财政性资金为主购置的大型科学仪器、设备的联合评议工作。对于大型科研仪器、设备的采购在《科学技术进步法》中突出共享的规定,应当说在一定程度上满足了《物权法》第 53 条和第 54 条对于国家所有的动产(包括大型科研仪器、设备)的处分要求——依照法律和国务院的有关规定行使处分该动产的权利。⑨ 另外,2014 年 12 月 31 日发布了《国务院关于国家重大科研基础设施和大型科研仪器向社会开放的意见》,进一步要求开放共享大型科研仪器,但该《意见》仅属于一般性规范性文件,尚未达到行政规章的层级,法律层级有待提升。

对于数据类和信息类的科技资源,《科学技术进步法》第 65 条规定,国务院科学技术行政部门应当会同国务院有关主管部门,建立科学技术研究基地、科学仪器设备和科学技术文献、科学技术数据、科学技术自然资源、科学技术普及资源等科学技术资源

---

⑦ 对于科研人员的奖励,《促进科技成果转化法》第 45 条进行了详细的规定。

⑧ 《政府信息公开条例》仅适用于行政机关的信息公开,不适用于高校、科研机构、研发机构的信息公开。

⑨ 但是,《科学技术进步法》第 64 条的规定仍然从政府主导的方式去突出共享,而不是让科研项目负责人在做项目设计(尤其是采购)时考虑租用已有的科研设备是否更为合适,这二者的差别是思想观念上的差别,是外在动力和内在动力上的差别,值得进一步深思。

的信息系统,及时向社会公布科学技术资源的分布、使用情况;在根据使用制度安排使用时,应遵循法律、行政法规规定,对有保密要求的,按照该要求处理;在进行公布和使用时,科学技术资源的管理单位不得侵犯科学技术资源使用者的知识产权,并应当按照国家有关规定确定收费标准;管理单位和使用者之间的其他权利义务关系由双方约定。

另外,对于科技成果的公布和共享工作,2015年修订的《促进科技成果转化法》第11条规定,国家应当建立、完善科技报告制度和科技成果信息系统,向社会公布科技项目实施情况以及科技成果和相关知识产权信息,提供科技成果信息查询、筛选等公益服务;公布有关信息不得泄露国家秘密和商业秘密;对不予公布的信息,有关部门应当及时告知相关科技项目承担者;利用财政资金设立的科技项目的承担者应当按照规定及时提交相关科技报告,并将科技成果和相关知识产权信息汇交到科技成果信息系统;国家鼓励利用非财政资金设立的科技项目的承担者提交相关科技报告,将科技成果和相关知识产权信息汇交到科技成果信息系统,县级以上人民政府负责相关工作的部门应当为其提供方便。

应当说,《科学技术进步法》《促进科技成果转化法》为我国科技资源对外公布和共享提供了法律依据,但具体应当如何共享大型科学仪器、设备以及相关数据,则需要进一步明确。尤其是对于数据类和信息类的科技资源的公布和共享使用,应当建立怎样的合适公布和共享使用制度,还需要进行探索,并在探索中通过立法明确下来。

三、科技资源共享的现状

科技资源的共享主要分为大型科研仪器、设备和数据类、信息类的科研数据和科研成果的共享。根据《科学技术进步法》《促进科技成果转化法》和《国务院关于国家重大科研基础设施和大型科研仪器向社会开放的意见》的规定,这两类科技资源还应当根据其特性采取相应的共享模式进行共享。

(一)开放共享

开放共享,是指除涉及国家安全、公共安全、知识产权、个人隐私外,国家大型科研仪器、设备、科研数据,应当面向社会进行开放共享。其中,"开放共享"指的是国有大型科研仪器、设备和科研数据的持有者应当依法向社会无歧视地公开和开放。"面向社会"指的是本国任何组织和个人都可以使用该大型科研仪器、设备和信息,而无须进行身份审查和资格审查。不过,这里不包括外国组织和个人。[⑩]

应当指出的是,开放共享侧重于向社会进行无歧视的开放共享,强调的是将国家

[⑩] 有两大原因:一是因为国有的科技资源的资金来源于国内企业和公民个人的纳税,国家无义务向外国组织和公民提供国民待遇;二是因为外国组织和个人使用这些科研仪器、设备和数据的目的仍应当在事前进行审查。

科技资源置于一种可供他人使用的状态,但不是"强制共享"。强制共享强调国家有义务向纳税人共享国有科技资源,强调国有科技资源持有者有义务向使用者提供共享服务,侧重的是使用者的权利。[11] 因此,在强制共享理念下,不管该科研仪器、设备是否为持有者正在以及在相当长时间内都需要持续使用的对象,只要有使用者提出正当共享需求,就都应当向使用者共享,即首先保障使用者的使用该科研仪器、设备的权利。然而,科研仪器和设备是有体物,一个人占用就必然排斥他人使用,如果不首先考虑该科研仪器和设备的持有者购买该设备的初衷——在相当长一段内持续使用该科研仪器和设备实现科研目的——那么结果就是购买该设备的初始目的被淡化,转而过于强调购买设备是为了未来的共享。这与购买科研仪器和设备进行科研的目的,以及避免科技资源浪费、提升利用率而进行共享的初衷,都是相违背的。另外,科技资源也包括数据类科研数据,该类数据是否涉及国家安全、知识产权和个人隐私本身并不是一个非白即黑的结果,而是需要个案判断的。如果一概强调强制共享,可能会忽视个案的问题,导致国家安全、科研单位及科研人员的知识产权、数据中的个人隐私权受到侵害。

其实,开放共享在国外已有比较成熟的制度。例如,美国《政府采购条例》规定了联邦机构对于设备的所有权和对外共享的制度,《联邦条例法典》第 2 章第 4 小节规定了联邦资助机构购买的设备的所有权和对外共享的制度。在这两部有关共享的规定中,有两点值得我国借鉴:(1) 考虑设备的实际使用情况,而不是一律必须共享:美国强调设备——不论是联邦所有,还是科研项目方所有——的共享,都要考虑共享使用是否会对购买该设备的原本项目的实施有影响;而且,即使该设备可供共享,也首先考虑联邦资助的项目方,而不是非联邦资助的项目方;(2) 要求科研项目方在项目规划时就要考虑未来需要使用的设备是应当租用还是购买。在实践中,有必要使用大型科研仪器、设备和科研数据的使用者其实也是科研机构及其科研人员,他们在进行科研项目设计和实施之前,都要先行根据法律规定的因素考虑是租用已有设备还是购买新设备。美国之所以会有这样的制度安排,其实是已经考虑到在科研中,没有谁始终是科研设备的持有方或所有者,也没有谁始终是使用者;二者之间的身份会因不同项目不同设备而转换,因此不能过分强调谁是使用者谁是持有者。

另外,开放共享并不必然是无偿共享。对于大型科研仪器、设备而言,这些设备的使用必然会产生耗费,需要一定的成本,按照公平原则,该成本不应当由设备的持有方或所有者承担,而应当由使用者承担。对于科研数据,如果公布在持有方或者所有权人的网站上,则可以免费查阅,但不必然代表可以免费使用,其使用仍需遵从知识产权法的要求。如果涉及知识产权,除非构成合理使用,否则仍应当获得许可后才可以使用;如果未公布在网上,而需要提供纸质版本的,该共享成本也应当纳入考虑。

---

[11] 参见于赵波,"由'持有者权利主义'转向'使用者权利主义'——论科技资源共享立法的制度理念",载《中国科技论坛》2007 年第 7 期。

目前,开放共享的思想观念已经融入了《国务院关于国家重大科研基础设施和大型科研仪器向社会开放的意见》。该《意见》第 2 部分第 4 点规定:管理单位应在满足单位科研教学需求的基础上,最大限度推进科研设施与仪器对外开放,不断提高资源利用率。实践调研发现,已实施科研设施和仪器对外开放的单位,其开放共享模式包括但不限于:中国科学院遥感与数字地球研究所数据共享办公室关于精确度在 10 米以外的原始数据,国内机关、单位和个人可以免费获得;农业科学数据共享中心对农业科学数据的共享服务;中国气象科学共享平台对气象数据的共享,并且主要通过网上注册下载与线下协议获取;国家生态系统观测网络平台对生态数据、研究设备及研究样品的共享;家养动物种质资源平台对动物品种种质的数据的共享;国家农作物种质资源平台对农作物种质资源与部分实验数据的共享;中国应急分析测试平台对信息、仪器及服务的共享等。

(二) 有权限共享

有权限共享,是指涉及国家安全、公共安全、个人隐私的国家大型科研仪器、设备和科研数据,应当按照"资源分类、用户分级"执行,通过资格审核和技术措施保障有权限主体的安全共享。这种共享模式是根据共享科技资源的本身属性以及相应的法律而采取的共享措施,目的是在适度共享下保护好国家安全、公共安全和个人隐私等利益。[12]

对于科技资源中涉及的国家安全,应当根据《保守国家秘密法》第 9 条进行解释,尤指科学技术中的秘密事项。该科技资源的共享,应按照《保守国家秘密法》第 11 条、第 16 条等规定所划定的密级及其公布范围进行内部共享;保密单位和保密人员要严格按照该法的规定进行内部共享。

对于科技资源中涉及的公共安全,应当根据《食品安全法》《种子法》《中国微生物菌种保藏管理条例》《病原微生物实验室生物安全管理条例》《兽药管理条例》《卫生行政许可管理办法》《地震科学数据共享管理办法》等法律法规的规定,严格对相关仪器、设备、数据等科技资源进行分类,并对用户进行分级共享。例如《地震科学数据共享管理办法》规定:(1) 地震科学数据划分为四级:① 一级数据:可向社会公众公开发布的数据;② 二级数据:能够向国内、国外用户提供的数据;③ 三级数据:可以向国内用户提供的数据;④ 四级数据:只允许向特定范围的用户提供的数据。(2) 不同级别的数据的共享方式又不同:① 用户使用一级数据,可以在地震科学数据共享服务机构的网站上浏览、查询和下载;② 用户使用二级和三级数据,应在地震科学数据共享服务机构的网站上完成相应的注册程序后获得,必要时也可通过签订合同的方式获得;③ 用户使用四级数据,应向地震科学数据共享服务机构提出申请,并经审核后方可获

---

[12] 这样的思想也被《政府信息公开条例》所采纳。第 14 条规定,公开后可能危及国家安全、公共安全、经济安全、社会稳定的政府信息,不予公开。

取所需数据。

对于涉及个人隐私的保护,应当根据《民法通则》《侵权责任法》《全国人大常委会关于加强网络信息保护的决定》《全国人口普查条例》《信息安全技术 公共及商用服务信息系统个人信息保护指南》等法律法规和国家标准做好科学数据中涉及个人信息的保护工作,确实需要共享的,可以采取去身份化措施后再行共享。

目前,有权限共享模式也在一定程度上纳入了《国务院关于国家重大科研基础设施和大型科研仪器向社会开放的意见》。该《意见》第2部分第2点规定,大型科学仪器应当按照单台套价值、规格及功能的不同进行分类共享,国防科研单位在不涉密条件下探索开展科研设施与仪器向社会共享,对于利用科研设施与仪器形成的科学数据、科技文献(论文)、科技报告等科技资源,要根据各自特点采取相应的方式对外开放共享。在实践中,采用有权限共享模式的科技资源共享平台及其具体共享方式包括但不限于:国家微生物资源平台对微生物菌种的共享;其不仅需要经过行政许可审批,还必须与享有产权的单位协商具体的供应方式;家养动物种质资源平台对专业性的实验数据或动物遗传信息资源的共享;地震科学数据共享中心对于地震数据的共享。

(三) 商业化共享

商业化共享,是指对于部分国家大型科研仪器、设备,以及享有知识产权的科研成果,应当按照市场机制进行共享,但不得损害国家利益和社会公共利益。因该共享而获得的收益,应当上报科研单位的资助方及统筹国家共享工作的部门,并用于奖励科研人员和该科研机构的后续科研项目(尤其是原项目的后续研发)。

对于通过利用财政性资金设立的科研机构的科研成果及其科研人员的职务发明和职务作品,应当按照我国《科学技术进步法》和《促进科技成果转化法》的规定,推动其积极实施知识产权,加快科技成果的转化,加速科学技术进步,推动经济建设和社会发展。知识产权是一种私权,即使属于我国通过财政资金设立的科研单位的知识产权也是一种私权,该知识产权只有通过利用才能发挥其应有的价值。与此同时,通过积极实施该知识产权获得的收入,应当用于奖励科研人员、科研机构的后续科研项目,具体的分配机制应当参照《专利法》《著作权法》和《促进科技成果转化法》的规定进行安排,即有约定从约定,无约定按照法定的标准执行。只有如此,才能全面激励科研单位及其科研人员进行更进一步的科研和投入。目前,中国科学院遥感与数字地球研究所数据共享办公室对遥感卫星数据进行初步加工获得的二级数据,在"差别性共享"模式方面有一些有益的探索。

对于大型国家科研仪器、设备的共享,如果是以商业为目的的科研机构提出的共享需求,应当向其收取市场机制下的适当费用,以防止部分企业利用共享机制获得市场下的竞争优势,破坏市场公平竞争机制。对此,《国务院关于国家重大科研基础设施和大型科研仪器向社会开放的意见》仅对科技资源管理单位对外提供开放共享服务的激励机制做了规定——可以按照成本补偿和非营利性原则收取材料消耗费和水、电等运行费,还可以根据人力成本收取服务费——但对于商业化共享模式尚未作出规定,国家科研机构对于大型仪器和设备的商业化共享也未普遍贸然开展相关探索。

美国在这方面已经走在前面。例如,美国《联邦条例法典》规定,除非联邦法律另有规定,联邦资助的非联邦科研机构不能以低于私人企业对于同等服务收取的费用将相关设备提供给私人企业。未来我国是否应当对大型科研仪器、设备以及具有知识产权的科技成果进行商业化共享,应根据实际情况来定,总体上应当持一种开放态度。

四、科技资源共享模式的改进

目前,《科学技术进步法》《促进科技成果转化法》和《国务院关于国家重大科研基础设施和大型科研仪器向社会开放的意见》有关国家科技资源进行共享和转化的规定比较原则性,缺乏可操作性。而且,共享观念很大程度上还停留在宏观层面,还没有达到微观层面和激发科研单位和科研人员进行主动共享的深度。因此,在具体实施或者探索实施科技资源的开放共享、有权限共享和商业化共享模式时,应当注意三大事项。

(一)将共享纳入科研项目承担方的大型科研仪器、设备采购规划

目前,我国《科学技术进步法》第64条的规定还停留在政府主导大型科学仪器、设备购买,突出购买后科研仪器和设备共享的阶段。然而,实践中大型科研仪器、设备的使用者是具体的科研项目方,只有后者才最清楚具体的科研项目在开展过程中是否使用、使用哪些大型科学仪器,以及仪器的使用频率、使用时间。而且,科研经费的预估首先也是由科研项目方根据其所需作出预算。如果我国法律法规不要求科研项目方在作出科研经费预算时考虑是共享(租用)还是购买大型科研仪器、设备,那么在经费审批和拨款后,再单独从大型科研仪器、设备持有方或管理方(而非科研项目方的内在科研需求)的角度考虑对外共享,其实已经晚了一步。《国务院关于国家重大科研基础设施和大型科研仪器向社会开放的意见》向前推进了一步,指出"将优先利用现有科研设施与仪器开展科研活动作为各科研单位获得国家科技计划(专项、基金等)支持的重要条件",但具体科研单位如何获悉这些现有科研设施与仪器,以及如何考虑是购买还是利用现有设备,相关规定尚不够明晰。

在这一点上,美国《政府采购条例》的规定值得参考借鉴。《政府采购条例》第7.401条要求联邦科研机构在作科研设备采购规划之前应当分两种情况:(1)一般情况下应当根据下列因素评估是租赁还是购买科研仪器和设备:①使用该设备的时间以及在此期间的使用频率;②使用替代性设备的财政和运营优势;③预估使用期间的总租赁费用;④净购买价格;⑤运输与安装费用;⑥维持与其他保养费用;⑦设备的潜在淘汰情况。(2)在设备类型、成本、复杂程度以及使用期等特定情况下,联邦科研机构还应当考虑额外的因素:①设备的可用性;②该设备在本项目使用结束后为其他

机构使用的潜在可能性;③折旧率或维修成本;④预估的使用价值;⑤该设备(特别是复杂设备)的功能和表现水平,例如该设备在购买后是否可以服务于政府或者其他资源。

因此,我国未来的科研仪器、设备采购,应在采购规划中纳入未来共享的考虑,即既考虑该设备为其他科研机构共享的可能性,同时也考虑在该科研项目期间是否租用设备更为合适,这样才能真正促使科研单位和项目负责人在购买设备前做好充分的规划,从根本上提高科研仪器和设备的使用率。否则,仅考虑购买后的共享而忽略购买前的租用,也无法提供科研项目负责人使用共享设备的内在推动力。

(二)充分尊重科研数据和科技成果共享中的知识产权

在当今大数据时代,科研数据的共享将具有非常大的社会价值和商业价值。在推进数据类或信息类科技资源共享时,应当充分尊重科研单位及其科研人员对科技成果享有的知识产权,并且从侧重科技成果转化的角度来考虑这些科研资源的共享,允许科研机构探索开展商业化共享的道路,对所共享的科技成果收取符合市场机制的价格。

因此,对于国家科研机构及其科研人员(对职务作品、职务发明)享有知识产权的科技成果的共享,应当以推动科技成果转化为主要目的,以实现社会共享为辅,鼓励国家科研机构积极实施知识产权。否则,违背市场规律和知识产权法等法律法规进行强行共享,可能造成相关科技成果失去转化成适当社会效益的潜在价值,减损国家科研单位及其科研人员进行后续研发的积极性。对此,2015年8月修订的《促进科技成果转化法》第10条专门强调了申请国家财政资金的项目的承担者的科技成果转换义务,"利用财政资金设立应用类科技项目和其他相关科技项目,有关行政部门、管理机构应当改进和完善科研组织管理方式,在制定相关科技规划、计划和编制项目指南时应当听取相关行业、企业的意见;在组织实施应用类科技项目时,应当明确项目承担者的科技成果转化义务,加强知识产权管理,并将科技成果转化和知识产权创造、运用作为立项和验收的重要内容和依据"。因此,国家财政资金支持的项目科技成果首要的义务是进行成果转化,其次是在知识产权管理过程中考虑该成果的共享。

在这个意义上,对享有知识产权的数据类或信息类科技资源的共享,在法律层面上,应当属于知识产权许可使用。其中,知识产权包括但不限于专利、作品(包括汇编作品)、商标、技术秘密和植物新品种。从权利行使方式(包括转让和许可)的角度看,这些知识产权的共享属于知识产权的许可,即由知识产权所有人将其享有的知识产权以普通许可的方式向社会公开共享。之所以选择普通许可而不是专有许可的方式,原因在于普通许可允许知识产权人向不特定多数人进行许可,而在专有许可模式下只有专有被许可人可以使用相应的知识产权,包括知识产权所有人在内的其他人都不得使用该知识产权。当然,从推动享有知识产权的科技资源的最广泛共享的宗旨而言,笔者建议这些成果的知识产权所有人在共享时将其成果公布于相关共享网站,并明示共享的模式是收费还是不收费,以及收费模式下的价格和付费方式。

(三)充分利用先进科学技术,做好共享的网络管理平台

如果强调科研项目方在项目费用规划时就要考虑是否共享(租用)大型科研仪器、设备,那么,科研项目方首先得通过公开的渠道便利地获得例如所需大型科研仪器是否可以租用、租用的成本多高,以及相对于购买新的大型科研仪器而言租用是否更为适当等信息。这就需要国家尽快建立起来一套非常全面而简便的大型科研仪器、设备查询系统。为了进一步落实《国务院关于国家重大科研基础设施和大型科研仪器向社会开放的意见》,我国正在考虑建立起重大科研基础设施和大型科研仪器国家网络管理平台。[13]

与此同时,对于不享有知识产权的数据类科技资源,也应当通过网络形式进行公开,让公众可以便利地获得。但享有知识产权的科技成果,由于涉及科技成果转化的问题,统一公开并不是市场环境下最佳实践方式,应不作硬性要求。例如,2015年8月修订的《促进科技成果转化法》第11条仅要求国家在建立、完善科技报告制度和科技成果信息系统时向社会公布科技项目实施情况以及科技成果和相关知识产权信息,提供科技成果信息查询、筛选等公益服务,但并没有强制要求对该科技成果进行社会共享。

(责任编辑:陈博文)

On the Perfection of the Sharing of Technological Resources

Ping Zhang　Jinping Zhang　Yijie Qiu　Yuntao Hao

Abstract: It is critical for the development of our science and technology to share technological resources. We have gained certain achievements while faced some issues in sharing technological resources according to the current regulations. Thus, we should change the sharing models for technological resources based on our reality.

Key words: Sharing Model, Defining the Boundary of Property, Internet Platform

---

[13] 参见科技部:"国家重大科研基础设施和大型科研仪器开放共享讨论会在京召开", http://www.most.gov.cn/kjbgz/201506/t20150604_119877.htm, 2015年6月11日最后访问。

禁止反悔原则对专利权行使的约束与规范
——从专利默示许可谈起

季冬梅[*]

【摘要】 专利许可是专利权人获得收益的重要途径之一,商业环境与商业行为的多样化催生了默示许可的交易形态。我国司法实践中,法院通过司法程序事后认定当事人之间构成默示许可关系的案件不断出现,我国法院针对个案作出默示许可合同关系是否成立的判决,认定标准存在模糊和跳跃。但专利默示许可认定标准体系化的欠缺会引发专利市场环境混乱、专利权人的权利行使缺乏规范和指引等问题。基于禁止反悔原则,美国专利默示许可的司法实践规则相对丰富,判定因素详细而具体,能够提供很好的借鉴思路。但对美国专利默示许可司法判定规则的转化需要考虑我国既有的法律体系与法律原则,结合促进专利交易的理念以及禁止反悔原则,在专利权利制度的完整框架下构建体系化的权利行使规范。

【关键词】 专利许可;默示许可;禁止反悔;权利范围

一、引言

禁止反悔原则植根于英美法判例制的法律实践土壤之中,广义上的禁止反悔原则涉及民法、刑法、诉讼法、证据法等各个方面,通过个案事实的认定、法律规则的适用与价值衡平的精神,发展出一系列对不公正、不合理、缺乏主观善意行为的约束与规制。当专利权人对于专利权进行行使和收益的时候,禁止反悔原则可以对专利权人进行很

---

[*] 季冬梅,北京大学法学院知识产权法方向 2017 级博士研究生,北京大学科技法研究中心主任助理。本文获得"中国法学会知识产权法学研究会 2019 年年会暨全国第七届知识产权青年学者论文征集评选"二等奖。

好的限制和约束,其中之一,就是通过默示许可的认定,在司法程序中对专利权人的义务进行事后确认,以修正原合同关系中所缺漏或存在瑕疵的部分。

专利权人对使用人进行默示许可本质上属于法律行为,其意思表示通过默示的行为为之。意思表示是法律行为不可或缺的构成要素,即向外部表明意欲发生一定私法上法律效果之意思的行为①,其得以明示或默示为之。明示者,指行为人直接将其效果意思表示于外;默示者,指由特定行为间接推知行为人的意思表示。② 我国《民法通则》第 56 条规定,民事法律行为可以采取书面形式、口头形式或者其他形式。《最高人民法院关于贯彻执行〈中华人民共和国民法通则〉若干问题的意见(试行)》第 66 条进一步规定,一方当事人向对方当事人提出民事权利的要求,对方未用语言或者文字明确表示意见,但其行为表明已接受的,可以认定为默示。不作为的默示只有在法律有规定或者当事人双方有约定的情况下,才可以视为意思表示。该条规定对当事人采取默示形式实施的民事法律行为予以明确,但该规定只能适用于由一方当事人通过明示而对方当事人通过默示所实施的行为,而不能适用于双方当事人均通过默示实施的行为。从民法的相关规定来看,对于默示构成意思表示的要求较为严格,单纯的沉默不能代表接受的意思表示,也不能代表拒绝的意思表示。作为的默示需要结合当事人特定的行为内容与具体情境进行分析,而不作为的默示则需要有法律规定或事先约定才可构成。实践当中,当事人之间争议最多的就是作为的意思表示。这也是认定专利默示许可关系时最主要的情形,即如何通过权利人的作为认定默示许可的构成。

我国司法实践中已经有若干判定被控侵权人不侵权,专利权人或其他权利人与专利使用人之间构成默示许可的案例。纵观来说,这些案例往往是结合个案认定的结果,建立在当事人提出默示许可主张的基础上,法官对默示许可进行被动适用,法律依据主要包括民法、专利法等。我国关于默示许可的司法实践往往依个案认定,没有统一规则,相对零散而缺乏理论基础与判定体系。而通过比较研究,美国默示许可的司法实践规则丰富,判定因素详细而具体,能够提供很好的借鉴思路。但对美国默示许可司法判定规则的转化需要考虑我国既有的法律体系与法律原则,避免规则适用中削足适履的现象。

二、我国司法实践中认定默示许可的正反因素

基于个人之人格发展自由,个人得自由决定其生活资源之适用、收益及处分,因而得自由与他人为生活资源之交换。③ 对知识产权进行许可是权利人自由处分其财产的体现,也是获取经济利益、实现产权价值的重要途径之一。基于契约自由原则,知识产

---

① 参见梁慧星:《民法总论》(第五版),法律出版社 2017 年版,页 176。
② 参见王泽鉴:《民法总则》(增订版),中国政法大学出版社 2001 年版,页 339。
③ 参见王泽鉴:《债法原理》(第二版),北京大学出版社 2013 年版,页 12。

权人或其他权利人与使用人往往通过事前谈判达成双方合意，签订许可或转让合同，通过交易实现目标价值的最大化，并为维护自身权益提供保障。在我国知识产权法的相关规定中，权利人往往需要通过签订书面合同的方式建立许可协议④，但民事法律行为可以采取书面形式、口头形式或者其他形式。没有签订书面协议，并不意味着就没有权利许可关系的存在。在一些情形下，权利人虽未明确表示权利许可，专利权人与使用人之间并未达成明示的许可协议，但通过当事人之间的关系、权利人的相关行为、特定情境、法律原则以及商业惯例等要素，潜在使用人可以合理地推断出权利人有许可其免费或付酬使用知识产权的意思。默示许可作为被控侵权人提出侵权抗辩的事由之一，伴随着《专利法修订草案（送审稿）》第85条的规定⑤，引发各界的广泛关注。

（一）司法裁量中认定存在专利默示许可的情形

在司法实践中，我国法院结合案件事实与情境，在综合因素考量的基础上，判定专利权人是否已将专利默示许可给使用人。然而由于缺乏明确的判定规则或标准，很多时候，裁量的要素并不明确统一，虽然民法领域中的合同法能够提供原则上的参照或指引，但由于专利权保护客体的抽象性、专利权的社会价值属性，很多时候又难以完全依赖民法规则来解决实际问题。我国法院往往是在当事人提出默示许可主张的基础上，才被动适用默示许可规则作出相应的结论或答复。从民法的相关规定来看，对于默示构成意思表示的要求较为严格。单纯的沉默不能代表接受的意思表示，也不能代表拒绝的意思表示。作为的默示需要结合当事人特定的行为内容与具体情境进行分析，而不作为的默示则需要有法律规定或事先约定才可构成。实践当中，当事人之间争议最多的就是作为的意思表示。这也是认定专利默示许可关系时最主要的情形，即如何通过权利人的作为认定默示许可的构成。在专利权侵权之诉中，"未经专利权人许可"，是专利权人提出侵权之诉的请求权基础构成要件之一，默示许可则是对被诉行为"未经专利权人许可"的反驳。具体而言，专利默示许可的情形包括专利产品或者必要零部件的销售、专利的推广宣传、专利被纳入技术标准、专利权人的违约行为等。

在我国司法实践中，认定构成专利默示许可的第一种情形是基于公平对价理念，强调对当事人信赖利益的维护。在北京蓝畅机械有限公司诉北京宇田世纪矿山设备有限公司等专利实施许可合同纠纷案中，权利人获得涉案技术的实用新型专利，在将该专利许可给使用人后，权利人又就相同主题的发明和实用新型专利同日向国家知识

---

④ 《中华人民共和国著作权法》第24条第1款："使用他人作品应当同著作权人订立许可使用合同，本法规定可以不经许可的除外。"《中华人民共和国商标法》第43条第1款："商标注册人可以通过签订商标使用许可合同，许可他人使用其注册商标。许可人应当监督被许可人使用其注册商标的商品质量。被许可人应当保证使用该注册商标的商品质量。"《中华人民共和国专利法》第12条：任何单位或者个人实施他人专利的，应当与专利权人订立实施许可合同，向专利权人支付专利使用费。

⑤ 《专利法修订草案（送审稿）》第85条："参与国家标准制定的专利权人在标准制定过程中不披露其拥有的标准必要专利的，视为其许可该标准的实施者使用其专利技术……"

产权局提出申请,实用新型专利权终止前,同日申请的相同主题的发明专利也获得授权。在权利人针对相同的技术同时拥有两项专利的情况下,基于专利技术使用合同,权利人就负有维持该合同所涉专利权处于有效状态的义务,蓝畅公司即取得合同所涉专利技术的使用权,即默示许可了蓝畅公司使用其所拥有的与合同所涉专利技术属于相同技术的另一专利权,否则将无法实现合同的目的。⑥ 本案中,当事人之间已经围绕实用新型的技术方案缔结合同关系。权利人授权使用人对专利技术进行使用,同时获得对方提供的对价,其对价关系的达成,关键在于付款者能够获得使用该技术方案的授权。在这种情况下,专利权人的先前行为需使被许可人产生合理信赖,即从专利权人的行为可以推断出专利权人允许被许可人使用其技术或专利。⑦ 这与英美法系中的禁反言原则的价值理念相一致,防止权利人对相关的产品进行挖坑,通过不同的专利来收回原始的授权。⑧ 如果通过事后获取发明专利收回本已授权的技术方案,实际上是对原合同中,对方当事人合同利益的贬损,违反了诚实信用原则。

专利默示许可的第二种情形为,如果某种物品的唯一合理的商业用途就是用于实施某项专利,专利权人或者经专利权人许可的第三人将该物品销售给他人的行为本身就意味着默示许可购买人实施该项专利。在江苏省微生物研究所有限责任公司与福州海王福药制药有限公司等专利侵权纠纷处理决定一案中,福药公司生产硫酸依替米星氯化钠注射液的原料药购自专利权人与他人合资设立的企业方圆公司或者得到专利权人许可的第三人山禾公司。虽然硫酸依替米星原料药本身不属于本案专利保护范围,但如果硫酸依替米星原料药唯一合理的商业用途就是用于制造本案专利产品,那么专利权人自己建立的企业或者经专利权人许可的第三人销售该原料药的行为本身就意味着默示许可他人实施专利。⑨ 本案中,最高人民法院以案例法的形式确立了基于产品销售的默示许可的成立条件,特别是提出了"唯一合理的商业用途"的判断标准。这一原则在2013年北京市高级人民法院发布的《专利侵权判定指南》中得以固定化,其规定专利产品或者依照专利方法直接获得的产品,由专利权人或者经其许可的单位、个人售出后,使用、许诺销售、销售、进口该产品的,不视为侵犯专利权,包括:专利权人或者其被许可人售出其专利产品的专用部件后,使用、许诺销售、销售该部件或将其组装制造专利产品;方法专利的专利权人或者其被许可人售出专门用于实施其专

---

⑥ 北京蓝畅机械有限公司诉北京宇田世纪矿山设备有限公司等专利实施许可合同纠纷案,参见最高人民法院(2009)民申字第802号民事判决书。

⑦ 陈健:"知识产权默示许可理论研究",载《暨南学报(哲学社会科学版)》2016年第10期。

⑧ 〔美〕罗杰·谢科特、约翰·托马斯:《专利法原理》(第2版),余仲儒组织翻译,知识产权出版社2016年版,页328。

⑨ 申请再审人江苏省微生物研究所有限责任公司与被申请人福州海王福药制药有限公司、一审被告辽宁省知识产权局、一审第三人辽宁民生中一药业有限公司、常州方圆制药有限公司专利侵权纠纷处理决定案,参见最高人民法院(2011)知行字第99号行政裁定书。

利方法的设备后,使用该设备实施该方法专利。

专利默示许可的第三种情形较为特殊,发生在标准制定的过程中。最高人民法院在回复《关于季强、刘辉与朝阳市兴诺建筑工程有限公司专利侵权纠纷一案的请示》中指出,鉴于目前我国标准制定机关尚未建立有关标准中专利信息的公开披露及使用制度的实际情况,专利权人参与了标准的制定或者经其同意,将专利纳入国家、行业或者地方标准的,视为专利权人许可他人在实施标准的同时实施该专利,他人的有关实施行为不属于《专利法》第 11 条所规定的侵犯专利权的行为。⑩ 适用默示许可的前提在于专利信息尚未公开,若不符合这一要件,则不能认定构成默示许可。比如,衡水铭健工程橡胶有限公司与徐斌等侵害发明专利权纠纷上诉案中,标准"单元式多向变位梳形板桥梁伸缩装置"在引言部分披露了标准涉及的专利及权利人的情况,标准的实施人不可能不知道该标准与涉案专利相关,同时,专利权人还声称愿意同任何申请人在合理和非歧视的条款和条件下,就使用授权许可证进行谈判,由此可以表明专利权人并未放弃对授权许可进行审查,不应直接推定为对所有使用人是默示许可,铭健公司作为本行业的专业公司,对于该标准特别是引言部分的内容应当是知悉的,但铭健公司并未就使用许可与涉案专利的权利人进行过谈判,其未经许可生产被控侵权产品的行为应属侵权行为,其所提的不侵权抗辩不能成立。⑪ 上述默示许可认定的标准与《专利法修订草案(送审稿)》第 85 条存在共通之处,以专利权人参与标准制定或同意纳入相关标准的行为推定其同意开放其专利许可。

(二)默示许可不应过度扩张造成对自由意志的干预

默示许可本质上依然是合同关系,需要遵循契约自由的基本原则,法院在考察是否构成默示许可之时,需避免对权利人自由意志的强制干预,谨慎控制并遵循逻辑,通过建立体系化的认定标准为法官的自由裁量提供指引。因此实践中,对于认定构成专利模式许可的情形也进行了一定的限缩与排除。

在我国的司法实践中,对被控侵权人提出的默示许可抗辩进行否认的情形主要涉及以下两种:

第一种情形是专利推广行为不能构成默示许可。通过对当事人意思表示的严格解释,我国 2014 年最高人民法院知识产权案件年度报告摘要中指出,依据再审申请人范俊杰与被申请人亿辰公司侵害实用新型专利权纠纷案一案的判决⑫,专利权人向他人提供专利图纸进行推广的行为,不当然地等同于许可他人实施其专利的意思表示。

---

⑩ 参见《最高人民法院关于朝阳兴诺公司按照建设部颁发的行业标准〈复合载体夯扩桩设计规程〉设计、施工而实施标准中专利的行为是否构成侵犯专利权问题的函》([2008]民三他字第 4 号)。

⑪ 衡水铭健工程橡胶有限公司与徐斌等侵害发明专利权纠纷上诉案,陕西省高级人民法院(2016)陕民终 567 号民事判决书。

⑫ 范俊杰与亿辰公司侵犯专利权纠纷提审案,最高人民法院(2013)民提字第 223 号民事判决书。

在烟台科百达照明工程有限公司等与济南三星灯饰有限公司侵害外观设计专利权纠纷上诉案中,法院主张,三星公司出具给威海博朗照明电器有限公司授权书的主要目的是支持威海博朗照明电器有限公司参加涉案投标项目的招标活动,同时保证产品的供货、保修以及安装技术指导。对于默示许可行为,本案中,并不存在被诉侵权人科百达公司向专利权人三星公司提出"民事权利的要求"的情形,不能适用上述规定。而且现有事实和证据亦并不能证明或者推定三星公司已经同意将涉案专利许可招标单位及投标人有偿或无偿使用实施。[13] 又如田辉明诉湖北永方矿产品有限公司侵害专利权纠纷案中,双方签订的《工程设计服务合同》是原告主张专利许可的主要依据,是否可以此推定双方当事人存在默示合同关系,不仅需要考察合同标的物是否涉及原告主张权利的专利,还需要考察设计服务合同对原告专利权的影响。虽然工程设计服务合同的标的物是10万吨酸洗石英(砂)粉生产线,与原告主张权利的专利高纯度石英砂提纯酸洗装置发明专利有很强的关联性,原告通过电子邮件提交的工艺流程示意图、酸洗石英砂工艺操作规则涉及的也是酸洗石英砂装置,但这些证据都无法体现原告田辉明主张权利的专利的技术特征,从而无法证明工程设计服务合同指向的装置使用了其专利。[14]

第二种情形则与美国衡平法上的"懈怠"理论极为相似,即权利人在相当一段时期内没有提出权利诉求,放任侵权行为的发生,是否意味着对专利权的放弃?权利人和使用人之间是否据此而构成默示许可的关系?我国法院认为,权利的放弃应当以明示的方式作出[15],行为人意思表示以明示为原则,默示为例外。[16] 默示构成意思表示,须符合法律规定。在佛山市冠通电力设备制造有限公司与广州番禺电缆集团有限公司侵害实用新型专利权纠纷案中,虽然冠通公司上诉主张番禺电缆公司在招投标中明知侵权行为存在而未主张权利,但并不存在被诉侵权人冠通公司向专利权人番禺电缆公司提出"民事权利的要求"的情形,也没有证据证明番禺电缆公司与招标单位存在参与投标即为同意他人生产其投标产品,或者允许他人实施投标人竞标之专利技术的约定,因而不能得出本案专利已经许可招标单位及投标人有偿或无偿使用实施的结论。

在是否构成默示许可的问题上,争议核心在于当事人之间是否构成许可合同关

---

[13] 烟台科百达照明工程有限公司等与济南三星灯饰有限公司侵害外观设计专利权纠纷上诉案,山东省高级人民法院(2017)鲁民终74号民事判决书。

[14] 田辉明诉湖北永方矿产品有限公司侵害专利权纠纷案,武汉市中级人民法院(2015)鄂武汉中知初字第01017号民事判决。

[15] 神州交通工程集团有限公司等诉扬州市阳瑞电气工程有限公司侵害外观设计专利权纠纷案,江苏省扬州市中级人民法院(2014)扬知民初字第00086号民事判决书。

[16] 佛山市冠通电力设备制造有限公司与广州番禺电缆集团有限公司侵害实用新型专利权纠纷案,广东省高级人民法院(2017)粤民终1284号民事判决书。

系,默示许可制度是合同法理论的延伸[17],为了最大限度地遵循契约自由原则,需要足够充分的理由认定默示许可的成立,否则会造成对权利人自由意志的约束,不再构成自愿合同,而是强制缔约。与自愿许可相对的强制缔约,是指个人或企业负有应相对人的请求,与其订立契约的义务,即相对人的要约,非有正当理由不得拒绝承诺。[18] 因此强制缔约是指契约关系尚未建立,而默示许可是指契约关系已经建立,法院仅仅是确认关系存在,本质上讲,默示许可是合同关系,合同关系属于分配正义的范畴,用于解决不同主体间的合作问题,对社会财富发挥增量作用。[19] 故默示许可依然遵循契约自由的基本原则,避免对权利人自由意志的强制干预,这是市场经济与贸易发展的需要,也是符合我国民法理念与精神的政策选择。建立在契约自由的基础上,司法机关对专利默示许可构成要件的判断,需要谨慎控制且遵循逻辑,通过建立体系化的认定标准为法官的自由裁量提供指引。

通过对我国默示许可司法实践案例的梳理可以发现,其根本出发点在于对当事人信赖利益的保护和对契约秩序的维持,暗含着公平原则与诚实信用原则的追求。但总体上,我国对默示许可的认定较为严格,避免对权利人主观意图妄加揣测。实践中对默示许可的理解与适用较为零散,缺乏统一的指引与规范,尤其是《专利法修订草案(送审稿)》中第85条涉及标准必要专利默示许可条款的出现,对默示许可成立标准的反思与探讨引发更加广泛的关注。

三、禁止反悔原则对专利权的绝对限制与相对限制

(一) 限制专利权是专利制度的内生性要求

传统的合同法体系建立在有体物的基础上,物品的转移、占有、损耗都有着客观的物理衡量标准,权利人与使用人的行为相对明确,权利的边界也比较清晰。但在专利权等知识产权无体物上,由于权利范围本身就具有不确定性,权利实施也不具有物理上的排他性,在认定是否构成专利侵权还是构成默示许可的时候,其不确定性因素和参考的标准更加复杂多样。此外,公权力在有体物与知识产权的权利体系中也扮演着不同的角色,政府不仅在专利权授权、确权方面扮演重要角色,而且在之后权利人行使排他权的时候,也会有所介入。[20] 知识产权制度实际上是认为创造稀缺性的一种制度,其权利客体的经济价值并非完全来源于自然,而是带有很强的公共政策色彩与社会属性。如何通过专利制度的创设与调整,使其能够更好地促进社会整体经济效率的提

---

[17] 参见董美根:《知识产权许可研究》,法律出版社2013年版,页223。
[18] 参见王泽鉴:《债法原理》(第二版),北京大学出版社2013年版,页112。
[19] 参见杨德桥:"合同视角下的专利默示许可研究——以美中两国的司法实践为考察对象",载《北方法学》2017年第1期。
[20] Robert. P. Merges, Justifying Intellectual Property, Harvard University Press, 2011, p.12.

升,是目前公共政策体系下的重点与关键。

而在这个过程中,专利制度涉及的多方利益的矛盾与冲突始终是羁绊专利制度发挥最大经济效用的障碍之一。这是由于专利权界权的模糊性与制度目的的内在矛盾导致的。[21] 专利权人始终像是戴着镣铐在跳舞,如何计量出合适的镣铐重量,其关键就是如何划定专利权的边界。专利权的界权问题伴随着权利诞生、实施、交易、保护、灭失的始终。专利权的范围通过权利要求来界定,但由于权利要求的语言可能存在含混、对权利要求的解释存在多种可能、技术进步导致原有的概念范围产生偏差等原因,权利要求的范围并不是绝对明确的,在具体的权利实施中,需要借助多重标准和规则进一步限定和约束。

专利机制在激励创新及其公开方面发挥着不可替代的作用。[22] 一方面,专利权人通过公开其发明方案等智力成果换取特定时期内的排他性权利,借助技术上的垄断地位换取经济利益与优势。只有当权利人的利益得到充分保护,专利制度的激励机制才能够高效运行。为了确保权利人的利益得到充分的保护,司法实践中采用等同原则来认定侵权行为是否成立。在等同原则下,专利发明技术方案中具有创新性与进步性的主体思想权利保护范围的核心。在专利侵权案件中,若被告侵权行为人实施的技术方案,在采用的方法步骤、发挥的实际功能与达到的技术效果上,与权利人的发明方案并没有实质性差异,那么被告实施的行为依然落入专利权的保护范围,需承担侵权责任。[23] 但等同原则的实施可能会造成专利权人扩大其权利保护范围的趋势,权利人可能会采用相对模糊的概念用语,以期在等同原则的适用中,对权利要求进行扩大解释。

另一方面,由于专利权具有很强的社会价值属性,在专利权授权、行使、保护的整个过程中,都需要对专利权进行一定的限制,既包括对权利边界进行清楚的划分(静态限制,限制的对象为权利要求本身),又包括专利权人的行为进行约束和规范(动态限制,限制的对象为具体的权利行使行为),从而避免专利权人的"逾矩"行为造成社会公共利益与他人利益受损。禁止反悔原则能够在限制专利权范围与约束专利权行使方面发挥重要功能。比如,诉讼中实际通过禁止反悔原则来限制等同原则的适用,以免权利人任意扩大对权利要求的解释,损害他人正当利益或社会公共利益。

(二)禁止反悔原则在专利授权前、后的双重作用

我国对禁止反悔原则的规定初见于《最高人民法院关于审理侵犯专利权纠纷案件

---

[21] 专利制度目的的矛盾性与专利的社会属性密不可分。一方面,专利权作为私人财产权,能够为权利人带来经济利益,从而激励创新;但另一方面,现代技术创新又多属于"站在巨人的肩膀上",不可避免地需要借助前人的力量进行后续创新,这就导致对专利的保护必然是有限的。参见 Suzanne Scotchmer, Standing on the Shoulders of Giants: Cumulative Research and the Patent Law, The Journal of Economic Perspectives, Vol. 5, No. 1 (Winter, 1991), pp. 29-35。

[22] 参见 Amy. L. Landers, Understanding Patent Law, Carolina Academic Press, 2018, p.13。

[23] 参见 Graver Tank v. Linde Air Products Co. 339 U.S. 605 (1950)。

应用法律若干问题的解释》第 6 条,即"专利申请人、专利权人在专利授权或者无效宣告程序中,通过对权利要求、说明书的修改或者意见陈述而放弃的技术方案,权利人在侵犯专利权纠纷案件中又将其纳入专利权保护范围的,人民法院不予支持"。禁止反悔原则是对专利权人权利范围的限制与约束,实际上是通过对专利权人的外在客观化行为的约束达到限制专利权范围的效果,避免专利权人前后不一的言行导致社会公众的信赖利益受损。这一规则与美国司法实践中的 Prosecution History Estoppel 原则遥相呼应。

从产生的法律效果来看,专利申请过程中的禁止反悔原则,对专利权的行使产生绝对的限制,而专利权利行使过程中的禁止反悔原则(包括但不限于默示许可的情形),则对专利权人进行相对的限制。绝对的限制是指专利权的范围由此受到限缩,专利权人在专利申请过程中,为获得专利授权而修改权利要求与技术方案,在此过程中删去或抛弃的内容,将不为专利权范围所覆盖,在任何情形下,专利权人都不得针对该部分重新主张权利。由于公有领域的信息和思想不能被带走或私有化[24],禁止反悔原则虽然主要在侵权诉讼中作为抗辩来得以适用,却能够对专利权人的申请过程进行回溯式约束,使得专利权人在申请伊始就谨慎考虑申请范围,同时也避免权利人事后反悔,将公有领域的内容重新搬回专利范围中。

而相对的限制是指专利权人在行使专利权的过程中,由于外化客观的表现致使潜在使用人产生信赖,以"理性人"的标准将得出专利权人进行了有偿或无偿许可专利权的意思表示,且此信赖导致潜在使用者付出一定的成本或损失。在相对限制的情形下,专利权人不能再对该使用人主张其已经默示许可的专利权,但针对该使用人之外的第三人,仍然可以主张专利权。默示许可实际上也具有一定的回溯力,通过对专利权人之前种种行为以及行为发生情境的事后审视得出结论。尤其是伴随着专利许可与转让等交易行为的增多,专利许可是需要进行规范的重要领域,默示许可则是其中不可或缺的一个环节。默示许可能够促进专利交易过程中,对信赖利益的保护以及良好的交易环境的培养,避免专利权人采取一些"小动作",先许诺、后反悔,或假施以好意,再反咬一口,扰乱交易秩序,破坏信赖关系。

四、禁止反悔规则下的默示许可——以美国司法实践为例

默示许可制度是合同法理论的延伸[25],与实施合同关系理论形成了理念和制度上

---

[24] 参见 Robert. P. Merges 在 Justifying Intellectual Property 一书中提出 "non-removal principle" 这一概念,强调在公有领域的信息和思想不能被个人带走或私有化。参见 Robert. P. Merges, Justifying Intellectual Property, Harvard University Press, 2011, pp.141-143。

[25] 参见王泽鉴:《民法总则》(增订版),中国政法大学出版社 2001 年版,页 223。

的耦合㉖。美国合同法中的禁止反悔原则(The Doctrine of Estoppel)就是对专利默示许可的最大支撑。专利默示许可情况下,专利权人已经默示地放弃了其排除该使用者制造、使用、销售或进口诉争专利的法授权利㉗,具体包括行为(conduct)、默许(acquiescence)、衡平法上的禁反言(equitable estoppel)和普通法上的禁反言(legal estoppel)四种情形。

(一) 默许与行为默示许可

在以权利人的行为与默许来判定是否构成默示许可的过程中㉘,默许是指专利权人对他人实施的某些行为明示或默示地表示同意,而该行为如未经同意则为侵权行为,且存在损害或者信赖等衡平法上的理由,使默示同意产生法律效果。㉙ 以标准中专利默示许可的适用条件为例,其形式要件为专利权人的沉默,实质要件为标准实施者产生了合理信赖,程序要件为被控侵权人进行了抗辩与举证。㉚ 行为默示许可是指,专利权人向被控侵权人使用的任何语言或者任何行为,如果被控侵权人能够从中合理推断出权利人同意其对专利的制造、使用、销售的,专利权被控侵权人之间的关系构成许可,即"依行为成立的合同"(contract by conduct),这实际上是依据当事人的行为,反推其交易意图。㉛ 这一默示许可本质上仍是自愿许可的一种表现形式,只是其不具有当事人明确的意思表示,而是通过对权利人行为表现推测而出。

对行为默示许可规则的适用可追溯至 De Forest 诉美利坚合众国一案。本案中,专利的原始持有人 De Forest 将专利技术转让给西电公司,西电公司又将其转让给美国电话电报公司。美国政府在战时告知美国电话电报公司,其希望通用电气或者其他公司能够立即制造出大量的真空管,而让美国电话电报公司向陆军首席指挥官致信声称其不会干涉该真空管的生产过程;该公司后来还向政府和政府的制造商提供了蓝图、图纸和技术帮助。之后,De Forest 无线电话电报公司起诉美国政府,主张美国政府对其专利产品中真空管或三极管的使用行为违法,应承担损害赔偿责任。最高法院认定政府已获得了一种默示的分许可,包括电子三极管的制造,以及由合众国对其进行的使用。专利权许可的形式要件并非必需。专利权人对另一方当事人所使用的任何语言,或采取的任何行为,若该当事人能够从中推断出其同意对专利的制造、使用、销售等行

㉖ 参见王泽鉴:《债法原理》(第二版),北京大学出版社 2013 年版,页 56。
㉗ 参见〔美〕贾尼丝·M.米勒(Janice M. Mueller):《专利法概论》(影印版),中信出版社 2003 年版,页 272—273。
㉘ 参见 Rachel Clark Hughey, Implied License by Legal Estoppel, 14 Albany Law Journal of Science & Technology, 53 (2003)。
㉙ 参见〔美〕德雷特勒:《知识产权许可》(上),王春燕译,清华大学出版社 2003 年版,页 266。
㉚ 参见邓志伟、黄姝:"论技术标准中的专利默示许可抗辩规则之适用",载《法律适用》2013 年第 3 期。
㉛ 参见黄佳:《默示意思表示新论:概念反思与理论重构》,中国社会科学出版社 2017 年版,页 163。

为,均可以构成许可及对侵权诉讼的抗辩。而其是否构成免费许可,或需带有合理补偿费用,则需依据具体情形作出判断;但双方当事人之间的关系,自此之后则构成合同关系,而非对权利人的侵权关系。㉜ 本案是美国事实上的默示许可司法案例的先导,本案之后,美国的司法实践中,关于默示许可的案例逐渐增多,并针对实际情况的个案差异,发展出系统化的分析与判断路径。

(二)禁止反悔原则下的默示许可

禁止反悔又称为"禁反言",其是为避免当事人前后不一、出尔反尔的行为带来他人或公共利益受损而产生的规则。英美法系的默示许可规范被认为是一种为恢复公平的衡平法律规范,除上述两种情形外,在确定专利默示许可时还会通过禁止反言原则的适用来实现。㉝ 依据禁止反悔原则推出的专利默示许可,一般认为其适用条件为:第一,专利权人存在事实上的先前行为;第二,专利权人企图限制被许可人的使用权。㉞ 该规则可进一步细分为衡平法上的禁止反悔(equitable estoppel)与普通法上的禁止反悔(legal estoppel)两种,其在美国默示许可的司法实践中最为常见。㉟ 美国司法实践中禁止反悔规则与我国的公平原则以及诚实信用原则在民法理念上存在暗合之处。

1. 衡平法上的禁止反悔

衡平法上的禁止反悔考察的要素为专利权人的相关行为造成其不会主张专利权的"误导"㊱,且若满足专利权人的权利诉求,被控侵权人会遭受实质损害。美国采用的分析方式有助于对当事人的行为性质进行实质理解,而不是单纯地遵照法律规定进行认定,有助于充分实现默示许可制度的灵活性。但在司法实践中,利用衡平法上的禁反言论证默示许可成立的思路却在后期被否认。㊲ 专利默示许可中禁反言的分析范式与衡平法中禁反言的分析二者最基本的不同在于,默示许可需要考察同意或允许制造、使用或销售的肯定;而衡平法上的禁反言,则关注专利权人不会实施专利权的"具有误导性"的行为。是否构成默示许可取决于具体情形,包括当事方的行为、书面协议或合意的条款、当事方的合理预期、公平合理原则的适用以及知识产权制度背后的政策等㊳,这实际上与衡平法上的禁反言制度存在差异。之前,一些构成默示许可的案例判决主要是基于衡平法上的禁反言原则作出的决定。其共性在于,基于另一方的行为,使用者致力于或已经采取相关行动。因此,默示许可不能仅源自于单方预期或者

㉜ 参见 De Forest Radio Telephone Corp v. United States, 273 U.S. 236 (1927)。
㉝ 参见徐红菊:《国际技术转让法学》,知识产权出版社2012年版,页99。
㉞ 参见陈健:"知识产权默示许可理论研究",载《暨南学报(哲学社会科学版)》2016年第10期。
㉟ 参见 Rachel Clark Hughey, Implied License by Legal Estoppel, 14 Albany Law Journal of Science & Technology, 53 (2003)。
㊱ 参见 Aukerman Co. v. R.L. Chaides Constr. Co., 960 F.2d 1020 (1992)。
㊲ 参见 AMP Incorporated v. The United States, 182 Ct. Cl. 86; 389 F.2d 448 (1968)。
㊳ 参见 Wang Laboratories, Inc. v. Mitsubishi Electronics, 103 F.3d at 1580 (1997)。

即使是一方的合理期望㊴,一方当事人必须是由于另一方的行为而采取了相关的举动。㊵ 即对默示许可的判定回归到对表意人内省真意的考察,而不仅简单从外部意思表示来分析。

衡平法上的默示许可最为经典的情形就是基于实施专利的目的而销售相关设备或者零部件的行为,即如果非专利设备是用来实施专利流程的,该设备的销售会构成实施该专利的默示许可。㊶ 其判断要素主要包括,该设备是否存在非侵权用途以及销售的情况是否明显意味着,使用人可以推断出存在许可。在 Mel-Coil 一案中,Met-Coil 系统公司是美国 4466641 号专利持有人,该专利提出了一种用于连接供热和空调系统中金属管道的装置和方法。Met-Coil 向消费者出售卷边设备(roll-forming),消费者用该设备来折卷金属管末端的整体法兰(integral flanges)以实施该发明方案。该公司还销售一种形状特殊的与整体法兰同时使用的弯角装置(corner pieces)。另一家 Korner 责任有限公司制造出上述用于 Met-Coil 整体法兰的弯角装置并销售给 Met-Coil 设备的购买者。Met-Coil 起诉 Korner 构成对其专利的侵权行为。Met-Coil 在之前试图获取 Corner pieces 的专利但是并没有成功,因此该物没有专利保护。本案中,法院主张 Met-Coil 会单独销售 roll-forming 这一非专利器械,且没有附加任何限制条件,实际上就是对专利的默示许可,因为该器械只有在实施涉案专利时才具有实用性。㊷ 消费者购买一个商品的正当的目的就在于使用、转售以发挥它的价值,且该零部件不具有其他非侵权用途㊸,那么避开侵权方式使用该设备的消费者行为并不具有可期待性。因此消费者作为专利方案的实施者,在与专利权人达成买卖合同的同时,就取得了实施专利的授权,专利权人在销售该物的时候,获得的回报或收取的价金已经包含了授权的内容,因此不存在直接侵权行为。而辅助侵权和诱导侵权又是以直接侵权为基础,故被告 Korner 也不存在侵权行为。

2. 普通法上的禁止反悔

普通法上的禁止反悔是指,专利权人进行权利的许可或转让并获得对价后,不得事后却通过一系列行为,对已授予的权利进行削弱或者价值贬损。㊹ 从公平原则出发,该规则禁止许可人收回其已经获得对价的授权内容。权利人与被控侵权人存在的商业上的关系、相关行为,比如在创新性项目上的密切合作关系等,都可能引发默示许

㊴ 参见 Eastman Kodak Co. v. Richo Co. ltd, 12 Civ. 3109 (2013)。
㊵ 参见 The Singer Company v. Groz Beckert KG and Dyno Corporation, 262 B. R. 257 (2001)。
㊶ 参见 Carborundum Co. v. Molten Metal Equip. Innovations, Inc., 72 F. 3d 872, 878 (Fed. Cir. 1995); Met-Coil Systems Corporation v. Korners Unlimited Inc., and Ductmate Industries, Inc., 803 F. 2d 684 (1986)。
㊷ 参见 Met-Coil Systems Corporation v. Korners Unlimited Inc., and Ductmate Industries, Inc., 见上注。
㊸ 参见 Bandag, Inc. v. Al Bolser's Tire Stores, Inc., 750 F. 2d 903, 925(Fed. Cir. 1984)。
㊹ 参见 Aukerman Co. v. R. L. Chaides Constr. Co., 960 F. 2d 1020 (1992)。

可。在该规则的指导下，美国法院判决驳回原告的诉讼请求，主张原告与被告之间签订的合同实际上包含着对后取得的专利的默示许可。美国联邦巡回上诉法院在 Wang 实验室诉三菱公司一案中，指出默示许可是一种事实合同关系。专利权人 Wang 实验室研发出一种基础记忆组件——SIMM。之后，Wang 实验室试图通过提供设计、建议和样品，劝导三菱公司进入计算机存储芯片的市场。三菱公司表示同意并按照 Wang 实验室提供的材料生产 SIMM 产品。随后，Wang 实验室获取了 SIMM 的相关专利并指控三菱公司构成侵权。本案中，为了证明默示许可的存在，三菱公司必须提供证据证明：(1) 在 Wang 实验室和三菱公司之间存在法律关系；(2) 在该法律关系中，Wang 实验室将 SIMM 发明的权利转让给三菱公司；(3) 该权利转移伴随着合理对价；(4) Wang 实验室当下对该权利转移关系的存在进行否认。[45] 避免权利人事后获取专利主张侵权而构成的默示许可，是合同法中公平、合理以及公序良俗原则的要求。

"事后取得专利的可预见性以及许可中对许可标的的明确表述"，是判定是否构成默示许可的关键要素。在 AMP 公司诉美国政府专利侵权一案中，AMP 公司与美国政府之间签订了合同，约定由 AMP 公司进行导线编接工具的开发和提供。之前的设计模型被采用以完成合同任务。在合同条款的约定下，被告获得了免费使用费的许可，来实施专利保护的发明方案。在签订合同之后，原告针对该技术方案又获得了新的专利。AMP 公司向美国政府提起诉讼，声称被告的行为侵犯了原告在后获得的专利。法院判决支持被告的主张，即原告已经授权被告，基于合同条款，实施专利的权利，以及实施本案所设的工具中的相关构思（idea），无论该技术构思是否获得专利授权。[46] 基于此，为了保护合同中被告的权利，主张其获得授权。普通法上的禁反言规则与诚实信用原则十分相像，都强调对当事人最初缔约时主观状态的分析与认定，避免事后反悔等不公平的方式给对方当事人造成损害，防止权利人利用专利权给使用人"挖坑"，从而达到不合理的商业目的。

五、我国专利默示许可判定规则的反思

（一）通过默示许可鼓励市场交易

合同法的一项重要功能和目标就是鼓励当事人从事资源交易的行为。在市场经济的条件下，一切交易活动都是通过缔结和履行合同来进行的，而因为交易活动乃是市场活动的基本内容，无数的交易构成了完整的市场，因此，合同关系是市场经济社会最基本的法律关系。[47] 鼓励交易是提高效率、增进社会财富积累的手段，这不仅是因为只有通过交易才能满足不同的交易主体对不同的使用价值的追求，满足不同的生产者

---

[45] 参见 AMP Incorporated v. The United States, 182 Ct. Cl. 86; 389 F.2d 448 (1968)。
[46] 同上。
[47] 参见梁慧星主编：《社会主义市场紧急管理法律制度研究》，中国政法大学出版社 1993 年版，页 7。

与消费者对价值的共同追求,而且还因为只有通过交易的方式,才能实现资源的优化配置,保障资源的最有效利用。[48] 如果交易成本过高,财产权就可能阻止对价值变化作出最优调整[49],因此,在默示许可的判定问题上,促进市场交易是重要的参考因素之一。划定私人财产权的意义在于降低交易成本,但是物质财产与知识产权是有区别的。[50] 因为它带有公共产品的属性,一个人对它的消费并不会减少另一个人对它的消费。财产权的动态收益就是指投资激励,即拥有这样一种权利就说明,它使得人们可以收获他们所播种的东西。如果没有这种预期前景,就会降低播种的激励。[51] 财产的静态和动态收益都有一个预设条件,即财产上有着太多的潜在使用人,所以与他们中所有的人进行交易就是不经济的。当交易成本降低时,科斯的交易成本分析就暗示着社会的全部所需就是可强制执行的合同权利[52],因此,除去某些基本的法定权利之外,当事人对某些事情就需要订立合同,以获得最优的使用与投资。

知识产权的交易作为一种市场经济行为,受到"成本—收益"经济分析的内在影响。合理的制度建设需要考虑能否促进整体经济社会效益的提升。在进行制度构建或调整时,可以将"帕累托最优"作为判断的参考要素,即在不损害任何一方既得利益的前提下,能够使得整体利益正向增长。在美国司法实践中就采用了这样的价值取向,其在判予专利侵权救济方式时,不再将禁令救济(即我国法律语境下的"停止侵权")作为首要或必要的救济手段,而是在综合判断公共利益、原被告双方的生产效率与水平、判予禁令救济可能带来的潜在影响等因素的基础上作出决定,即使侵权行为确实成立,依然有可能仅判予合理的许可使用费,而不判予禁令救济。[53] 在判定知识产权默示许可的时候,应当以降低交易成本、促进交易实现为主导思想,对合同关系的建立采取扩张解释,同时也不能过度违背权利人的利益保护,造成合法利益受损。默示许可关系的建立并不能剥夺当事人获得许可使用费的权利,除非有当事人的相关约定或依当事人的行为推定为无偿使用。

(二)默示许可符合诚信原则中对信赖利益保护的需求

专利制度本身存在很多互相博弈又掣肘的理念与机制。一方面,专利发明人通过

---

[48] 参见王利明:《合同法研究(第一卷)》(第三版),中国人民大学出版社2015年版,页203—204。

[49] 参见〔美〕威廉·M. 兰德斯、理查德·A. 波斯纳:《知识产权法的经济结构》(中译本第二版),金海军译,北京大学出版社2016年版,页18。

[50] 同上注,页8。

[51] 同上注,页17。

[52] 参见R. H. Coase, The Problem of Social Cost, Journal of Law and Economics, Vol.3. (Oct., 1960)。

[53] 在美国衡平法体系下,禁令救济并不是当然合理的,美国法院在判断是否判予永久禁令的时候,采用"四要素"测试法:(1)权利人已经遭受了无法修补的损害;(2)法律上既有的救济方法,比如金钱损害等,不足以弥补该损害;(3)在支持原告或被告的困难程度之间进行平衡;(4)公共利益不会因永久禁令而遭受损害。参见eBay Inc. v. MercExchange, L. L. C. 547 U.S. 388 (2006)。

充分公开其具有创新意义与实用价值的技术方案,换取一段时间内的专利垄断特权;另一方面,社会公众又需警惕专利权人滥用权利或不正当行使权利,攫取与其社会贡献不成比例的利益。在授权前阶段,专利需满足的形式要件(如申请书格式、优先权限制等)以及实质要件(新颖性、创造性、实用性等)能够筛选出可以带来社会福利的技术方案,避免低质量、甚至已经进入公有领域的内容成为专利权人利益杠杆中的砝码,一旦授权,就会造成公共利益与社会福利的减损。在授权后阶段,由于专利的边界模糊性与独占排他性,社会公众又需对专利权人实施或运用专利权的行为进行约束与规制,避免其通过不正当的方式将专利范围延伸到原有的合理范围(包括时间范围和空间范围)内。诚信原则能够为规范授权后专利权人的具体实施行为提供行为标准与参考依据。

诚信原则强调对信赖利益的保护,判断是否存在合理信赖利益的一般标准就是合同法中的理性人标准,即与任何其他的默示合同一样,默示许可产生于当事人的客观行为,而一个理性的人可以将此作为一种暗示,认为已经达成了一个协议。[54] 这与美国司法实践中的禁止反悔原则一致,其适用均需建立在权利人与使用人之前已经建立的法律关系的基础上。在我国一些相关案例中,法院之所以判定默示许可的存在,就是因为知识产权被使用之前,当事方已经建立起如委托等合同关系,对知识产权的许可使用是对前一法律关系的合理延伸或拓展。法院根据当事人之前已经形成的法律关系,判定使用行为是否属于已授权的行为,借助之前的法律行为对实施专利权的行为进行约束。

在诚信原则的指引下,专利权人在任何阶段都不应出尔反尔。禁止反悔原则与诚实信用原则相一致,契约正义要求权利人在作出允诺后,不得反悔、收回允诺或作出与允诺相悖的行为,损害相对方的利益。当事人的单边期望或合理希望产生,它要求一方必须在另一方的行为影响下采取行动。[55] 诚实信用原则作为统领整个民法领域的"帝王条款",要求行为人在市场活动中讲究信用、恪守诺言、诚实不欺,在不损害他人利益和社会利益的前提下追求自己的利益。[56] 默示许可关系的建立,实际上是确认当事方之间的关系是合同关系,而非侵权关系,对于保护使用者的期待利益,平衡权利人与使用者之间的利益至关重要。

默示许可情形中,合同当事人处于理性不足的状态,合同中的许可范围边界往往

---

[54] 参见 Rachel Clark Hughey, Implied License by Legal Estoppel, 14 Albany Law Journal of Science & Technology,183(2003)。

[55] 参见陈健:"知识产权默示许可理论研究",载《暨南学报(哲学社会科学版)》2016年第10期。

[56] 参见邓志伟、黄姝:"论技术标准中的专利默示许可抗辩规则之适用",载《法律适用》2013年第3期。

无法清晰地界定。㊼而在判断是否构成默示许可时,就需要假设该行为主体是带有一般理性的,判断双方预期的结果可能性。理性人标准往往需要综合考量多重因素:当事人的行为、可适用的书面协议或信件中的条款或内容、当事人的合理期待、公正与平等的指示以及知识产权制度赖以建立的各种政策等。参与市场活动的主体往往是从谋求最大的经济利益价值出发,对专利权人的作为、不作为、言辞陈述等进行解读,若从理性行为人的角度能够合理推断出专利权人带有允许其使用专利的意思表示,就应按照诚实信用原则要求专利权人自始至终遵守承诺,以免对使用者的合理预期与交易秩序造成破坏。默示许可的出现揭示出在专利体系下需要重视对专利权人的约束。在诚信原则这一基本价值理念的基础上,需要进一步构建全面、系统的框架,在专利权的授权、行使、保护各个环节都能够发挥协调与规范的作用。

(三)专利默示许可司法认定的三阶段

默示的意思表示,指由特定行为间接推知行为人的意思表示。㊽默示许可的参考要素众多,且最终仍是个案认定的结果。但如果缺乏统一的裁判标准或原则,会导致司法判决的不稳定性与主观性过强的问题,因此需要建立相对统一、稳定的判定路径。我国曾有学者提出三项许可协议中的默示许可的条件:(1)当事人在意图中存在,但没有写入合同;(2)如果相关问题引起当事人的注意,当事人可能会加以明示表达的意思而未写入合同;(3)法院基于公平、合理和政策原因引入合同中的默示许可。㊾而在美国司法实践中,将专利默示许可拆分为衡平法禁止反言、普通法禁止反言、行为、默许四种具体情形虽然详尽全面,适用上却过于琐碎,遵循先例的判例法色彩浓郁,在我国缺乏衡平法的传统下缺乏足够的可行性。而综合上述司法裁判的分析要件,可以围绕被控侵权行为,将判断思路分为"事前—事中—事后"三个阶段。

首先,在使用行为发生之前,需要结合权利人与使用方之间的商业往来、交易信息与法律关系等因素,分析双方是否达成合意,即是否满足要约与承诺的要求。此处需要特殊考量的是,与有体物不同,专利权的要约可以不受到受要约人特定性的限制。有体物交易中对受要约人特定性的要求是基于对交易安全的考量而提出,如果要约的对象不确定,那么向不特定的许多人同时发出以某一特定物的出让为内容的要约是有效的,如果多人向发出要约的人作出承诺,则可能导致一物数卖。㊿而这一问题在专利默示许可的过程中亦会存在,专利所传达的内容本质上是蕴含创造性思维的信息,具有无形性和抽象性,多方可以共同使用,也不存在标的数量或毁损的问题。专利权人

㊼ 参见宋戈:"版权默示许可的确立与展望——以著作权法第三次修改为视角",载《电子知识产权》2016年第4期。

㊽ 参见王泽鉴:《民法总则》(增订版),中国政法大学出版社2001年版,页339。

㊾ 参见陈健:"知识产权默示许可理论研究",载《暨南学报(哲学社会科学版)》2016年第10期。

㊿ 参见王利明:《合同法》,中国人民大学出版社2015年版,页31。

可以在事前阶段通过合同中限制性条款的约定,排除默示许可的适用。㉛ 默示许可本质上还是权利人自愿授权的一种形式,若在事前进行排除约定,则不应在事后追认其构成默示许可。我国《专利法修订草案(送审稿)》第85条的规定实际上就是通过事前对权利人行为性质的规定,认定其构成默示许可。参与国家标准制定的专利权人在标准制定过程中不披露其拥有的标准必要专利的,视为其许可该标准的实施者使用其专利技术。

其次,事中阶段,即使用行为发生时,判断使用人对知识产权的使用方式是否符合商业惯例,这样的使用行为是否具有期待可能性并满足一般理性人的合理预期。事中阶段的分析集中于被控侵权人对专利实施的制造、使用、销售等行为的具体解读,判断该行为是否在默示授权范围内。例如,如果某种物品的唯一合理的商业用途就是用于实施某项专利,专利权人或者经专利权人许可的第三人将该物品销售给他人的行为本身就意味着默示许可购买人实施该项专利。㉜ 为了实现商业合同的目的,使用人实施的相关"侵权行为"实际上是获得授权的合法行为。

最后,事后阶段,即被控行为发生后,判断权利人的后续行为表现,推测权利人是否存在默认的主观意图,如明知使用行为存在,而提供相关帮助或不作为等。

通过上述三个阶段的考察,有利于充分了解当事人的主观动机、权利行使的客观状态,以审慎判断是否构成默示许可。

六、结语

禁止反悔原则能够发挥限制专利权范围与规范专利权实施行为的功能。在禁止反悔原则的指引下,专利默示许可需要建立体系化的认定标准。当前知识产权的许可是市场活动的重要组成部分,需要将行为人的行为性质、行为方式和行为结果放置在特定的市场环境下考察。这样的判断标准,实际上是缓和法律的灵活性与原则性之间矛盾问题的重要工具,体现出法律的回应性特征㉝,使二者的紧张关系在实践中得到一定程度的缓和与消解。为了实现这一目标,有必要将判定原则的稳定性与法官的自由裁量权相结合。对实践中相关主体之间关系的解读不能脱离已有的民法,尤其是合同法与知识产权法的框架,同时,建立统一的默示许可分析范式,法院按照统一的标准,结合对实际情形的具体分析,进行讨论和判断。这样的衡平机制应当有规律可循,法官的自由裁量权能够合理行使,从而实现法律制度的灵活性与原则性相统一。在判断

㉛ 参见 Met-Coil Systems Corporation v. Korners Unlimited Inc., and Ductmate Industries, Inc., 803 F. 2d 684 (1986)。

㉜ 中华人民共和国最高人民法院(2011)知行字第99号行政裁定书。

㉝ 参见易继明:"知识社会中法律的回应性特征",载《法商研究(中南财经政法大学学报)》2001年第4期。

是否构成默示许可的过程中,法院需尽量全面、详尽地综合考量诸多因素,按照使用行为发生前、发生时、发生后的思路逐步分析,结合禁反言原则、理性人标准,在维护市场秩序的前提下,尽量实现契约自由与契约正义的平衡,对默示许可的范围进行一定约束,最终得出结论。在认可默示许可关系建立的基础上,还要切实保护权利人的经济利益,由双方谈判或司法认定合理的许可使用费标准,促进交易的达成,最大程度地发挥知识产权的实际价值。

(责任编辑:吴柯苇)

The Constraint on the Exercise of Patent Rights from Estoppel Principle
—Based on the Patent Implied License

Abstract: Patent license is one of the important ways for patent holders to get profits and interests. The diversification of business environment and business behaviors has spawned the implied patent license. The lack of systematic standards for deciding patent implied license might lead to problems, such as chaos in patent market and no guidance on the exercise of rights. Based on the principle of estoppel, the judicial rules and standards taken by the United States are relatively rich, and the decision factors are more detailed and specific, which can provide a good reference to China. However, the transformation of the patent implied license in United States requires us to consider the existing legal system and legal principles of our country, combined with the concept of promoting patent transactions and the principle of honesty, to construct systematic standards for exercising of patent rights and under the whole framework of the patent rights.

Key words: patent license, implied license, estoppel, right boundary

中美专利侵权诉讼时效制度的比较

宋德峰[*]

【摘要】 本文针对中美两国在专利侵权诉讼程序方面的不同,对两个法域中专利侵权诉讼时效制度呈现的不同特点进行了分析比较。中国作为一个成文法国家,专利侵权诉讼时效制度明文规定在中国《专利法》以及最高人民法院的司法解释中。当然,最高人民法院的一些判例对于专利侵权诉讼时效在实践中的具体问题的解决也有很强的指导意义。美国的专利侵权诉讼时效制度由三部分组成,包括《美国法典》中规定的损害赔偿的时间限制、判例法中确立的懈怠制度以及禁止反言的制度。美国最高法院在 2017 年 SCA Hygiene 一案中作出的判决事实上宣告了懈怠制度不再适用于专利侵权诉讼。本文重点分析了该判决对于美国诉讼时效制度的影响。

【关键词】 专利侵权;诉讼时效;懈怠;禁止反言

序言

诉讼时效作为一种督促权利人及时行使权利的机制在专利侵权领域尤为重要。专利侵权行为通常是一项高风险、高投入的行为。侵权产品的商业化,如生产、销售某一产品,一般需要耗费大量时间、设备、人员以及资金。实施专利权人的技术如此,如果是侵权人独立研发技术成果,则成本将更加昂贵。而专利诉讼的既有规则,如损害赔偿的计算方式等,还可能会变相鼓励专利权人拖延诉讼,"放水养鱼"——即等到涉嫌侵权人获得大量利润之后,再根据涉嫌侵权人的非法获利而主张损害赔偿。如果专利权人在得知专利侵权行为后不及时行使权利,而是放任涉嫌侵权人的继续投入,待

---

[*] 宋德峰,北京市立方律师事务所合伙人。

到涉嫌侵权人形成规模生产、销售甚至盈利之后再主张损害赔偿,将会造成涉嫌侵权人在此期间内的投入损失,对于整个社会而言是一种资源浪费。

在中国,诉讼时效抗辩具有消灭诉讼的效果。具体到专利侵权案件中,诉讼时效可以对抗专利权人的任何诉讼请求,包括损害赔偿、停止侵权等。因此,将诉讼时效引入专利侵权诉讼对于防止专利权滥用、避免社会资源的无谓损失具有重大意义。专利侵权的诉讼时效在中国《专利法》以及最高人民法院的司法解释中有明确规定。另外,最高人民法院的判例,尤其是指导性案例对于诉讼时效的运用具有良好的指导作用。

尽管如此,在专利侵权诉讼的司法实践中,诉讼时效制度却并未得到充分的利用。这一方面体现在不少专利侵权案件的起诉时间明显超过诉讼时效,另一方面还体现在被诉侵权人对于明显超过诉讼时效的案件未及时进行诉讼时效抗辩。相比于中国,诉讼时效抗辩在美国的专利侵权司法实践中应用更加普遍也更加深入。而美国专利诉讼中的时效抗辩制度也更加复杂,不仅在《美国法典》中有规定,在判例中确立的懈怠制度以及禁反言制度也都可以作为针对专利权人的时效抗辩。本文以中国与美国的专利法为例,对两个法域中诉讼时效制度的异同进行了深入比较。

一、中国《专利法》关于诉讼时效的规定

中国《专利法》对于专利侵权的诉讼时效有明文规定。根据《专利法》第 68 条第 1 款的规定,侵犯专利权的诉讼时效为 2 年,自专利权人或者利害关系人得知或者应当得知侵权行为之日起起算。

在中国,专利侵权诉讼适用《民法通则》第 135 条规定的普通诉讼时效。① 不过与《民法通则》的规定不同,《专利法》第 68 条规定的诉讼时效期间的起算点为专利权人或者利害关系人得知或者应当得知侵权行为之日。② 另外,《民法通则》还规定了最长诉讼时效、诉讼时效的延长及中断等制度。根据法律的冲突适用规范,在中国《专利法》及其司法解释没有具体规定的情况下,应当适用《民法通则》的一般规定。

根据 1998 年《最高人民法院关于全国部分法院知识产权审判工作座谈会纪要》的规定,知识产权民事案件中的利害关系人包括独占、排他许可合同的被许可人以及依照法律规定已经继承或正在发生继承的知识产权中财产权利的继承人。2002 年,最高人民法院副院长曹建明在全国法院知识产权审判工作座谈会暨优秀知识产权裁判文书颁奖会上的讲话中将利害关系人的范围扩展至获得许可人授权的普通许可合同的被许可人。专利权人或者利害关系人得知或者应当得知侵权行为的途径有很多,比如

---

① 参见《民法通则》第 135 条:向人民法院请求保护民事权利的诉讼时效期间为 2 年,法律另有规定的除外。

② 参见《民法通则》第 137 条:诉讼时效期间从知道或者应当知道权利被侵害时起计算。但是,从权利被侵害之日起超过 20 年的,人民法院不予保护。有特殊情况的,人民法院可以延长诉讼时效期间。

参加展会、侵权产品的公开销售以及举报等。

(一) 诉讼时效的起始时间

一般而言,诉讼时效期间的起始点有主观起算点与客观起算点两种立法模式。主观起算点根据当事人的主观认识来确定诉讼时效的开始,如受害人知道或者应当知道自己受到侵害之时;而客观起算点依据某一客观事件的发生来确定诉讼时效的开始,如实施侵权行为时、损害发生时或者诉因产生时。③ 相比之下,主观起算点的立法模式对于权利人而言更加公平,而客观起算点的立法模式使得诉讼时效的起算更加确定。

如前所述,关于专利侵权诉讼时效的起始时间,根据《专利法》第 68 条的文义,其规定的"专利权人或者利害关系人得知或者应当得知侵权行为之日"既可以理解为《民法通则》第 137 条规定的日期,即专利权人或者利害关系人了解到其权利被侵害之日,还可以理解为专利权人或者利害关系人发现涉嫌侵权人的行为发生之日,无论其是否了解该行为侵犯了其专利权。因此,《专利法》第 68 条的措辞容许了两种不同的起算点的计算方法,赋予了法院在确定诉讼时效的起算点时更多的自由裁量权,同时也造成了一定的法律上的不确定性。

从"知道"的程度上看,除实际知道外,还包括推定知道。所谓推定知道,就是应当知道而不知道也视为知道。换言之,原告虽不明了其受侵害的事实,但根据所处环境,有理由认为其已得知权益受到侵害,原告对其权益被侵害不知情,乃是出于对自己权益未尽必要的注意与照料,与怠于行使权利相同,因此诉讼时效开始计算。④ 推定知道,按照英美法上的规定,就是原告虽然实际上不知道,但如果一个理性人站在原告的位置上当然能够认识到这种情形时,就应当推定原告已经知道了。实践中往往通过以下事实推断他已经知道:从原告可以观察到的事实以及他确认的事实;原告符合情理地寻求医学或者其他适当专家的意见而确认的事实。⑤

从"知道"的内容上看,虽然《民法通则》第 137 条规定了"知道"的内容是"权利被侵害"的事实,《专利法》第 68 条规定了"知道"的内容是"侵权行为",但学界主张应当将"知道"的内容扩大解释为"权利被侵害及责任人"。⑥

"得知"或者"应当得知"的判断标准与专利权人或者利害关系人认识的程度及内容相关。关于专利权人"得知"或者"应当得知"的判断标准,中国目前尚无明确的法律规定,也没有司法解释或者指导性案例。在作者调查的一些中国法院的判决中,基本都要求专利权人不仅要发现涉嫌侵权的行为(如生产、销售、许诺销售等行为),而且要

---

③ 参见汪渊智:"论侵权诉讼时效期间的起算",载《月旦民商法杂志》第 38 期。
④ 参见冯恺:《诉讼时效制度研究》,山东人民出版社 2007 年版,页 129。
⑤ 参见葛承书:《民法时效——从实证的角度出发》,法律出版社 2007 年版,页 151。
⑥ 参见梁慧星:《民法总论》(第 3 版),法律出版社 2007 年版,页 248;王利明:《民法总则研究》,中国人民大学出版社 2003 年版,页 729。

认识到所述行为可能侵犯自己的专利权(即生产、销售、许诺销售的产品或者产品所使用的方法侵犯专利权人的某一项有效的专利),甚至还要求专利权人应当认识到侵权主体。

实践中,有些法院将专利权人保全证据之日作为专利权人得知或者应当得知侵权行为之日,但有些法院并不认同此做法。如北京市高级人民法院在"北京英特来技术公司等与北京香江兴利房地产开发有限公司等侵害发明专利权纠纷二审民事判决书〔2014〕高民(知)终字第2477号"中,将《专利法》第68条第1款中的"得知或者应当得知侵权行为之日"理解为专利权人或者利害关系人"知道或者应当知道权利被侵害"或者"至少应得知或者应当得知明确的侵权人和侵权行为"。在该案中,被诉侵权人主张诉讼时效应当自专利权人委托代理人申请公证机关对涉案专利被侵权的情况进行公证保全之日开始计算。但是北京高院认为专利权人进行公证保全并不意味着其已经掌握了侵权行为人实施侵权的证据。在没有充分证据证明此时专利权人已经知道或者应当知道侵权行为的情况下,不应当以公证保全之日作为诉讼时效的起算时间。相比之下,以专利权人在公证保全证据之后,在公证人员的监督下查看被诉侵权产品并进行现场取证之日作为诉讼时效的起算时间更为恰当。

在"中山市赛德克电器有限公司、何志雄侵害实用新型专利权纠纷二审民事判决书〔2016〕粤民终1915号"中,专利权人通过网购侵权产品来保全侵权证据。网上购买行为与面对面交易不同,从洽谈到下单再到收货需要一个时间过程,具体应当以哪个时间点作为诉讼时效的起算点是该案的争议焦点。广东省高级人民法院认为网购时只有当专利权人收到侵权产品才能确认具体的人和被侵害的权利,也才有可能行使因民事权利被侵害而产生的请求权,因此诉讼时效应当从公证取货的时间点起算。

何谓"应当得知"?实践中,法院对此把握得比较严格。专利侵权行为公开或者专利侵权产品的公开并不能推定专利权人"应当得知"。在浙江省高级人民法院审理"浙江阳光城市照明工程与何乾生侵犯实用新型专利权纠纷〔2009〕浙知终字第41号"一案中,涉案专利要求保护一种路灯。被诉侵权人通过公开招投标中标某地路灯的安装工程,而所述工程在与专利权人同一个省内的相邻县市内的公路上公开使用。一审与二审法院均没有据此推定专利权人应当知道专利侵权行为发生。

由以上案例可以看出,中国法院对于"得知"与"应当得知"的认定标准比较严格。除非有明确的证据证明"得知"或者"应当得知"的时间,法院一般倾向于采用比较靠后的时间点作为诉讼时效的起算点,以保护专利权人的胜诉权。

(二)诉讼时效抗辩的效果

专利权人超过诉讼时效再起诉的,被诉侵权人可以进行诉讼时效抗辩。专利权人一般会丧失对于全部诉讼请求的"胜诉权",包括损害赔偿请求、停止侵权请求等。

但是，专利权人超过诉讼时效起诉，在起诉时侵权行为仍在继续发生的，根据最高人民法院的司法解释，专利权人不因超过诉讼时效而丧失胜诉权，但是计算损害赔偿的时间仅限于从起诉之日起往前推算的两年。这种情况下并不妨碍专利权人寻求禁令救济。

另外，专利侵权适用诉讼时效中断的一般规定。专利权人向被诉侵权人发送律师函，向人民法院提起诉讼，或者向专利行政机关申请专利侵权调查处理等均可以产生中断诉讼时效的效果。

除此之外，根据《最高人民法院关于审理民事案件适用诉讼时效制度若干问题的规定》第11条，权利人对同一债权中的部分债权主张权利，诉讼时效中断的效力及于剩余债权，但权利人明确表示放弃剩余债权的情形除外。

在"本田技研工业株式会社与石家庄双环汽车股份公司、石家庄双环汽车有限公司等侵害外观设计专利权纠纷〔2014〕民三终字第8号"一案中，专利权人本田株式会社基于同一专利先后两次针对被告提起专利侵权诉讼。其中在第一次诉讼中，专利权人于起诉之日起6年后撤诉，3个月后提起第二次诉讼，并在诉讼请求中增加了损害赔偿数额。虽然新增加的损害赔偿请求距离第一次起诉远超两年的诉讼时效，但是最高人民法院引用《最高人民法院关于审理民事案件适用诉讼时效制度若干问题的规定》第1条的规定，认为第一次起诉仍然对第二次起诉中新增的诉讼请求产生诉讼时效中断的效力。另外，通过本案可知，最高人民法院认为专利权人撤诉并不妨碍诉讼时效中断的效力。

同样，在"礼来公司与常州华生制药有限公司侵害发明专利权纠纷〔2015〕民三终字第1号"一案中，专利权人礼来公司基于同一专利针对同一被告先后提起了两次专利侵权诉讼，两次起诉时间相隔10年之久，专利权人在第二次诉讼中增加了损害赔偿请求。最高人民法院认为第一次诉讼产生了中断诉讼时效的效果，因此第二次诉讼的诉讼时效应当自第一次诉讼完结之日起重新起算。虽然第二次诉讼的诉讼请求与第一次诉讼不同，但是第一次诉讼仍然对第二次的全部诉讼请求产生了诉讼时效中断的效果。

（三）中国"双轨制"的诉讼制度对于诉讼时效的影响

在中国，涉及同一专利的侵权诉讼与无效程序分别审理而且可以同时进行。当两个程序并行时，受理侵权诉讼的法院有可能在专利复审委员会作出宣告涉案专利无效的决定之后，直接裁定驳回专利权人在侵权诉讼程序中的请求，不论专利权人是否提起行政诉讼程序。所以，有一种可能就是专利权人的侵权诉讼请求被驳回之后，专利复审委员会的专利无效决定在行政诉讼中被撤销，在重新作出的无效决定中维持了专利的有效性。专利权人基于被确认有效的专利重新提出专利侵权的诉讼请求时，诉讼时效如何起算？

如果仍然按照一般规则,以专利权人得知或者应当得知专利侵权行为之日起计算,可能会造成专利权人因专利行政诉讼程序而错过民事侵权的诉讼时效。

最高人民法院在 2016 年的"坦萨土工合成材料(中国)有限公司、坦萨科技有限公司与泰安现代塑料有限公司、泰安市瑞亨建材有限公司侵害发明专利权纠纷申请再审"一案中指明,原审法院在专利复审委员会作出宣告专利权无效的决定后裁定驳回起诉,而专利权人在专利权恢复之后另行起诉的,诉讼时效的期间应当从其知道或者应当知道专利权恢复有效之日起计算。

二、美国专利侵权的诉讼时效制度

美国专利法中关于专利侵权诉讼时效的规则主要体现在《美国法典》(United States Code)及判例法中。

(一)《美国法典》对于损害赔偿的限制

《美国法典》第 35 章第 286 条规定,在提交侵权的诉状或者反诉状之日起 6 年以前发生的侵权行为不能通过诉讼获得损害赔偿,法律另有规定的除外。换言之,在美国专利权人通过侵权诉讼最多可以主张 6 年的损害赔偿,该 6 年的时限从提出诉讼请求之日起往前推算,6 年以前发生的侵权行为无法主张损害赔偿。

相比之下,中国的《专利法》在损害赔偿方面,除了在超出诉讼时效起诉并且起诉时侵权行为仍在继续的情况下,损害赔偿的计算有两年的限制之外,在其他情况下提起的专利侵权诉讼,对于专利有效期内的损害赔偿计算没有其他的时间限制。

(二)美国专利诉讼中的懈怠制度

除了《美国法典》中对于损害赔偿规定的"6 年时限",通过判例而确立的"懈怠制度"(laches)也是一项积极的侵权抗辩(affirmative defense)。专利法意义上的"懈怠"是指,专利权人从知道或者应当知道其可以提出诉讼请求之日起到其提出诉讼请求之时,无正当理由地延迟起诉,而该延迟起诉的行为给侵权人造成了实质的损害。如果专利权人的"懈怠"成立,侵权人可以据此对专利权人的损害赔偿的请求进行抗辩。

主张懈怠抗辩,被告应当以优势证据(preponderance of the evidence)证明:(1) 原告在了解或者应当了解其针对被告的请求权之后不合理且无正当理由地迟延起诉;(2) 所述迟延导致被告产生了实质性的损害。

在决定是否支持懈怠制度时,衡平法赋予法院很大的自由裁量权。即使在满足懈怠抗辩的所有要件的情况下,法院仍然可以不支持懈怠抗辩。在决定是否支持懈怠抗辩时,法院通常会对案件的全部事实与情形进行综合考虑,权衡双方的公平。

在懈怠的构成要件中,对于多长时间的延迟构成"不合理延迟",没有固定标准,法院一般根据延迟的具体情况自由裁量。所以,如果被指控的专利权人的懈怠发生在《美国法典》第 35 章第 286 条规定的 6 年的时限内,那法院应当如何处理呢?

(三)《美国法典》中的时限规定与判例法下的懈怠制度之间的冲突

具体地,如果专利权人不合理地延迟起诉,从而实质性地损害了侵权人的权益,那么侵权人可以主张懈怠抗辩。依据《美国法典》,专利权人依然可以获得起诉之日前6年的损害赔偿;而根据懈怠制度,专利权人却不能主张损害赔偿。如何解决这样的矛盾刚好是"SCA Hygiene Prods. Aktiebolag v. First Quality Baby Prods. LLC,137 S. Ct. 954"一案所要寻求的答案。

在 SCA Hygiene 一案中,区法院以及联邦巡回上诉法院均判定懈怠可以构成专利侵权损害赔偿的抗辩,即使请求人提出的损害赔偿请求是在《美国法典》规定的6年时限内产生的。美国最高法院在 2017 年的判决中援引其在 2014 年于"Petrella v. MGM,134 S. Ct. 1962"的著作权侵权案中作出的判决,推翻了区法院与联邦巡回上诉法院的如上判决,判定懈怠制度不适用于《美国法典》规定的时限内产生的损害赔偿请求。根据多数意见,在专利侵权程序中,专利权人只要主张起诉前6年内的损害赔偿,则专利权人将不受懈怠规则的限制。换言之,专利权人可以不合理地延迟起诉而仍然能够成功主张前6年的损害赔偿。

由于《美国法典》规定的6年时限仅适用于限制损害赔偿的计算时间,并不限制专利权人的起诉时间,所以美国最高法院的 SCA Hygiene 判决作出后,专利权人可以在专利有效期内的任何时间,甚至专利权届满后6年以内的任何时间提起诉讼并主张起诉前6年的损害赔偿。美国最高法院的该判决实际上宣判了懈怠制度不再适用于专利侵权诉讼的损害赔偿请求。

(四)后 SCA Hygiene 时代中的懈怠制度

根据美国最高法院对 SCA Hygiene 一案的判决,懈怠制度已经不能适用于损害赔偿的请求,至于其能否适用于专利权人的衡平法下的侵权救济(如禁令等),美国最高法院在 SCA Hygiene 一案中并未评述。笔者了解到的其他的联邦巡回上诉法院以及美国最高法院的相关案例对此也基本未置可否。在是否支持禁令救济方面,美国法院遵循一套单独的标准。

目前,判定专利侵权中的禁令救济方面的基本规则是美国最高法院于 2006 年在著名的 eBay Inc. v. MercExchange, LLC., 547 U.S. 388 一案中确立的"四因素分析法"。eBay 案中最高法院认为专利侵权纠纷依然应当适用衡平法院采用的传统的四因素分析法。该方法要求原告应当证明:(1)其遭受了不可弥补的损害;(2)法律救济不足以补偿该损害;(3)有必要通过衡平法救济来平衡原告与被告的利益;(4)永久禁令不会危害公众利益。

懈怠的构成要件与永久禁令不同,两者之间可能不存在简单的对应关系,即懈怠抗辩成立并不能简单地排除专利权人主张永久禁令。但是,两者的构成要件可能相互关联。认定是否构成懈怠的考虑因素可能与 eBay 案确立的"四因素分析法"中的某项或者某几项因素相关。比如,专利权人长期地、不合理地延迟诉讼给侵权人造成金钱难以弥补的损害可能会有助于法院从公平的角度更多地考虑侵权人的利益,从而认为eBay案中的第三项要素不成立,因此拒绝支持专利权人永久禁令的请求。所以,在具体的案件中,被诉侵权人的懈怠抗辩的成立将有助于驳回专利权人永久禁令的主张。从这个层面上看,被诉侵权人在主张懈怠抗辩时可以策略性地考虑同样的事实或者证据对于专利权人禁令请求的影响。

（五）后 SCA Hygiene 时代中的禁反言制度

SCA Hygiene 案之后的美国,衡平法下的"禁止反言制度"(equitable estoppel)依然适用,而且该制度也成为美国法下唯一能够直接限制专利权人提起专利侵权诉讼起诉时间的制度。

相比于《美国法典》以及懈怠制度而言,禁反言制度的效力更为强大。如果举证成功,可以对抗专利权人的所有诉讼请求,包括损害赔偿和禁令。在专利侵权诉讼中,被诉侵权人要主张禁反言应当以优势证据证明三个构成要件成立：(1) 专利权人通过误导性行为,使得被诉侵权人合理地相信专利权人无意向被诉侵权人主张权利；(2) 被诉侵权人信赖所述行为；(3) 基于信赖,如果允许专利权人提出所述侵权主张,则会给被诉侵权人造成实质性损害。所述"误导性行为"可以包括具体的声明、作为、不作为或者当有义务发言时的故作沉默。在决定是否适用禁反言制度时,法院应当基于公平原则考虑所有相关证据。第二项因素中规定的"信赖"是构成禁反言制度的一项核心要素。要证明"信赖"的存在,被诉侵权人应当在此前与专利权人有法律上的关系或者交流,使得侵权人产生一种可以继续投资的安全感,比如基于信赖继续建造生产侵权产品的工厂。联邦巡回上诉法院在最近的一个案件中认为禁反言制度不适用于基于涉案权利要求授权之前的侵权行为而提起的侵权诉讼。在该案中,专利权人首先向被诉侵权人发送了律师函,而被诉侵权人在答复律师函时对专利的有效性提出了质疑。专利权人在发送律师函12年之后启动的复审程序中对专利的权利要求进行了限缩性修改,而在后来提起的侵权诉讼中所依据的权利要求并非在当年的律师函中所主张的权利要求,而是修改后的权利要求。被诉侵权人基于律师函答复中对于专利有效性的质疑而主张禁反言。区法院支持了被诉侵权人基于禁反言而提起的简易判决动议,但被联邦巡回上诉法院驳回。联邦法院认为禁反言制度不适用于正处于专利申请阶段而未被授权的权利要求,即使所述权利要求可以主张母案专利的优先权。联邦法院认为,被诉侵权人了解专利权人可以通过复审程序而修改授权专利的权利要求,而且只能进行限缩性修改而使得专利更加稳定,所以不可能基于之前的专利有效性的质疑而产生信赖。

与懈怠制度类似,以上三个构成要件并非决定性的,法院仍然享有自由裁量权。即使在禁反言制度所要求的三个构成要件全部成立的情况下,法院在自由裁量是否允许禁反言的抗辩成立以消灭诉讼时,应当考虑其他证据以及事实,以体现对于各方的公平。

与《美国法典》规定的 6 年时限以及懈怠制度不同,禁反言制度可以抗辩整个诉讼中的请求。禁反言被认为是专利权人授予被诉侵权人的一项在整个专利生命周期有效的许可。尽管如此,对于禁反言制度能否当然抗辩永久禁令的请求,联邦巡回上诉法院也有结果不一致的判例。比如,联邦法院在 2001 年的 Ecolab 一案中认为如果专利权人的禁令请求满足 eBay 案确立的四要素,即使被诉侵权人的禁反言抗辩成立,专利权人的永久禁令请求依然可以得到法院支持。

禁反言制度与懈怠制度比较相关,尤其是在专利权人的迟延起诉误导性地使得被诉侵权人产生错误信赖的情况下,懈怠与禁反言有可能同时成立。但是两者仍然是相对独立的抗辩制度,一项抗辩的成立并不当然意味着另一项抗辩主张也成立。比如,专利权人如果迟延 6 年以上不起诉,则会推定懈怠成立。但是这样的推定并不适用于禁反言制度,因为没有理由相信,误导性的行为不可能在 3 年半或者更早的时间发生。但是禁反言制度主要是为了保护被诉侵权人的信赖利益,而非督促专利权人行使权利。相比于懈怠制度,被诉侵权人主张禁反言应当承担更重的举证责任,尤其是在证明误导性行为以及信赖上。美国最高法院以及联邦法院在许多判决中明确表明专利权人的单纯的沉默不能视作误导性行为,也不构成被诉侵权人信赖的基础。由此可见,禁反言制度的适用门槛明显高于《美国法典》中的时限规定以及懈怠制度。禁反言制度虽然在一定程度上能够避免专利权人过于延迟起诉,但是无法有效地避免专利权人"放水养鱼",也难以充分地保护被诉侵权人因专利权人的延迟起诉而造成的本可以避免的损失。

三、结论

专利制度在保护专利权人的同时也不应当忽视对于涉嫌侵权人的合法权益的保护。诉讼时效制度的设计有利于促进专利纠纷的及时解决,防止专利权人滥用诉讼,维护专利权人与涉嫌侵权人的利益平衡。

中美专利侵权诉讼的诉讼时效制度各有特点。中国《专利法》规定的 2 年的诉讼时效是对于起诉时间的限制,专利权人错过诉讼时效的后果是严重的,侵权人的诉讼时效抗辩将使得专利权人丧失全部诉讼请求的胜诉权,包括损害赔偿请求以及禁令救济。作为例外,如果专利权人超过诉讼时效起诉,而起诉时侵权行为仍在继续,专利权人请求的损害赔偿只能限于起诉之日前 2 年,其他诉讼请求不受影响。

相比之下,《美国法典》中规定的"6 年时限"效力则"弱"很多,仅适用于对损害赔偿的限制。作为《美国法典》的补充,美国判例法中确立的懈怠制度旨在防止专利权人不合理延迟起诉。但是,美国最高法院在 2017 年对 SCA Hygiene 一案的判决表明,懈怠已经不能抗辩专利侵权中的损害赔偿请求。而且懈怠制度也不能直接适用于禁令救济的抗辩,因为是否支持禁令救济美国法院有单独的判定标准,如美国最高法院在 2006 年的 eBay 案中确立的四因素分析法。SCA Hygiene 案之后,禁反言制度依然适用于专利侵权案件。但是其适用门槛要比懈怠制度更高,无法有效地防止专利权人"躺在权利上睡觉"。总体而言,《美国法典》中关于损害赔偿的 6 年时限、懈怠制度以及禁反言制度相对独立,各自有各自的判断标准,一项抗辩的成立并不能当然地推定另一项抗辩也成立。

(责任编辑:卢淑娴)

Comparison on China and US Rules on Statutes of Limitations in Patent Infringement Litigation

Abstract: Considering the differences between patent infringement procedures in China and US, the present article presents a comparison on the statutes of limitation rules in two jurisdictions. China, as a civil law country, prescribes statutory rules on statement of limitations in patent infringement litigation explicitly in Chinese patent law and the judicial interpretation of the Supreme People's Court. Moreover, decisions of the Supreme People's Court also play strong guidance role for practitioners in practice. The mechanism of statutes of limitation in US patent infringement litigation is mainly comprised of three parts, namely, the time limit for claiming damages provided by the United States Code, and the laches and equitable estoppel established by the common law. In particular, the SCA Hygiene case decided by the United States Supreme Court in 2017 actually declares the death of laches in its application on patent infringement cases. One of the focus of the present article is on this case's implication on US statutes of limitation rules.

Key words: Patent Infringement, Statutes of Limitation, Laches, Equitable Estoppel

专利劫持、许可费堆叠与反向劫持的理论与现实

崔亚冰[*]

【摘要】 专利劫持、许可费堆叠和反向劫持是针对标准必要专利许可过程中专利权人和标准实施者行为模式的两种相反的理论假设。实证研究证据显示现实中没有出现系统性的专利劫持、许可费堆叠和反向劫持现象,但也不能否认上述现象存在于在个案当中。造成理论假设与现实差异的原因包括现实中专利权人和技术实施者的角色切换、重复交易、集中许可、互补性技术存在可替代性以及技术迭代等因素。实践中应对专利劫持、许可费堆叠以及专利反向劫持理论采取中性立场,并应回归到个案证据的基础上进行判断。

【关键词】 专利劫持;许可费堆叠;反向劫持;标准必要专利

一、导言

随着标准必要专利案件在全球涌现,专利劫持问题首先受到了理论研究的广泛关注。[①] 对专利劫持以及与之相伴的许可费堆叠问题的担忧也成为理论上限制向标

---

[*] 崔亚冰,北京大学法学院2014级博士生。本研究是杨明主持的国家社科基金一般项目"知识产权交易基本理论与运行机制研究"(17BFX116)的阶段性成果。

[①] 参见 Chryssoula Pentheroudakis & Justus A. Baron, Jcr, Eur. Comm'n, Licensing Terms of Standard Essential Patent: A Comprehensive Analysis of Cases 24 (Nikolaus Thumm eds., 2017); Ericsson, Inc. v. D-Link Systems, Inc., 773 F. 3d 1201, at 1209 (Fed. Cir. 2014); Fed. Trad. Comm'n, The Evolving Ip Marketplace: Aliging Patent Notice and Remedies with Competition, at 22 (2011)。

准必要专利权人提供禁令救济的重要理由②,同时也得到了司法实践和政策研究的认可③。随着理论研究和司法实践的深入,近年来一些针对专利劫持与许可费堆叠理论的验证性实证研究显示,在理论推演中所预期的令人担忧的系统性专利劫持与许可费堆叠问题在现实中并没有发生。④ 相反,对于技术实施者或者潜在侵权人对专利权人进行反向劫持的可能性,及其对创新激励和市场竞争的潜在威胁逐渐引起了实务和理论研究的关注。⑤

专利劫持、许可费堆叠和反向劫持是针对标准必要专利许可过程中专利权人和标准实施者行为模式的两种相反的理论假设,理论上对专利劫持、许可费堆叠和反向劫持的不同预期和判断会直接影响司法或政策实践的取向,而这又会反过来影响专利权人和标准实施者在实践中的行为模式。实际上,反向劫持理论中的一个重要理由就是认为目前司法实践中对专利劫持与许可费堆叠的过度预防为标准实施者对权利人进行反向劫持创造了有利条件。

未来,有关标准必要专利侵权和许可纠纷的案件还会不断出现,如何在两个相反的理论假设中进行取舍是司法和政策实践中需要面对的现实问题。有鉴于此,有必要结合实证研究的成果对两种理论进行梳理和反思。对此,本文将分为四个部分展开论述:第一和第二部分分别对专利劫持、许可费堆叠以及反向劫持的基本原理进行梳理;在此基础上,第三部分将分析为何有关专利劫持、许可费堆叠或反向劫持的理论不能从实证研究中获得支持;第四部分将对造成理论假设与实证结论差异的影响因素进行分析,并对实践中如何对两种理论进行取舍提出建议。

---

② 代表性的研究例如 Mark A. Lemley & Carl Shapiro, Patent Holdup and Royalty Stacking, 85 TEX. L. REV., 1991 (2007);张平:"论涉及技术标准专利侵权救济的限制",载《科技与法律》2013 年第 5 期。

③ 典型案例如 Apple, Inc. v. Motorola, Inc. 869 F. Supp. 2d 901, 913—914 (N. C. Ill. 2012);ITC, In re Certain Wireless Communication Devices, Portable Music & Data Processing Devices, Computers & Components Thereof, Inv. No. 337-TA-745 (2012);政策文件例如 U. S. DEPT. OF JUST. & FED. TRADE. COMM'N, Antitrust Enforcement and Intellectual Property Rights: Promoting Innovation and Competition, at 35 (2007)。

④ 详见本文第三部分。

⑤ 反响较为强烈的观点当属美国司法部反垄断局负责人 Makan Delrahim 的演讲。参见 Makan Delrahim, Take It to the Limit: Respecting Innovation Incentives in the Application of Antitrust Law (Nov. 10, 2017), Remarks at USC Gould School of Law, available at https://www.justice.gov/opa/speech/assistant-attorney-general-makan-delrahim-delivers-remarks-usc-gould-school-laws-center,2018 年 8 月 12 日最后访问;国内涉及反向劫持的一些论述例如杨明:"标准必要专利许可中谁在劫持?", http://www.iprdaily.cn/article_18247.html, 2018 年 8 月 12 日最后访问;祝建军:"未参加标准制定的必要专利停止侵权救济的条件",载《知识产权》2017 年第 7 期;李慧颖:"专利劫持和反向专利劫持的法律关注",载《竞争政策研究》2015 年第 2 期。

二、专利劫持与许可费堆叠的形成机制

(一) 专利劫持的基本条件

专利劫持的一般概念指由于标准实施者在采纳标准之后因高昂的转换成本被锁定在特定的标准和专利技术之上,专利权人在标准设立后滥用其因实施者被锁定而获得的市场势力,利用实施者为准备实施标准而投入的沉没成本以收取超过其专利技术边际贡献值——亦即专利价值的不合理的许可费的行为。⑥

劫持行为本身并非专利许可问题中独有的,Williamson 在其《资本主义经济制度:论企业签约与市场签约》中揭示了劫持发生的两个条件:(1) 资产专用性(asset specificity);(2) 对私利的追求(self-interest seeking)。⑦ 其中资产专用性是对一种资产究竟属于用途可变资产还是用途不可变资产的区分。判断资产专用性的意义在于资产的专用性会影响合同双方的决策,即一方面专用性资产在技术上能节约成本,但由于其无法或很难改变用途,因此当为专用性资产投入所签订的合同条件不能实现时,就会造成投入方与执行方在合同执行中的地位优势产生根本变化,造成投入方处于劣势地位。⑧ 就对私利的追求而言,Williamson 将其分为三个层次,其中最强烈的是投机;最弱的是不投机,即顺从;介于二者之间的是普通的自私自利。⑨ 投机的一般意义指"不充分揭示有关信息,或者歪曲信息,特别是指那些精心策划的误导、歪曲、颠倒或其他种种混淆视听的行为"。⑩

专利劫持同样需要具备上述条件。美国司法部与联邦贸易委员会共同发布的报告就对劫持形成的条件做了相同的总结,即包括针对特定知识产权的专用性投入和投机行为(opportunism)。⑪ 在 CRA(Charles River Associates)向欧盟委员会提交的报告中

---

⑥ 参见 Carl Shapiro & Hal R. Varian, Information Rules: A Stratigic Guide to the Network Economy, At 110 (1999); Pierre Regibeau, Raphael De Coninck & Hans Zeng, Cra, Transparency, Predictability, And Efficiency Of Sso-Based Standardization And Sep Licensing, A Report Prepared For Eur. Comm'N, At 11 (2016); Fed. Trad. Comm'N, The Evolving Ip Marketplace: Aliging Patent Notice And Remedies With Competition, at 5, 58 (2011); Joseph Farrell, John Hayes, Carl Shapiro & Theresa Sullivan, Standard Setting, Patents, and Hold-up, 74 ANTITRUST L. J., at 612 (2007)。

⑦ 参见〔美〕奥利弗·E. 威廉姆森:《资本主义经济制度:论企业签约与市场签约》,段毅才、王伟译,商务印书馆 2009 年版,页 66—98; Anne Layne-Farrar, The Economics of FRAND, in the Cambridge Handbook of Antitrust, Intellectual Property, and High Tech, 62 (Roger D. Blair & D. Daniel Sokol, eds., 2017)。

⑧ 同上注,页 66—98。

⑨ 同上注,页 71。

⑩ 同上注,页 72。

⑪ 参见 U. S. Dept. of Just. & Fed. Trade. Comm'n, Antitrust Enforcement and Intellectual Property Rights: Promoting Innovation and Competition, at 35 (2007)。

也对专利劫持形成的条件进行了相同的归纳。[12]

在标准化语境中,上述两项条件中的投机行为被分为欺骗诱导行为和故意隐瞒行为两种类型。[13] 所谓欺骗诱导行为是指在标准制定过程中,专利权人或专利申请人通过宣称其在正在制定的标准中没有专利权,或者不会主张其专利权的方式;或者通过许诺极其优惠的专利许可条件等方式鼓励或诱导标准制定者或大众采纳含有标准的产品;抑或是同意将其技术纳入标准,但一旦经由标准化形成技术锁定后,权利人抛弃此前在标准制定过程中作出的承诺而寻求超高许可费的行为。故意隐瞒行为指专利申请人或专利权人故意隐瞒其专利或专利申请,待标准形成并形成锁定效应后实施劫持,主张超高许可费的行为。[14] 由于投机行为本身并不构成劫持价格的一部分,后文主要分析专用性投入与专利劫持价格构成的关系。

(二) 专利劫持的结构

专利权人利用市场势力获取超过其专利价值的不合理的许可费的行为是劫持的基本意涵,那么确定专利的价值就是判断劫持是否发生的前提。只有先确定专利的价值,进一步讨论专利权人收取的许可费是否超过了专利的价值才有据可循。此外,从逻辑上说,即便前述两项劫持产生的条件都得到满足,也只能说明权利人有实施劫持的可能性,而不能证明权利人实施了劫持行为,即如果专利权人具备市场势力,而且其市场势力也是通过投机行为获得,但如果专利权人没有收取超过其专利价值的许可费,我们也不能认定专利权人实施了劫持。

我们知道,专利的价值是专利技术的边际贡献值,即专利技术较次优替代技术所贡献的价值,这一贡献可以表现为使用专利技术增加了产品的价值,也可以表现为使用专利技术降低了生产者的生产成本。例如,一项专利技术使汽车的油耗更低,增加了利用该项专利技术的汽车的受欢迎程度,使得汽车制造厂商的销售额从80元上升到100元,那么专利技术的贡献就是20元;或者一项专利技术使得汽车制造厂商生产同款汽车的成本从原先的60元降低至40元,那么在汽车售价不变的情况下,厂商可以多得20元利润,专利技术的贡献同样是20元。

专利的价值可以看作是技术实施者通过实施专利技术所能获得的最大收益,在技术实施者与专利权人的关系中,该收益是实施者可能获得的全部消费者剩余,也是权利人可以攫取的消费者剩余的最大值。当然,需要明确的是专利价值不全然等于专利

---

[12] 参见 Pierre Regibeau, Raphael De Coninck & Hans Zeng, Cra, Transparency, Predictability, and Efficiency of Sso-Based Standardization and Sep Licensing, A Report Prepared for Eur. Comm'n, at 10 (2016)。

[13] 参见 Robert P. Merges, Jeffrey M. Kuhn, An Estoppel Doctrine for Patented Standards, 97 CAL. L. REV., at 11-15 (2009)。笔者没有选择直译原文中对两种行为的称谓,而采用了意译的方式,在原文中欺骗诱导行为称为"Bait-and-Switch",故意隐瞒行为称为"Snake-in-the-grass"。

[14] 同上。

的合理许可费。合理许可费是指权利人在事前(ex ante)谈判中能够议得的最高价格[15]，其中包含了专利价值部分，取决于权利人从全部消费者剩余中攫取该剩余的能力，亦即权利人的议价能力以及专利的强度，即专利确认有效的概率。[16]

有了专利价值作为参照点，现在我们可以进一步考虑专用性投入与劫持价格的关系。为了简化说明，我们假设专利权人提供专利技术的边际成本为零，这样专利权人的许可费定价就介于零和购买专利权的消费者——技术实施者的最高支付意愿之间。我们稍微改动一下 Farell 和 Shapiro 所举的数值计算的例子就能直观地说明问题。[17] 前面的例子中我们已经说明，在产品售价同为 100 元的情况下，假设使用专利技术 1 的成本是 40 元而使用次优替代技术 2 的成本是 60 元，那么技术实施者甲(厂商甲)的最高支付意愿等于专利技术较次优替代技术贡献的价值，此时为 20 元。假设在许可费议定之前厂商甲专为实施专利技术投入了 25 元，那么待到许可费议价时，对于厂商甲而言选择专利技术需要考虑的机会成本就会变为 15 元，即全部机会成本 40 元减去已经投入的 25 元，但此时实施替代技术的成本 60 元保持不变。不论如何，在许可费议价的时点，此前专为专利技术投入的 25 元已经成为沉没成本。由于厂商甲的支付意愿是选择专利技术的机会成本与选择次优替代技术的成本的差额，且此时厂商甲实施专利技术的机会成本变为 15 元，因此当 25 元成为沉没成本后，厂商甲意愿为专利技术支付的最高价便从原先的 60 – 40 = 20 元变为现在的 60 – 15 = 45 元。专利权人可以获取的许可费就提高了 25 元，即甲在付出沉没成本后意愿支付的最高价 45 元减去未付出沉没成本时意愿支付的最高价 20 元。专利技术 1 获得的议价优势等于甲为实施专利技术 1 而进行的专用性投入值，此时专利权人通过实施劫持行为可以攫取的超过专利价值的部分最高值等于实施者已经支付的专用性投入，即实施者的沉没成本。应当明确的是，在以上描述中沉没成本是指仅能用于实施专利技术而不能用于实施替代技术的投入。如果为实施专利技术所进行的投入中有一部分能够实施替代技术服务，那么能够实施替代技术服务的这部分就需要从投入中扣除，因为其不具有专用性。

我们用一个等式来对上述现象进行一般化描述。以 C_1 代表获取专利技术 1 的成本，C_2 代表获取次优替代技术 2 的成本，C_s 代表实施者不能用于其他技术的沉没成本，即专用性投入，V_A 代表沉没成本投入前专利较次优替代技术的边际贡献值，V_P 代表沉没成本投入后实施者意愿支付的最高值，r_H 代表专利权人因劫持所能获得的超

---

[15] 这里的"事前"是指技术实施者获得权利人的许可实施之前。

[16] 参见 Mark A. Lemley & Carl Shapiro, Patent Holdup and Royalty Stacking, 85 TEX. L. REV., at 1996-1997, 2000-2003 (2007); See also Mark A. Lemley & Carl Shapiro, Reply: Patent Holdup and Royalty Stacking, 85 TEX. L. REV., at 2164 (2007)。

[17] 参见 Joseph Farrell, John Hayes, Carl Shapiro & Theresa Sullivan, Standard Setting, Patents, and Holdup, 74 ANTITRUST L. J., at 613 (2007)。在原例中，专利价值的数值是 10 元，为了叙述的统一，把专利价值从原例中的 10 元改为与本文前述数值举例一样的 20 元。

过专利价值部分的许可费[18],我们有 $V_A = C_2 - C_1$;$V_P = C_2 - (C_1 - C_s) = (C_2 - C_1) + C_s$;$r_H = V_P - V_A = [C_2 - (C_1 - C_s)] - (C_2 - C_1) = C_s$,即 $r_H = C_s$。

在具有网络效应的市场中,V_P 所包含的价值不仅包含专利本身的价值和专用性投入,还包括因网络效应带给用户的增值,我们用 V_N 代表这一网络效应增值。[19] 例如厂商甲选择包含专利技术 1 的标准后所提供的电话网络可以使消费者实现通话的范围从一个城市中的 50 个用户扩展至 10 个城市中的 500 个用户,因此消费者愿意多支付给提供网络 A 的厂商 50 元,那么 $V_N = 50$。此时对于厂商甲来说 $V_P = (C_2 - C_1) + C_s + V_N$。需要指出的是,我们需要区分 V_N 代表的网络效应增值到底是专利技术的内在价值还是因为专利技术被纳入标准后,因标准化形成的网络效应而被事后赋予的价值。如果 V_N 代表的网络效应增值是专利技术内在价值的一部分,即 $V_A = (C_2 - C_1) + V_N$,那么即使权利人实施劫持所能攫取的超过其专利价值部分仍等于 C_s,即 $r_H = V_P - V_A = [(C_2 - C_1) + C_s + V_N] - [(C_2 - C_1) + V_N] = C_s$。但如果网络效应增值不是专利技术内在价值的一部分,那么专利权人所能攫取的超过其专利价值部分就包括生产者的专用性投入 C_s 加上标准实施带来的网络效应增值 V_N,即 $r_H = V_P - V_A = [(C_2 - C_1) + C_s + V_N] - (C_2 - C_1) = C_s + V_N$。由于在存在网络效应的市场中 V_N 的价值是巨大的,这也就可以解释为什么权利人有动机使其技术被纳入标准,并有实施劫持的激励。这也有助于回答与标准必要专利合理许可费有关的另一个争议问题,即合理许可费中是否应包含标准的价值。简言之,如果网络效应的增值来自专利技术本身,那么合理许可费的计算就应当纳入网络效应的增值;而如果网络效应的增值来自标准化,专利技术本身并没有带来网络效应的增值,那么合理许可费的计算就应当排除网络效应的增值部分。

在前述模型的基础上,我们进一步考虑技术实施者转向替代技术所负担的专管成本与专利劫持结构的关系。根据技术实施者是否已经选择专利技术并对使用专利技术进行了专用性投入为界,我们把获取替代技术的成本 C_2 分为 C_{2A} 和 C_{2P},其中 C_{2A} 代表生产者为专利技术进行专用性投入前获取替代技术 2 的成本,C_{2P} 代表生产者为专利技术进行专用性投入后获取替代技术 2 的成本。把 C_{2A} 和 C_{2P} 带入前面的等式,同时假设网络效应的增值是专利技术被纳入标准后获得的,我们有 $V_P - V_A = [(C_{2P} - C_1) + C_s + V_N] - (C_{2A} - C_1) = (C_{2P} - C_{2A}) + C_s + V_N$。由于在生产者已经为专利技术进行专用性投入的情况下 C_{2A} 为 0,即生产者事前获取替代技术 2 的成本为零,因此这一等式又可以进一步写为 $(C_{2P} - 0) + C_s + V_N = C_{2P} + C_s + V_N$。这表明在技术实施者为专利技术进行专用性投入后,如果专利权人实施劫持,且技术实施者选择向专利权人支付许

---

[18] 角标 A 取 ex ante 中 ante 的首字母,P 取 ex post 中 post 的首字母,H 取 Holdup 的首字母。

[19] 参见 Joseph Farrell, John Hayes, Carl Shapiro & Theresa Sullivan, Standard Setting, Patents, and Holdup, 74 ANTITRUST L. J., at 613 (2007)。

可费以继续使用专利技术,那么专利权人因劫持所能获得的超过专利价值部分的许可费是技术实施者获取替代技术 2 的转换成本与生产者为专利技术支付的专用性投入以及网络效应增值的和。综上,我们从技术获取成本的角度简单说明了沉没成本、转换成本与专利劫持价格结构的关系。

(三) 许可费堆叠的形成

许可费堆叠指一个技术产品或技术标准中包含大量专利技术,当技术实施者不得不向各个权利人单独支付专利许可费时,许可费的总额就会累加并超过从单个权利人或少量权利人持有所有技术时的许可费水平,同时超过了各个专利技术的边际贡献值之和。[20]

具体来说,许可堆叠形成于"多方持有互补技术"(Diversely-held Complementary Inputs)的情况中,指的是应用在产品中的几种互补性技术分别被多个专利权人持有的现象。[21] 例如一部手机不仅需要应用移动通信技术,还需要无线网络技术、显示技术、电池技术、操作系统和各类应用程序、用户界面的软件技术等,各类技术就实现手机的基本功能而言是互补品,而各技术领域中又包含数以千百计的专利,这些专利又分别由数十家企业持有,这就使得手机厂商不得不向众多的权利人寻求许可。概言之,这一情况在技术产品需包含互补性技术、互补性技术由多方持有和多方分别独立为各自技术定价的条件下产生。[22]

在"多方持有互补技术"的情况下,一方面会造成生产者为分别寻求专利许可而产生高昂的搜寻成本,进而推高了获取专利技术的交易成本;另一方面,多方持有互补技术还会产生"古诺互补品"(Cournot Complements)的问题。

古诺互补品问题表现为拥有互补性专利的各个权利人独立为其所拥有的专利技术定价,当其中一个技术的权利人提高技术价格时会使得整个产品的价格上升、产量减少,而此时拥有同一产品中其他互补性专利技术的权利人尚未提高其专利技术的价格,这样会造成拥有其他互补性专利技术的权利人的收益减少,产生负外部性;为了不使收益贬损,各个互补性专利的专利权人争相独立提高技术价格,最终推高整个产品的价格至高于技术由单个权利人持有的水平,同时也造成产品的产量下降至低于单个

---

[20] 参见 Ericsson, Inc. v. D-Link Systems, Inc., 733 F.3d 1201, 1209 (Fed. Cir. 2014)。

[21] 参见 Edward J. Egan & David J. Teece, Untangling the Patent Thicket Literature, Tusher Center for Management of Intellectual Capital Working Paper No. 7, UC Berkeley, at 16 (Mar., 2015)。

[22] 参见 Norman Siebrasse, Holdup, Holdout and Royalty Stacking: A Review of the Literature, Forthcoming in Patent Remedies and Comples Product: Toward A Global Consensus(Jan. 20th, 2017) at 529—530, available at https://papers.ssrn.com/sol3/papers.cfm? abstract_id=2902780, 2018 年 10 月 8 日最后访问。

权利人垄断全部技术的水平,从而造成较单一垄断情况下更多的社会福利损失。[23] 在技术实施者为实施专利技术进行了专用性投入且面对高昂的转换成本而被锁定,权利人具备实施专利劫持的条件下,由于每个独立的技术的许可费价格会突破专利技术的边际价值,便造成了整个产品所需支付的专利许可费超过所有专利贡献值之和的专利费用堆叠现象。[24]

三、反向劫持的经验主义理论

如果说专利劫持问题可以归结为当技术实施者因专利技术被纳入标准或为实施专利技术进行专用性投入后,专利权人威胁不许可或延迟许可其技术,直至其高出专利价值的许可费要求得到满足,那么反过来,反向劫持就可以简单地表述为技术实施者在专利权人将专利技术纳入标准后,技术实施者威胁以延迟实施标准,或拖延取得许可直至其要求的许可费得到满足。[25]

前文讨论专利劫持问题时我们已经讨论了劫持发生的一般条件,包括因高昂的转换成本而形成的锁定效应,亦即资产专用性,也包括劫持行为人的投机行为。我们知道,专利劫持的理论认为,在一项专利技术被纳入标准后,技术标准化带来的网络效应会使得使用替代技术的转换成本高昂,扩大了专利技术对技术实施者的锁定效应,同时赋予了专利权人以优势议价地位。技术实施者为实施专利技术而进行的专用性投入以及转向替代技术所需面对的高昂的转换成本使得专利权人在技术许可过程中可以利用优势地位以获取高于专利价值的许可费。

与专利劫持的路径正好相反,反向劫持理论则认为专利权人在技术的商业价值不确定的情况下为技术研发进行了大量风险性投入,使得技术在权利人手中具有专用资产的性质,即权利人只能通过自行生产利用专利技术,或通过技术许可的方式获得回报。在研发成果本身具有专用资产属性的情况下,如果技术实施者以拖延获取专利许

---

[23] 参见 Mark A. Lemley & Carl Shapiro, Patent Holdup and Royalty Stacking, 85 TEX. L. REV., at 2013 (2007); Edward J. Egan & David J. Teece, Untangling the Patent Thicket Literature, Tusher Center for Management of Intellectual Capital Working Paper No. 7, UC Berkeley, at 18 (Mar., 2015); Norman Siebrasse, Holdup, Holdout and Royalty Stacking: A Review of the Literature, Forthcoming in Patent Remedies and Comples Product: Toward a Global Consensus(Jan. 20th, 2017) at 529-530, available at https://papers.ssrn.com/sol3/papers.cfm?abstract_id=2902780, 2018年10月8日最后访问。

[24] 参见 Norman Siebrasse, Holdup, Holdout and Royalty Stacking: A Review of the Literature, Forthcoming in Patent Remedies and Comples Product: Toward A Global Consensus(Jan. 20th, 2017), at 530 available at https://papers.ssrn.com/sol3/papers.cfm? abstract_id=2902780, 2018年10月8日最后访问。

[25] 参见 Makan Delarhaim, Take It to the Limit: Respecting Innovation Incentives in the Application of Antitrust Law (Nov. 10, 2017), Remarks at USC Gould School of Law, available at https://www.justice.gov/opa/speech/assistant-attorney-general-makan-delrahim-delivers-remarks-usc-gould-school-laws-center, 2018年10月8日最后访问。

可并持续侵权的策略迫使权利人以更低的价格许可专利权,当权利人面对高昂的诉讼成本,或者其所能获得的法律救济因其作出的公平合理无歧视承诺而受到制约和限制时,理论上技术实施者就具备了对专利权人进行反向劫持的条件。与专利劫持问题受到法律和经济学理论界的长期广泛讨论不同,专利反向劫持的问题主要由涉及标准必要专利许可纠纷的法官、律师以及产业参与者提出。㉖ 从理论发展的角度看,与集中了大量法律和经济学文献的专利劫持理论相比,反向劫持问题目前还缺少严格的经济学理论系统性地论证其发生的机理。㉗

从经验主义的角度出发,支持反向劫持问题的理据主要包括三个方面:第一,技术研发是一个投入大、市场风险高的活动,权利人需要将技术市场化以收回技术研发的固定成本,而专利许可是技术市场化的重要方面,假设权利人天然具有拒绝许可或者拖延许可的动机存在逻辑缺陷㉘;第二,专利权人在标准化谈判中处于弱势地位,而标准组织的专利许可政策对于迫切需要将技术市场化的权利人来说更为不利;第三,受限于标准组织的专利许可政策,同时面对获取专利侵权禁令救济的限制以及反垄断法的严格审视,标准必要专利权人在技术实施者采取拖延策略时实际上处于劣势议价地位,以下分述之。

从研发投入和获取回报的角度来说,技术研发者一旦对特定技术进行了研发投入,其投入就会变成沉没成本,而其中无法应用在其他替代技术上的沉没成本就具有专用性投入的性质。当技术研发者发现其所投入研发的技术因为其他技术实施者采取拖延策略而造成专利技术难以市场化时,专利权人转向替代技术的转换成本至少包括研发替代技术的成本以及应对专利许可纠纷的成本。当上述成本对权利人产生锁定效应时,采取拖延策略的技术实施者理论上就可以对权利人实施劫持。换言之,当技术实施者采取拖延策略时,专利权人不得不在几种被动的选项中进行选择:要么忍受技术实施者继续侵权而自己却无法获得回报,要么接受技术实施者的许可条件;或者要么就许可纠纷进行诉讼,甘冒诉讼失败或诉讼成本高于许可费收入的风险。㉙

从标准必要专利权人所面对的有限的专利侵权禁令救济和反动垄断法严格审视的角度来看,主张反向劫持的理论认为法院对标准必要专利权人限制适用禁令救济使

㉖ 参见 Chryssoula Pentheroudakis & Justus A. Baron, Jcr, Eur. Comm'n, Licensing Terms of Standard Essential Patent: A Comprehensive Analysis of Cases, at 26 (Nikolaus Thumm eds., 2017)。

㉗ 参见 Norman Siebrasse, Holdup, Holdout and Royalty Stacking: A Review of the Literature, Forthcoming in Patent Remedies and Comples Product: Toward A Global Consensus (Jan. 20th, 2017) at 517, available at https://papers.ssrn.com/sol3/papers.cfm?abstract_id=2902780, 2018 年 10 月 8 日最后访问。

㉘ 参见杨明:"标准必要专利许可中谁在劫持?", http://www.iprdaily.cn/article_18247.html, 2018 年 10 月 8 日最后访问。

㉙ 参见 Anne Layne-Farrar, The Economics of FRAND, in The Cambridge Handbook of Antitrust, Intellectual Property, and High Tech, at 63-64 (Roger D. Blair & D. Daniel Sokol, eds., 2017)。

得技术实施者可以更加有恃无恐地采取拖延策略。具言之,当法院普遍不支持作出FRAND许可承诺的标准必要专利权人的侵权禁令请求,进而使得标准必要专利许可谈判双方产生一种稳定预期,即技术实施者知道其拖延取得许可的最差结果不过是向权利人支付一个法院判定的合理许可费时,就给了侵权技术实施者采取拖延策略的激励。而反垄断法对专利权人寻求专利侵权禁令救济的请求的严格审视也会进一步鼓励技术实施者采取拖延获得许可的策略。㉚

从专利权人通过参与标准化组织以使其技术得以标准化的角度来看,主张反向劫持的理论认为,技术标准化过程中的技术选择是一个竞争激烈的过程,技术持有者在面对竞争性的可替代技术时并没有任何议价优势。更进一步的主张认为,标准制定组织在与技术持有者就标准必要专利技术进行集体议价的过程中,有能力也有动机实施不利于竞争的固定价格行为,造成买方垄断的现象。㉛ 这一主张认为,如果标准组织依据单一标准,例如单独依靠 Georgia-Pacific 因素中的单一因素,或单独依赖最小可销售单元等标准来确定"公平、合理、无歧视"的许可条件,那么专利权人将无法获得在充分考虑其他许可费判定因素的条件下,或者在完整市场价值基准的许可费判定标准下所应当获得的许可费回报。㉜ 因此,反垄断法不应对权利人过于严苛,反而应当更加严格地审视标准组织相对于权利人的集体议价行为。㉝

四、实证研究对理论假设的挑战

不论专利劫持或反向劫持的理论发展是否充分,目前没有任何实证研究的证据显示现实中存在系统性的专利劫持或反向劫持问题。㉞

(一) 实证证据否定系统性专利劫持与许可费堆叠的存在

专利劫持问题方面,Alexander Galetovic 等学者首先考察了包含标准必要专利的产

㉚ 参见 Anne Layne-Farrar, The Economics of FRAND, in The Cambridge Handbook of Antitrust, Intellectual Property, and High Tech, at 63-64 (Roger D. Blair & D. Daniel Sokol, eds., 2017); Damien Geradian, Reverse Hold-ups: The (Often Ignored) Risks Faced by Innovators in Standardized Areas, Paper Prepared for the Swedish Competition Authority on the Pros and Cons of Standard Setting, at 14-17, 22-24 (Nov. 12th, 2010); Robin Jacob, Competition Authorities Support Grasshoppers: Competition Law as a Threat to Innovation, 9:2 COMPETITION POL'Y INT'L., at 24 (2013)。

㉛ 参见 Makan Delarhaim, Take It to the Limit: Respecting Innovation Incentives in the Application of Antitrust Law (Nov. 10, 2017), Remarks at USC Gould School of Law, available at https://www.justice.gov/opa/speech/assistant-attorney-general-makan-delrahim-delivers-remarks-usc-gould-school-laws-center, 2018 年 10 月 8 日最后访问;Josh Lerner & Jean Tirole, Standard-Essential Patents, 123 J POL. ECON., at 547 (2015)。

㉜ 同上。

㉝ 同上。

㉞ Chryssoula Pentheroudakis & Justus A. Baron, Jcr, Eur. Comm'n, Licensing Terms of Standard Essential Patent: A Comprehensive Analysis of Cases, at 27 (Nikolaus Thumm eds., 2017)。

品的价格走势,发现依赖标准必要专利技术的产品的消费者价格指数(CPI)在2015年前的16年间的降幅超过了其他非标准必要专利依赖型的产品,甚至比其他一些受到摩尔定律影响的非标准必要专利依赖型的技术产品的降幅还要快。㉟ 这一结果与标准必要专利劫持的逻辑导向相违背,因为如果标准必要专利领域存在系统性的专利劫持的话,逻辑上标准必要专利依赖型的产品与非标准必要专利依赖型的同类产品相比,在对价格进行同质矫正后,前者的价格下降幅度应该小于后者。Galetovic 也观测了 eBay 案前后标准必要专利依赖型的产品同质矫正消费者价格指数的下降幅度,发现 eBay 案前后并无明显变化。㊱ 这说明限制标准必要专利权人获取禁令救济并没有明显降低标准必要专利依赖型产品的价格,这又反过来说明在专利权人 eBay 案前容易获得专利侵权禁令救济的情况下,并没有依靠禁令救济进行系统性的专利劫持。

在许可费堆叠方面,Galetovic 和 Kirti Gupta 的另一项实证研究也显示没有证据证明系统性的专利许可费堆叠的现象存在。㊲ Galetovic 等学者对古诺互补品的模型推论表明,如果存在古诺互补品情况下的专利许可费堆叠情况,理论上只要超过 10 个独立持有专利技术的权利人就可以造成产品产量的显著减少,而且在存在专利许可费堆叠的情况下,产品价格难以下降,产业也很难发展。㊳ 但专利密集的移动通信产业的现实与理论推导并不一致。从标准必要专利权人的数量上来看,1994 年至 2013 年间,通信技术标准的标准必要专利权人增长了 65 倍;从产品产量上看,同期间内手机销售数量从 2900 万件增加到了超过 18 亿件,增长了 62 倍;从价格上看,以 2013 年的美元价值计算,全球手机的平均单价从 1994 年的 852 美元下降至 2013 年的 173 美元,年均降幅达 8.7%。㊴ 这些数据显然与古诺互补品情况下的专利许可费堆叠的理论推导不符。在古诺互补品理论的逻辑推导自洽的情况下,这些数据至少说明真实世界中有其他古诺互补品理论没有考虑到的因素,使得产业中出现系统性许可费堆叠的情况得以避免。

(二)实证证据不支持系统性反向劫持的存在

就反向劫持来说,衡量反向劫持的理论标准本身还是不确定的。理论上说,当我们声称专利权人所得回报不充分时,一个重要的根植于专利制度基本经济原理中的指标是专利权人所获得的回报不足以弥补其技术研发的固定成本。在此情况下,将无人

㉟ 参见 Alexander Galetovic, Stephen Haver & Ross Levine, *An Empirical Examination of Patent Hold-Up*, 11 J. COMPETITION L & ECON., at 554 (2015)。

㊱ 同上注,页555。

㊲ 参见 Alexander Galetovic & Kirti Gupta, Royalty Stacking and Standard Essential Patents: Theory and evidence from the World Mobile Wireless Industries, at 18-22, 24 (May 20th, 2017) available at https://papers.ssrn.com/sol3/papers.cfm? abstract_id = 2790347, 2018 年 10 月 8 日最后访问。

㊳ 同上注,页 24。

㊴ 同上注,页 20。

愿意投入资金进行技术研发,新技术的更新速度将会降低,而激励的不充分也会挤出行业中的技术研发者,导致特定技术领域的行业萧条。我们若以此标准来衡量标准必要专利权人是否遭遇了系统性的反向劫持,那么前述实证数据实际上也同样是系统性反向劫持假设的反例。标准必要专利依赖型的移动通信产业所表现出的快速健康发展的现实显然不能支持这一反向劫持理论系统性存在的逻辑结论。

除此之外,如果我们以专利权人所获得的回报低于其技术的价值这一标准来衡量某一产业内的标准必要专利权人是否面对系统性反向劫持的问题,那么我们不得不首先回答另一个棘手的问题,那就是确定标准必要专利权人所获得的许可费占专利技术交易创造的生产者剩余的比例低于何种比例或固定值时是不足的,毕竟专利制度并没有以专利权人必须完整获得整个专利技术交易创造的全部生产者剩余作为其合理性基础。但回答这一问题又会使得问题绕回到第一个标准的逻辑上去。从这一角度看,在欠缺确定的衡量反向劫持现象的标准的情况下,我们还缺乏充分的证据证明产业领域存在系统性的反向劫持问题。

五、对理论与现实差异的反思

(一)造成理论推导与实证差异的影响因素

回顾有关专利劫持与反向劫持的理论,结合与理论逻辑推导相违背的现实,应该注意到真实世界与理论逻辑之间的差距。易言之,理论推导在一些确定的自变量与确定的因变量之间建立了具有因果关系的逻辑联系,但是真实世界中的影响因素却并不受理论推导的限制。在众多额外的影响因素中,有几个因素值得注意。

第一,不论是专利劫持还是反向劫持理论都是在区分专利权人和技术实施者的情况下推导出的,亦即不论在专利劫持还是反向劫持的理论中,专利权人与技术实施者之间的交易是单向的,同时也是一次性的。而在真实世界中,同一个主体的身份是在专利权人与技术实施者之间往复切换的。例如,苹果公司、三星公司或者华为公司,他们在现实世界中既扮演着专利权人的角色,也扮演着技术实施者的角色。真实世界中的技术交易也并非"一锤子买卖",而是不同主体之间反复切换交易角色的重复交易。

在重复交易的环境中,参与交易的主体缺乏进行劫持的激励。一方面,重复交易中交易主体的角色可能反复变化,此前处于劫持者位置的一方可能会在下一次交易中处于被劫持的地位,因此一次劫持行为的成功并不能给行为人带来长期回报;另一方面,即便在交易角色不易位的情况下,对于具备进行劫持条件的一方来说,维护交易关系的稳定要比实施一次劫持行为而破坏交易关系更为有利。例如卖方通过劫持行为从某一买方手中获得了一次性的高额收益,但卖方会因此失去与买方再次交易的机会,同时其他买方或者潜在买方由于担心遭到同样的劫持问题也会着手转向其他卖方,实施一次性劫持的卖方因此也会逐渐失去与其他买方或者潜在买方继续交易的机会,进而遭受长期损失。从这一角度来说,在重复交易环境中维护交易声誉也比实施一次劫持更为有利。

第二,许可费堆叠的理论很大程度上依赖于存在多个互补性专利技术并由独立的权利人分别进行许可的假设。集中许可被认为是解决分散许可问题的有效手段之一。现实情况中,专利池许可、打包许可或者交叉许可的广泛存在可能是造成没有系统性专利许可费堆叠情况发生的重要因素。

除了独立性不足这一因素外,现实中的技术缺乏严格的互补性,或者说同类互补性技术具有一定的可替代性可能也是造成现实中没有系统性许可费堆叠现象的另一个因素。以手机通信的基带芯片为例,除了高通的基带芯片以外,华为、三星、联发科、英特尔也都是基带芯片的供应厂商,在苹果 iPhone XS 手机上,苹果公司就选用了英特尔的基带芯片以替代原来使用的高通基带芯片。此外,在许可费堆叠的理论环境中,专利权人具备劫持条件并且实施劫持行为也是造成许可费超过专利价值贡献的必要条件,而当权利人缺乏进行劫持的激励而未进行系统性劫持时,实证研究无法观测到系统性许可费堆叠现象的存在也就不难理解了。

第三,实证研究中观测到的消费者价格指数的快速下降也不能忽略技术迭代的作用。信息科技的飞速进步使得与信息存储、计算及传输相关的产品或服务的边际成本以较高的速率下降至极低的水平。以信息存储的成本为例,在过去的三十多年时间里,硬盘价格从每十亿字节 50 万美元的价格降至如今大约每十亿字节 0.03 美元⑩;数据运算的成本方面,十亿次每秒浮点运算的单价在 1961 年是 187 亿美元,到 2007 年时是 48 美元,到了 2017 年这一价格降至 0.03 美元⑪;信息传输方面,数据显示互联网数据传输的价格以每年 15%—50% 的速率下降,从 1998 年的每兆字节 1200 美元降至 2015 年的 0.63 美元⑫。

从研发动力的角度来说,新的技术带来的新的商业应用前景预期使得行业后进企业可以突破原有在位企业的安装基础优势和技术优势,因此有动力投入迭代技术的研发和商业化中。从 3G 技术到 4G 技术,再到现今各个企业和国家在 5G 技术上的激烈争夺就可以看出整个行业对下一代技术所带来的新商业应用前景和商业回报的积极追求。随着相关的产品和服务的边际成本的快速下降,价格也会呈现出快速下降的趋势。尽管我们还需要更进一步的理论和实证研究来说明这些因素与实际现象之间的相关关系,但上述因素的作用不应忽略。

---

⑩ 参见 Andy Klein, Hard Drive Cost Per Gigabyte, BACKBLAZE (July 11, 2017) https://www.backblaze.com/blog/hard-drive-cost-per-gigabyte/, 2018 年 10 月 8 日最后访问。

⑪ 参见 Flops Wikipedia, https://en.wikipedia.org/wiki/FLOPS#Hardware_costs, 2018 年 10 月 8 日最后访问。

⑫ 参见 BroadbandNow Team, How Much Does Data Really Cost and ISP? BROADBANDNOW (Jun. 23, 2016) https://broadbandnow.com/report/much-data-really-cost-isps/, 2018 年 10 月 8 日最后访问。

（二）实证研究不能否定个案中存在专利劫持或反向劫持现象

最后,应当说明的是,实证研究未能提供系统性专利劫持、许可费堆叠以及反向劫持发生的证据并不能当然否定专利劫持、许可费堆叠和反向劫持问题在个案中发生的可能性。

戴尔案、Wang Labs 案、Rambus 案、高通诉博通案、Unocal 案等一系列案件表明专利权人或专利申请人确有在标准制定过程中隐瞒专利或专利申请,在标准制定完成后对标准组织或标准实施者进行劫持的行为存在。[43]

此外,RIM 公司与专利非实施主体 NTP 公司 61,250 万美元的和解许可费与双方在 NTP, Inc. v. Research in Motion, Ltd. 一案中陪审团确定的 3,350 万美元合理许可费相比相差 18 倍,这多少让人认为在个案中存在劫持现象。[44]

在 Microsoft Corp. v. Motorola, Inc. 一案中,摩托罗拉主张的许可费率是终端产品售价的 2.25%,换算下来每一个 Xbox 需要为摩托罗拉在 802.11 标准必要专利族中的专利支付的许可费为 5.85 美元[45],这一价格也 30 倍于 Robart 法官判定的 19.5 美分的合理许可费上限,更是远高于 Robart 法官判定的每单位 3.471 美分的合理许可费价格。[46] 正如 Siebrasse 所说,如果我们认为 Robart 法官判定的合理许可费范围大致合理,那么微软与摩托罗拉一案也是一个专利劫持存在的事例。[47]

除此之外,根据法院在华为与三星专利纠纷案中所披露的信息,华为公司作为诉争专利的专利权人与被告三星公司的专利许可谈判从 2011 年 7 月 8 日持续至 2016 年 1 月 21 日,历时将近 5 年,双方共会面 15 次,华为公司向三星公司报价 6 次,三星公司反报价 1 次,同时拒绝了专利权人的其他多项提议,被法院认定为存在恶意拖延谈判的行为。[48] 尽管我们尚不能评价三星公司是否对华为公司实现了反向劫持,但此案至少说明现实中存在技术实施者实施拖延策略的现象。

---

[43] 参见 In re Dell Computer Corp., 121 F.T.C. 616, at 624（1996）; Wang Labs., Inc. v. Mitsubishi Elecs. Am. Inc., 103 F. 3d（Fed. Cir. 1997）; Rambus Inc. v. F.T.C. 522 F. 3d 456（D.C. Cir. 2008）; *In re Rambus Inc.*, Docket No. 9302（Fed. Trade. Comm'n Jun. 18, 2002）,（Fed. Trade. Comm'n Mar. 6, 2009）; Qualcomm Incorporated v. Broadcom Corp. 548 F. 3d 1004（Fed. Cir. 2008）; In the Matter of Union Oil Company of California, Docket No. 9035（Fed. Trade. Comm'n Jun. 6, 2005）,（Fed. Trade. Comm'n Jul. 27, 2005）。

[44] 参见 Norman Siebrasse, Holdup, Holdout and Royalty Stacking: A Review of the Literature, Forthcoming in Patent Remedies and Comples Product: Toward A Global Consensus（Jan. 20th, 2017）, at 537 available at https://papers.ssrn.com/sol3/papers.cfm? abstract_id = 2902780, 2018 年 10 月 8 日最后访问。

[45] 同上注,at 541。

[46] 同上; Microsoft Corp. v. Motorola, Inc., D.C. No. 2:10-cv-01823-JLR, at 8（W.D. Wash. 2012）。

[47] 参见 Norman Siebrasse, Holdup, Holdout and Royalty Stacking: A Review of the Literature, Forthcoming in Patent Remedies and Comples Product: Toward A Global Consensus（Jan. 20th, 2017）, at 541 available at https://papers.ssrn.com/sol3/papers.cfm? abstract_id = 2902780, 2018 年 10 月 8 日最后访问。

[48] 参见广东省深圳市中级人民法院（2016）粤 03 民初 840 号、广东省深圳市中级人民法院（2016）粤 03 民初 816 号。

(三) 对专利劫持与反向劫持应采取中性立场

结合上述分析,就标准必要专利侵权和许可费纠纷案件而言,本文认为在实践中对专利劫持或反向劫持采取中性立场是较为可取的方案。对于是否存在专利劫持行为或反向劫持行为应在个案中依据证据进行判断,而不应采取预设立场假设标准必要专利权人会天然实施专利劫持,或者技术实施者天然会对权利人实施反向劫持。

从中性立场的角度出发,美国联邦巡回上诉法院在 Ericsson v. D-Link 一案中的观点值得借鉴。在该案中,D-Link 主张联邦地区法院拒绝在对陪审团裁定损害赔偿的指示中指示陪审团考虑专利劫持的风险存在错误,联邦巡回上诉法院否决了 D-Link 的主张。㊾ 联邦巡回上诉法院判决认为,在决定是否向陪审团指示考虑专利劫持与许可费堆叠的因素时,法院应当基于本案的证据进行判断㊿,仅仅有针对专利劫持或许可费堆叠现象发生可能性的一般性假设是不够的。因此在被诉侵权人未提供证据证明存在专利劫持或许可费堆叠的情况下,法院无须指示陪审团在损害赔偿数额的裁定中考虑专利劫持或许可费堆叠的因素。(51)

由于 D-link 的专家证人仅仅提出了理论上存在专利劫持和许可费堆叠的可能性,但未能证明实际发生了专利劫持或 Ericsson 主张的 0.5 美元的许可费单价如何构成了许可费堆叠(52);同时 D-Link 也未能提供其支付给其他 802.11 标准必要专利的许可费证据,因此联邦巡回上诉法院认为联邦地区法院拒绝指示陪审团考虑专利劫持和许可费堆叠的因素并无不当。(53)

六、结论

在标准必要专利问题刚刚出现的时候,专利劫持与许可费堆叠理论得到了广泛的关注和认可,并对司法和政策实践产生了影响。随着理论和实践的发展,反向劫持问题又逐渐引起了新的关注,但目前仍缺乏坚实的经济学理论作为支撑。有关专利劫持与反向劫持的实证研究显示,标准必要专利依赖型的行业中并没有出现系统性的专利劫持或反向劫持现象。通过梳理专利劫持、许可费堆叠以及专利反向劫持的理论,结合相应的实证证据,本文指出现实中并无系统性专利劫持、许可费堆叠或专利反向劫持的现象存在,但也不能因此排除在个案中存在上述现象的事实。我们分析,造成理论假设与实证证据差距的原因可能是多方面的,包括现实中专利权人和技术实施者的

㊾ 参见 Ericsson, Inc. v. D-Link Systems, Inc., 773 F.3d 1201, 1234 (Fed. Cir. 2014)。

㊿ 同上。

(51) 同上。

(52) Ericsson, Inc. v. D-Link Systems, Inc., No. 6:10-CV-473, WL 4046225, at 15, 21-22, Not Reported in F. Supp. 2d. (Westlaw, 2013).

(53) 参见 Ericsson, Inc. v. D-Link Systems, Inc., 773 F.3d 1201, 1234 (Fed. Cir. 2014)。

角色切换、重复交易、集中许可、互补性技术存在可替代性以及技术迭代等因素。结合 Ericsson v. D-Link 一案,本文主张在实践中应对专利劫持、许可费堆叠以及专利反向劫持理论采取中性立场,对于是否存在上述现象,应回归到个案证据的基础上进行判断。

(责任编辑:尹秋实)

Navigating Through the Theory and Reality of Patent Hold-up, Royalty Stacking and Reverse Hold-up

Abstract: The theories of patent hold-up, royalty stacking and reverse hold-up (hold-out) are opponent hypothesis regarding the behavior of either the SEP right holder or the standard implementor in the context of SEP licensing. Empirical studies suggest there are neither systematic risks of patent hold-up and royalty stacking nor hold-out exist in real world. Nonetheless, we can not deny the fact that the phenomena of hold-up, royalty stacking and hold-out can be identified in a particular case. Repeat-playing, role-switching between licensee and licensor, collective licensing, partial substitutive nature among complementary technologies can be the factors among many that create the gap between theoretical hypothesis and fact in real world. In deciding whether patent hold-up, royalty stacking and hold-out occurred in a case, a neutral position shall be taken by a court, and a decision shall be made by the court on the ground of the evidence before it.

Key words: Patent Hold-up, Royalty Stacking, Reverse Hold-up, SEP

网络专利侵权中电子商务平台经营者转通知义务研究

李佳笑　刘雯媚[*]

【摘要】 专利权领域直接适用"通知—删除"规则容易导致投诉人借电子商务平台经营者之手行恶意竞争之实。为了保护权利人的利益并避免造成利益失衡的局面,《电子商务法》第42条、第43条将"转通知"确定为平台经营者所应履行的义务。这不仅与平台经营者地位和能力相符合,还保证了投诉人和被投诉人之间的信息畅通,有利于平衡网络专利侵权纠纷中各方主体的利益。但由于《电子商务法》未规定平台经营者违反转通知义务的法律后果,所以很有可能导致转通知义务在实践中形同虚设。鉴于《专利法》与《电子商务法》共同规制网络专利侵权行为,所以可以在《专利法》中增加平台经营者的转通知义务并进一步明确相应的法律责任,从而保证转通知义务在解决网络专利侵权纠纷中发挥实际作用。

【关键词】 电子商务法;"通知—删除"规则;转通知义务;专利法修改

2010年生效并实施的《中华人民共和国侵权责任法》(以下简称《侵权责任法》)第36条设立了"通知—删除"规则。该条款作为对网络服务提供者侵权责任的一般性规定,在司法实践中被广泛适用于网络专利侵权纠纷。[①] 但由于较为原则性的规定无

---

[*] 李佳笑,中国科学院大学民商法学硕士;刘雯媚,中国人民大学法律硕士。
[①] 参见《侵权责任法》第36条:
网络用户、网络服务提供者利用网络侵害他人民事权益的,应当承担侵权责任。
网络用户利用网络服务实施侵权行为的,被侵权人有权通知网络服务提供者采取删除、屏蔽、断开链接等必要措施。网络服务提供者接到通知后未及时采取必要措施的,对损害的扩大部分与该网络用户承担连带责任。
网络服务提供者知道网络用户利用其网络服务侵害他人民事权益,未采取必要措施的,与该网络用户承担连带责任。

法完全契合专利权的性质,在实践中反而容易成为投诉人恶意投诉、打击竞争对手的有力武器。所以,建立符合专利权的权利特性并且能够有效平衡网络专利侵权中投诉人、电子商务平台经营者(以下简称"平台经营者")[②]与被投诉人三者间利益的法律规则显得尤为必要。

一、网络专利侵权适用"通知—删除"规则的困境

"通知—删除"规则诞生于著作权领域,该规则一方面通过打击数字化环境下的非法"复制"行为,对著作权进行了有效的保护;另一方面也通过明确网络服务提供者的责任,避免网络服务提供者因承担过重的信息审查义务而影响产业正常发展,有效地平衡了权利人、网络服务提供者以及社会公众三者间的利益。[③] 正是因为"通知—删除"规则在著作权领域的有益实践,所以当网络平台专利侵权现象愈演愈烈亟须治理时,该规则便成了可供借鉴的对象。[④] 在我国近年来的司法实践中,法院主要依据《侵权责任法》第 36 条来解决网络专利侵权中网络服务提供者承担侵权责任的问题。[⑤] 而即将进行第四次修改的《中华人民共和国专利法》(以下简称《专利法》)在《专利法修订草案(送审稿)》中新增第 63 条[⑥],更是表明了立法者在专利权领域适用"通知—删除"规则的态度。然而"橘生淮南则为橘,橘生淮北则为枳"。"通知—删除"规则适用

---

② 参见《专利法》第 11 条第 1 款:

发明和实用新型专利权被授予后,除本法另有规定的以外,任何单位或者个人未经专利权人许可,都不得实施其专利,即不得为生产经营目的制造、使用、许诺销售、销售、进口其专利产品,或者使用其专利方法以及使用、许诺销售、销售、进口依照该专利方法直接获得的产品。

因为网络专利侵权行为只涉及销售、许诺销售未经许可的专利产品,或销售、许诺销售依照专利方法直接获得的产品,所以在网络专利侵权行为中,网络服务提供者即为电子商务平台经营者。由于本文讨论仅限于网络专利侵权行为,故不严格区分电子商务平台经营者与网络服务提供者。

③ 参见秦洋、盛星宇:"论'通知—删除'规则的重构——从版权到其他领域的思考",载张平主编:《网络法律评论》(第 19 卷),北京大学出版社 2017 年版,页 147。

④ 参见谢嘉图:"《专利法》上'通知—删除'规则的挑战与应对",载《西安电子科技大学学报(社会科学版)》2016 年第 5 期。

⑤ 浙江省宁波市中级人民法院课题组:"'通知—删除'规则的区别适用",载《人民司法(应用)》2018 年第 4 期。

⑥ 参见《专利法修订草案(送审稿)》第 63 条:

网络服务提供者知道或者应当知道网络用户利用其提供的网络服务侵犯专利权或者假冒专利,未及时采取删除、屏蔽、断开侵权产品链接等必要措施予以制止的,应当与该网络用户承担连带责任。

专利权人或者利害关系人有证据证明网络用户利用网络服务侵犯其专利权或者假冒专利的,可以通知网络服务提供者采取前款所述必要措施予以制止。网络服务提供者接到合格有效的通知后未及时采取必要措施的,对损害的扩大部分与该网络用户承担连带责任。

专利行政部门认定网络用户利用网络服务侵犯专利权或者假冒专利的,应当通知网络服务提供者采取本条第 1 款所述必要措施予以制止,网络服务提供者未及时采取必要措施的,对损害的扩大部分与该网络用户承担连带责任。

于著作权领域的合理性之一,即在于网络服务提供者针对未经许可在网络中传播作品的侵权行为具有初步核实的能力。⑦ 但如果忽略著作权与专利权性质间的显著差异,将《侵权责任法》第 36 条的"通知—删除"规则全盘照搬,恐怕只会造成初衷与实效背道相驰的局面。

(一)从维权规则到恶意竞争工具

就实践效果而言,"通知—删除"规则是一种兼具及时性和有效性的快速处理侵权行为的方式。⑧ 如果平台经营者认为投诉成立,无论最终涉诉专利是否构成侵权,平台经营者都可以采取必要措施,以此抗辩而驶入"避风港",无须承担责任;然而如果平台经营者在收到有效投诉后却因自己认为没有侵权而未及时采取必要措施,就可能会被法院认定为需要就损害的扩大部分承担连带责任。⑨ 所以,为了最大限度地避免自己承担侵权责任,在接到有效通知后立刻采取必要措施就成了实践中平台经营者的常见选择。⑩ 平台经营者固然希望自己对侵权行为的判断是准确的,这样既可以净化平台环境,同样也有利于有效遏制侵权。但专利侵权的复杂性往往让不具备专业知识的平台经营者无所适从,实践中平台对于被投诉商品是否落入专利保护范围的认定与最终司法认定的结果不一致的案件不在少数。⑪

正因如此,原本快速高效的维权手段反而随着电商经济的蓬勃发展异变为恶意竞争、非法牟利的工具,网络平台中错误投诉、恶意投诉的比例逐年上升。以阿里巴巴平台为例,2016 年平台中的恶意投诉数量同比增长了 400 多万条,增长速度惊人。⑫ 仅 2016 年,淘宝卖家因为恶意投诉所造成的直接损失就高达 1.07 亿元。⑬ 而鉴于"通知—删

---

⑦ 参见王迁:"论'通知与移除'规则对专利领域的适用性——兼评《专利法修订草案(送审稿)》第 63 条第 2 款",载《知识产权》2016 年第 3 期。

⑧ 参见《2014 年淘宝联动知识产权局打假报告》《2016 年阿里巴巴平台治理年报》:2014 年由淘宝平台处理的专利侵权投诉案中,外观专利侵权占 74%,实用新型专利侵权占 23%,发明专利侵权占 3%。2016 年,淘宝网删除包括假货、侵犯知识产权投诉信息近千万条。

⑨ 参见(2016)粤民终 1038 号判决。

⑩ 参见崔聪聪、吴敏:"第三方电子商务平台的过错问题研究——以专利侵权为视角",载《电子知识产权》2016 年第 5 期。

⑪ 参见(2015)浙杭知初字第 687 号判决;(2016)浙民终 932 号判决。

⑫ 阿里巴巴平台 2015 年的恶意投诉数量为 200 万条,2016 年就猛增至 600 多万条,这很难不引起阿里巴巴平台的重视。2016 年阿里巴巴平台总计发现有恶意投诉行为的权利人账户 5862 个,受害商家超过百万,损失超过 1 亿元。
参见《当电商遇到流氓:还原恶意投诉背后的故事》,https://m.sohu.com/n/480357105/,2018 年 9 月 30 日最后访问。

⑬ 参见《2016 年阿里巴巴平台治理年报》,http://download.taobaocdn.com/freedom/37886/pdf/p1bdauvcnh1kakdfphrg3p6mj4.pdf,2018 年 9 月 30 日最后访问。

除"规则的快速性,如《2017年阿里巴巴知识产权保护年报》[14]显示,95%的知识产权投诉都可以在24小时内处理完毕。在"双十一""6·18"等交易量巨大的购物节期间,因错误投诉、恶意投诉导致商品链接被删除、屏蔽或断开,给卖家造成的损失更是难以估计。[15]

由此可见,忽略专利权的特殊性和平台经营者对专利侵权的审查能力,在专利权领域直接移植"通知—删除"规则,可能使"通知—删除"规则变为恶意打击竞争对手的工具。

(二)制度设计缺失导致利益失衡

"通知—删除"规则系明确平台经营者责任的条款,其中平台经营者的法律义务仅限于在知晓侵权行为时及时进行处理,对于平台经营者是否需要将投诉信息转达给被投诉人,是否需要为被投诉人提供抗辩的渠道和救济的机会,现有的规则体系并未明确。

因此,一旦面临错误投诉、恶意投诉,被投诉人就显得势单力薄。一方面,囿于网络平台的匿名性,如果平台经营者不转送投诉信息,被投诉人一般难有途径获知投诉人身份及投诉的内容;另一方面,在缺少"反通知—恢复"制度的情况下,即便被投诉人没有侵犯他人专利权,也没有渠道向平台经营者进行声明从而让平台经营者及时恢复被投诉商品。此时被投诉人要么诉诸较为漫长的法律途径,由法院来判断是否构成侵权,要么就只能自认倒霉,承担错误投诉、恶意投诉给自己带来的损失。

可见,缺乏信息传递机制会导致被投诉人、平台经营者与投诉人之间信息沟通不畅,在被投诉人合法权益可能受到损害的情况下却无法在平台中进行抗辩以及获得救济。将被投诉人置于明显的弱势地位,显然并非是"通知—删除"规则适用于专利权领域所想要实现的效果。

二、司法实践中转通知措施的明确与应用

专利权领域直接适用"通知—删除"规则弊病凸显,所以亟须基于专利权特性完善该规则,以弥补一刀切适用"通知—删除"规则所带来的问题。在法律没有特别规定的情况下,司法机关在实践中进行了一定的探索。2017年最高人民法院发布指导性案例83号——威海嘉易烤生活家电有限公司(以下简称"嘉易烤公司")诉永康市金仕德工贸有限公司(以下简称"金仕德公司")、浙江天猫网络有限公司(以下简称"天猫公

---

[14] 参见《2017年阿里巴巴知识产权保护年报》,https://files.alicdn.com/tpsservice/6e0863d3589769cb2e8661bf615ba0b5.pdf,2018年9月30日最后访问。

[15] 参见李含:"淘宝卖家遭恶意投诉损失巨大 品牌方是幕后推手",http://finance.sina.com.cn/roll/2017-02-14/doc-ifyamkzq1314146.shtml,2018年9月30日最后访问;

高云翔:"国内首例电商平台状告'知识产权流氓案'立案",http://www.iprchn.com/Index_NewsContent.aspx?newsId=97827,2018年9月30日最后访问。

司")侵害发明专利权纠纷一案。⑯ 该案中浙江省高级人民法院通过对"必要措施"进行扩大解释,将转通知纳入"通知—删除"规则体系,另辟蹊径地回答了平台经营者作为网络服务提供者的审查能力和责任承担问题。

(一)指导性案例 83 号中的转通知措施

嘉易烤公司作为"红外线加热烹调装置"专利权人,诉称金仕德公司未经其许可在天猫商城上销售一款侵犯其专利权的 3D 烤炉;而天猫公司在接到投诉后,未及时采取删除、屏蔽、断开链接等必要措施,应当承担连带责任。一审法院判决金仕德公司未经许可销售该侵权产品的行为构成侵权;天猫公司作为互联网服务提供者,因未能及时采取删除等必要措施,就扩大的损失与金仕德公司承担连带责任。⑰ 而这也是此前法院在网络专利侵权领域适用"通知—删除"规则的一贯思路。

天猫公司不服,向浙江省高级人民法院提起上诉。二审判决认为,判断天猫公司是否构成共同侵权,除了要考量天猫公司的主体性质和嘉易烤公司通知的有效性,更核心的问题是确定天猫公司在接到通知后是否采取了"必要措施"。

浙江省高级人民法院认为在网络平台专利侵权投诉中,考虑到:(1)电商平台对于专利侵权投诉的审查能力;(2)专利侵权投诉的胜诉概率;(3)必要措施对当事人之间利益平衡和市场竞争的影响等因素,要求网络服务提供者在接到投诉后,对复杂的专利侵权行为进行判断并立即采取删除、屏蔽、断开链接措施显然不尽合理。但保证投诉信息的有效传递,是天猫公司作为平台经营者应当履行也有能力履行的基本义务。因此,由于天猫公司未采取"转通知"这一必要措施,判决其承担连带责任并无不当。

扩大解释"必要措施"——将"转通知"纳入"通知—删除"规则体系无疑是此案在审判思路上极具创新的一点。法院基于现实情况的复杂性,综合考虑了专利权的权利性质及平台经营者的审查能力,最终认为《侵权责任法》第 36 条并未穷尽列举,而是在明确列举了"删除、屏蔽、断开链接"之后,以"等"字为其他必要措施留有余地,因此将"转通知"纳入"必要措施"的范围之内并无不当。此案对实践中"必要措施"的解释影响不可谓不大。

(二)提出转通知措施的实践意义

转通知措施并非新鲜事物,但适用于专利权领域尚属首次。指导性案例 83 号之所以为后续处理网络专利侵权行为提供了宝贵的借鉴,是因为其首次从正面探讨了平台经营者在网络专利侵权行为中的角色。

首先,生效判决回应了平台经营者对专利侵权的审查能力问题。专利侵权的判定需要将被投诉产品和专利权利要求书中记载的每一项技术特征进行比对,平台经营者既非产品生产者和销售者,亦非专业技术人员,难以通过简单的书面材料或者网站

---

⑯ 参见(2015)浙知终字第 186 号判决。
⑰ 参见(2015)浙金知民初字第 148 号判决。

图片等信息对产品是否涉及侵权进行判断。而且从现实角度而言，要求平台经营者对所有专利侵权投诉进行实质审查会极大加重其运营成本，让其在作为网络交易平台的同时还要扮演"专利审查机构"的角色，不具有现实性。由此，法院认为，要求平台经营者对专利侵权作出准确判断并采取必要措施就是"强人所难"。

其次，该判决缓和了"必要措施"的僵化适用——即应综合考虑案件相关因素，判断采取一项措施是否"必要"。在此前的许多网络专利侵权案例中，平台经营者为了最大限度地避免承担侵权责任，只会选择采取《侵权责任法》第36条所列举的删除、屏蔽、断开链接三种措施。但这种高效却轻率的处理方式容易导致投诉人滥用投诉权利，打击竞争对手，造成不正当竞争。而二审判决扩大了平台经营者所能够采取的必要措施的范围，要求平台经营者进行转通知，将投诉信息及时转给被投诉人，这一方面有效地实现了投诉信息的流通，确保投诉人投诉目的的实现；另一方面，也在无法判断是否侵权的情况下，给予被投诉人申辩的机会，保障了被投诉人的利益。要求平台经营者进行转通知符合其作为信息平台的性质，也与平台经营者的能力相符，具有一定的合理性。

纵观全案，虽然二审维持了原判，但是从判决理由和分析思路的变化上，不难看出法院在专利侵权投诉中对平台经营者的角色进行了重新定位——在复杂的专利侵权纠纷中，平台经营者并非"专业的专利审查机构"，但也不应否认其作为"投诉信息的传递渠道"所具有的信息传递功能。所以指导性案例83号提出的"转通知"措施，在一定程度上缓解了现有"通知—删除"规则导致恶意竞争、权益失衡的局面。

三、转通知措施的法律性质分析

虽然该判决在一定程度上明确了电商平台在网络专利侵权中的义务，避免了《侵权责任法》第36条在专利侵权领域的僵化适用。但从法律解释合理性的角度考虑，被扩大解释为"必要措施"的措施应当与删除、屏蔽和断开链接三种明确列出的必要措施手段相似、效果相当。[18] 据此，法院将"转通知"解释为"必要措施"，其实忽略了二者在实施前提与实施效果上的差异，因此其合理性有待商榷。

（一）转通知措施的表现形式与法律效果

我国最早在《信息网络传播权保护条例》中规定了转通知措施，即网络服务提供者接到权利人的通知以后，应当立即采取删除、断开链接等必要措施，并同时将通知转送

---

[18] 参见杜颖："网络交易平台上的知识产权恶意投诉及其应对"，载《知识产权》2017年第9期。

被投诉人,再由网络服务提供者将被投诉人提交的未侵权书面说明转送权利人。⑲ 就该规定而言,网络服务提供者进行转通知其实就是将投诉的通知书转送被投诉人,再将被投诉人的未侵权说明转送权利人,其目的在于保证被投诉人知晓其被投诉的消息。所以通知书的送达就意味着网络服务提供者已履行了转通知义务。至于被投诉人在接到通知后是否发送不侵权声明,则与网络服务提供者无关。

反观专利权领域,由于转通知措施的规定尚属空白,所以转通知措施的具体形式脱胎于司法实践。指导性案例 83 号中法院未正面阐述转通知的形式及流程,但明确了采取转通知措施所应当达到的目的,即"网络服务平台提供者应该保证有效投诉信息传递的顺畅,而不应成为投诉信息的黑洞"。本案中,法院认为天猫公司因未能采取与其有能力实施的转通知这一必要措施而承担侵权责任。就此来看,专利权领域的转通知措施实际上是平台经营者保证信息在投诉人与被投诉人之间的传递。相比较判断是否构成专利侵权,传递信息对于平台经营者而言绝非难事。

综上,专利权领域的转通知措施与著作权领域的转通知措施就表现形式而言差异不大,系指平台经营者一方面需要将投诉信息转送给被投诉人,另一方面需要将被投诉人不侵权的声明转送给投诉人。这看似简单的信息传递不仅意味着给予被投诉人抗辩和救济的机会,还给予了投诉人和被投诉人沟通的渠道,避免了平台经营者在判断专利侵权的泥沼里越陷越深。

(二) 转通知措施与《侵权责任法》第 36 条中"必要措施"的关系

在指导性案例 83 号中,转通知措施因为符合平台经营者的性质和能力,而被法院认为是平台经营者所应当采取的"必要措施"。但此"必要"非彼"必要"。平台经营者有必要向被投诉人转达投诉信息,并不意味着转通知措施就等于《侵权责任法》第 36 条中所规定"必要措施"。从二者的实施前提和实施效果来看,转通知措施与必要措施不能混为一谈,具体原因如下:

首先,从实施前提来看,必要措施对平台经营者审查能力的要求更高。采取必要措施的前提之一是平台经营者对于被投诉的侵权行为具有一定的审查能力,即侵权行为对于平台经营来说不应难以识别或者判断难度太大。⑳ 平台经营者在接到投诉后,对是否

---

⑲ 参见《信息网络传播权保护条例》第 15 条:
网络服务提供者接到权利人的通知书后,应当立即删除涉嫌侵权的作品、表演、录音录像制品,或者断开与涉嫌侵权的作品、表演、录音录像制品的链接,并同时将通知书转送提供作品、表演、录音录像制品的服务对象;服务对象网络地址不明、无法转送的,应当将通知书的内容同时在信息网络上公告。
第 17 条:
网络服务提供者接到服务对象的书面说明后,应当立即恢复被删除的作品、表演、录音录像制品,或者可以恢复与被断开的作品、表演、录音录像制品的链接,同时将服务对象的书面说明转送权利人。权利人不得再通知网络服务提供者删除该作品、表演、录音录像制品,或者断开与该作品、表演、录音录像制品的链接。

⑳ 参见吴汉东:"论网络服务提供者的著作权侵权责任",载《中国法学》2011 年第 2 期。

存在侵权行为进行初步判断,然后作出是否删除、屏蔽、断开链接的决定,平台经营者此时的角色带有裁判者的意味。相比之下,将投诉信息转送给被投诉人的过程中,平台经营者的角色系传递信息的中介,对于平台经营者的审查能力并不做过高要求。可见,在两种措施中平台经营者所扮演的角色不同,承担的责任不同,因此两种措施不能等同。

其次,从实施效果来看,转通知并不能达到必要措施"停止侵害"的效果。《侵权责任法》所列举的措施包括删除、屏蔽、断开链接,意味着平台经营者接到通知后采取必要措施,其效果在于阻断侵权信息的继续传播,避免侵权行为进一步扩大。[21] 因此,即使在实践中法院认为平台经营者采取的措施包括但不限于上述三种,其他补救措施也应当以"停止侵害"作为措施内容,采取措施后客观上能够起到"停止侵害"的效果。[22] 而显然单纯进行转通知,并不会对被投诉人的权益产生任何实际影响,而是将如何应对投诉的问题留给被投诉人自行解决。在网络交易平台不采取其他措施的情形下,仅仅进行通知无法有效阻止侵权行为。[23]

此外,将转通知措施和必要措施混为一谈会引发新的利益失衡问题。根据现有的"通知—删除"规则,如果平台经营者在接到通知后未及时采取必要措施,则需要就损害扩大的部分承担连带责任。所以平台经营者采取必要措施是其免责的关键。指导性案例83号判决天猫公司承担侵权责任的思路在于"转通知措施属于必要措施——天猫公司没有采取该必要措施——所以天猫公司应当承担责任"。但如果将转通知解释为必要措施之一,就很容易使平台经营者错误地推断出只要其采取了转通知措施,就可以因为采取了"必要措施"而免责的结论。一旦如此,平台经营者就变成了单纯的信息传递中介,根本无利于解决网络专利侵权问题。[24]

综上,无论是对平台经营者的审查能力要求还是就其所产生的法律效果而言,转通知措施与《侵权责任法》第36条所规定的"必要措施"都有显著区别。所以将二者混为一谈其实会因为减轻了平台经营者的责任而加剧利益失衡的局面。因此,法院将转通知措施通过法律解释纳入必要措施只能被看作是现行法律下的权宜之计,而非对转通知措施的正确理解。

四、对电子商务平台转通知义务的立法回应

不可否认指导性案例83号提出转通知措施在专利侵权领域的适用具有创造性的意义,但在欣喜指导性案例对司法实践产生积极效果之余,也应当意识到司法层面努力的局限性,一是判决效力限于个案,二是无法为"通知—删除"规则设计一套全面的

---

[21] 参见杨立新:"如何理解侵权责任法中网络侵权责任",载《检察日报》2010年3月1日第3版。
[22] 参见司晓、范露琼:"知识产权领域'通知—删除'规则滥用的法律规制",载《电子知识产权》2015年Z1期。
[23] 参见王丽娜:"专利侵权投诉中网络交易平台的义务分析",载《法制与经济》2016年第10期。
[24] 参见牛萌:"'正反通知+删除'制度的建构",载《中国版权》2014年第4期。

利益平衡机制。因此，要从根本上解决"通知—删除"规则在专利侵权领域适用中的各种困境，还有赖于立法层面的修改与完善。㉕

（一）我国《电子商务法》对转通知义务的明确规定

电子商务在我国蓬勃发展二十余年后，我国首部规范电子商务领域各主体权利义务的综合性立法《电子商务法》终于落地。该法对于规范电子商务活动和平衡电子商务中多方主体的利益具有重要意义。明确电子商务平台经营者在保护知识产权方面的责任和义务无疑是此次立法的亮点之一。与《侵权责任法》第36条较为笼统的原则性规定相比，《电子商务法》第42条和第43条对"通知—删除"规则进行了大幅度调整和细化，其中很重要的变化就在于确立了电子商务平台经营者的转通知义务。

《电子商务法》第42条、第43条规定，平台经营者在接到侵权通知之后，需要采取以下两种措施：一是及时采取必要措施，二是将投诉通知转送给平台内被投诉经营者并将被投诉者不存在侵权行为的声明转送权利人。㉖ 从字面意思来看，平台经营者采取必要措施与履行转通知义务是并存而非包含关系。也就意味着，平台经营者履行了"转通知"义务并不等于其采取了必要措施，不能将其作为不构成间接侵权的抗辩理由。㉗

《电子商务法》将转通知义务与必要措施同时列出，是对转通知措施法律性质和法律效果的准确把握，同样也回应了此前司法实践中法院将转通知纳入必要措施范畴是否合理的争议。要求平台经营者在采取必要措施的同时转送投诉信息，一方面通过及时采取必要措施制止侵权行为的继续过大，另一方面，也保证了被投诉人知晓信息，自主选择是否维护自己的权益。而且作此要求，既兼顾了平台经营者的地位和能力，又

㉕ 参见何琼、吕璐："通知—删除规则在专利领域的适用困境——兼论《侵权责任法》第36条的弥补与完善"，载《电子知识产权》2016年第5期。

㉖ 参见《电子商务法》第42条：
知识产权权利人认为其知识产权受到侵害的，有权通知电子商务平台经营者采取删除、屏蔽、断开链接、终止交易和服务等必要措施。通知应当包括构成侵权的初步证据。
电子商务平台经营者接到通知后，应当及时采取必要措施，并将该通知转送平台内经营者；未及时采取必要措施的，对损害的扩大部分与平台内经营者承担连带责任。
因通知错误造成平台内经营者损害的，依法承担民事责任。恶意发出错误通知，造成平台内经营者损失的，加倍承担赔偿责任。
第43条：
平台内经营者接到转送的通知后，可以向电子商务平台经营者提交不存在侵权行为的声明。声明应当包括不存在侵权行为的初步证据。
电子商务平台经营者接到声明后，应当将该声明转送发出通知的知识产权权利人，并告知其可以向有关主管部门投诉或者向人民法院起诉。电子商务平台经营者在转送声明到达知识产权权利人后15日内，未收到权利人已经投诉或者起诉通知的，应当及时终止所采取的措施。

㉗ 参见舒海："福兮祸兮？谈一谈《电子商务法》对电商平台的直接影响"，https://mp.weixin.qq.com/s?src=11&timestamp=1536821422&ver=1119&signature=Xo3QVb3keK5ibJ1CRcoajajLY8DxT1rHpq0vyoNi70sWpP4u5sbAEweoDChrOQaXldljICZ4dmvqfubBZtPteWw8N4CDJm5-h0gCI＊C3PpgiooPapdzV4aRySm0RHxtZ&new=1.，2018年9月30日最后访问。

避免其陷入复杂的专利侵权判断之中。显然，平台经营者转通知义务的确立对于解决网络专利侵权问题、平衡三方利益具有重要的意义。

不过，义务从来都与责任相连。只规定了义务而没有规定责任的法律条款难免形同虚设，《电子商务法》中的转通知义务就面临着这样尴尬的境地。《电子商务法》第84条虽然规定了违反该法第42条的法律后果，但又限定该行政责任针对的是"未依法采取必要措施"的电子商务平台经营者㉘，可见实质上并未对不履行转通知义务设定相应的法律后果。因此，对于平台经营者不履行转通知义务究竟需要承担怎样的法律后果，《电子商务法》并未给出明确的答案。那么即便《电子商务法》生效，针对错误、恶意投诉的情况，如果平台经营者在接到侵权投诉后只采取了必要措施而未进行转通知，由于平台经营者不需要为转通知承担任何责任，所以处理结果与在此之前直接适用"通知—删除"规则所形成的局面并不会不同——错误、恶意投诉仍然成立，平台经营者无责，被投诉人救济无门。所以，没有规定违反义务的责任，则平台经营者转通知义务的确立似乎只是"看起来很美"。

（二）第四次《专利法》修订的立法回应

鉴于电子商务平台快速发展所导致的网络专利侵权问题愈发严重，《专利法》也试图在第四次修改中对此问题进行回应。无论是在此前颁布的《专利法修改草案（征求意见稿）》㉙还是之后公开的《专利法修订草案（送审稿）》中，均增加了网络服务提供者条款，用来明确网络服务提供者的责任，以避免平台方处于"既承担审查之实，又未被告知审查之准绳"的两难处境。㉚ 虽细节表述略有不同，但两版草案实际上都是将《侵权责任法》第36条中的"通知—删除"直接照搬进专利领域，并未进行实质性的修改。

通过前述分析，直接在专利领域适用"通知—删除"规则存在明显弊端，所以《专

㉘ 参见《电子商务法》第84条：

电子商务平台经营者违反本法第42条、第45条规定，对平台内经营者实施侵犯知识产权行为未依法采取必要措施的，由有关知识产权行政部门责令限期改正；逾期不改正的，处5万元以上50万元以下的罚款；情节严重的，处50万元以上200万元以下的罚款。

㉙ 参见《专利法修订草案（征求意见稿）》第71条：

网络服务提供者知道或者应当知道网络用户利用其提供的网络服务侵犯专利权，但未及时采取删除、屏蔽、断开侵权产品链接等必要措施予以制止的，应当与该网络用户承担连带责任。

专利权人或者利害关系人有证据证明网络用户利用网络服务侵犯其专利权的，可以通知网络服务提供者采取前款所述必要措施予以制止。网络服务提供者接到合格有效的通知后未及时采取必要措施的，对损害的扩大部分与该网络用户承担连带责任。

专利行政部门认定网络用户利用网络服务侵犯专利权的，应当通知网络服务提供者采取必要措施予以制止，网络服务提供者未及时采取必要措施的，对损害的扩大部分与该网络用户承担连带责任。

㉚ 参见国家知识产权局："立法问答——专利法修订草案系列（1）网络服务提供者篇"，http://www.sipo.gov.cn/ztzl/zlfxg/xylzlfxg/1051944.htm，2018年9月30日最后访问。

利法》的修改应当根据专利权的特性对该规则进行调整。征集立法意见的过程中,诸多学者提出了很多建设性的意见。但鉴于《专利法》与《电子商务法》同样致力于解决网络专利侵权问题,保持法律体系的一致性和系统性是立法以及修法活动所必须考虑的。基于此,在《专利法》中同样明确转通知的独立地位就显得尤为必要。否则平台经营者又会陷入不知选择哪部法律作为行为指引的两难境地之中。除此之外,《专利法》应当进一步明确违反转通知义务的法律责任,以避免确立的转通知义务无实际约束力而被架空,从而弥补《电子商务法》的不足。

五、结论

网络专利侵权问题日益严重,合理法律规则的建立对于解决问题而言尤为必要。利益平衡且不强人所难是法律确立行为人义务时所需要考虑的因素。要求平台经营者承担转通知义务,是与其能力和地位相当的要求;并且该要求连接纠纷双方,有利于侵权问题的解决。《电子商务法》赋予转通知措施以明确的法律地位具有非常大的现实意义。而基于法律规定的一致性和系统性,《专利法》在针对网络服务提供者责任条款进行修改时,应与《电子商务法》保持一致。除此之外,也应弥补《电子商务法》不足,确定网络服务提供者违反转通知义务的责任,以确保设立转通知义务的目的能够真正实现。

(责任编辑:卢淑娴)

Research on the Notice Forwarding Obligation of the E-commerce Platform Operators in the Internet Patent Infringement Disputes

Abstract: The direct application of "notice and take down" rule in the patent law field could easily result in malicious competition conducted by the complainants through e-commerce platforms. To protect the interests of right holders and avoid the interest imbalance, the article 42 and the article 43 of the E-commerce Law of PRC establish the notice forwarding obligation of the e-commerce platform operators, which is not only match with the status and ability of the e-commerce platform operators, but also ensure the communication between the complainants and the respondents. And this would also help to balance the interests of all parties. However, because the E-Commerce Law does not stipulate the legal consequences of the breach of the notice forwarding obligation, it is likely that the obligation will exist in name only. Since the Patent Law also regulates the internet patent infringement conduct, regarding the compatibility with E-Commerce law, it is necessary to add the notice forwarding obligation to platform operator and clarify the corresponding legal liability in the Patent Law, thus ensure that the notice forwarding obligation play a practical role in resolving internet patent infringement disputes.

Key words: E-commerce Law, "Notice and take down" rule, The notice forwarding obligation, Amendment to the Patent Law

中韩实用新型专利审查制度比较及启示

姜珍英[*]

【摘要】 中国和韩国均设立实用新型专利制度,但在实用新型专利申请的审查方面两国差异明显。中国采取初步审查制,韩国采取实质审查制。韩国首次引入实用新型制度后,较长时间内坚持实施实质审查制,后变更为形式审查,最终回归实质审查制。由于韩国的实用新型专利和发明专利的审查制度完全相同,实用新型专利的"快速授权"的优势已然丧失,其申请量逐步下降。在专利质量提升的背景下,中国扩大了初步审查的范围,将除创造性以外的明显的实质性缺陷等内容,纳入初步审查的范围中。参照韩国实践,对实用新型专利采取实质审查制会导致实用新型专利"快速简便授权"的优势丧失。因此,中国应当转而寻求技术评价制度强化等替代措施。

【关键词】 中国实用新型制度;韩国实用新型制度;初步审查;实质审查

一、引言

实用新型专利制度遍及七十多个国家[①],并与发明专利、外观设计专利制度一起构成了工业产权制度。该制度是对于"小发明",即创造性水平比发明专利低的创造活动,向权利人授予较短期限独占权的制度。实用新型专利与发明专利相似,也是对技术方案提供保护。[②] 但是,实用新型制度是为了保护技术水平不高的技术领域,以及以累积方式通过技术改良获得的小规模发明。所以在授权要件或保护期限等方面,与发

---

* 〔韩〕姜珍英,北京大学法学院博士研究生,韩国国家知识产权局专利审查员。
① 世界知识产权组织(World Intellectual Property Organization,简称"WIPO")统计,截至2018年有72个国家运行实用新型专利制度。See WIPO: Utility Model Statistics, at https://www3.wipo.int/ipstats/index.htm?tab = utility (last visited Dec. 1, 2019)。
② 参见中国《专利法》第2条第3款。

明专利有所区别。区分实用新型专利与发明专利的方法在各国较为普遍且共性显著。首先,大多数国家都否定了方法技术方案在实用新型专利中的可专利性。③ 其次,对实用新型制度的专利性要求比发明专利低。例如,有些国家要求具有相对新颖性,将现有技术限定在已在国内公开的技术,对创造性水平的要求比发明专利低。④ 再次,大多数国家采取简便的审查制度,因此实用新型专利申请不经实质审查就授权。⑤ 由此可见,各国实用新型制度的共同特征是,与发明专利相比,取得权利的难度更低,保护期限更短。

中国和韩国均在建立知识产权保护体系时引入实用新型制度,并运行至今。⑥ 两国实用新型制度的可专利主题限定为"产品的形状、构造或者其结合"⑦。在法律规定上,两国实用新型的"专利三性"要求也相同:即创造性要求低于发明专利,实用性和新颖性要求与发明专利相同。⑧ 但两国实用新型制度的授权程序存在很大差异。中国采取初步审查制,韩国采取实质审查制。所以韩国的实用新型专利和发明专利授权程序完全相同。

在经济发展阶段,韩国实用新型制度被认为在很大程度上促进了国内创新。20世纪80年代,韩国国内技术力量薄弱,韩国的实用新型专利申请量一直高于发明专利。当时通过实用新型专利来促进小规模改良发明的做法,被认为对后来国内企业和技术人员的创造能力提升很有帮助。⑨ 目前,该制度逐渐变为有名无实的制度。韩国实用新型专利年申请量持续低于1万件。⑩ 究其原因,一种观点认为:申请量减少是技术发

---

③ 中国、韩国、日本等亚洲国家以及意大利、丹麦、西班牙等一些欧洲国家的实用新型专利保护客体仅限于三维产品。See Uma Suthersanen, Utility Models and Innovation in Developing Countries, International Centre for Trade and Sustainable Development (ICTSD) & United Nations Conference on Trade and Development (UNCTAD), 2006, pp.11-21.

④ 中国、韩国、日本等亚洲国家以及意大利、丹麦、西班牙等一些欧洲国家的实用新型专利的专利性水平低于发明专利。Ibid.

⑤ Id., p.2.

⑥ 中国于1984年制定包含实用新型专利制度在内的《专利法》。韩国于1961年正式制定单独的《实用新型法》。

⑦ 参见中国《专利法》第2条第3款;韩国《实用新型法》第4条第1条。

⑧ 中国《专利法》第22条第3款规定,发明应该具有"突出的实质性特点和显著的进步",而实用新型应该具有"实质性特点和进步"。韩国《实用新型专利法》第4条第2款规定,基于现有技术"极容易创造"的技术改进方案不能授权,而《发明专利法》第29条第2款规定,基于现有技术"容易创造"的技术改进方案不能授权。

⑨ 研究者们还建议,发展中国家应当采取合适于国内企业的创新力量的知识产权制度。See Yee Kyoung Kim, Keun Lee, Walter G. Park, Kineung Choo, Appropriate intellectual property protection and economic growth in countries at different levels of development, Research Policy, vol.41, no.2, 2012.

⑩ 2018年韩国实用新型专利申请量为6232件,实用新型专利申请量在2014年首次降到了1万件以下,以后一直保持在1万件以下。参见韩国知识产权局:《知识产权统计系统(IPSS)》,http://ipstat.kipi.or.kr/cmm/main/mainPage.do,2019年12月24日最后访问。

展过程中的自然现象。⑪ 另外一种观点认为:实用新型专利授权程序与专利权益的政策设定,导致了权利人申请实用新型专利的可得实益逐渐减少,所以申请量下降。⑫ 相比之下,中国实用新型专利申请量居世界首位。2018 年中国实用新型专利申请量约为 207 万件,占世界申请量的 96.6%⑬,同时,高于发明专利和外观设计专利申请量⑭。但中国实用新型专利制度一直被认为是专利质量问题不高的主要原因之一。⑮ 为解决这个问题,中国政府继续扩大并明确了初步审查的范围。⑯ 此外,有学者还主张实用新型专利的审查范围应当包括创造性评价。⑰ 持这种观点的学者仅集中探讨了提升实用新型专利质量或国家审查力量的可行性⑱,却有意或者无意地忽略了实用新型专利的制度目的和优势。本文旨在对于韩国和中国的实用新型审查制度的演变趋势进行比较,并针对上述问题提出建议。

二、中国实用新型的初步审查制

(一) 审查范围及其扩大

关于实用新型专利的初步审查,《专利法》第 40 条作了如下规定:"实用新型和外观设计专利申请经初步审查没有发现驳回理由的,由国务院专利行政部门作出授予实用新型专利权或者外观设计专利权的决定,发给相应的专利证书,同时予以登记和公告。实用新型专利权和外观设计专利权自公告之日起生效。"此规定显示两个重要内容:一是实用新型专利通过初步审查决定授权与否;二是登记权利的同时公开信息。发明专利申请的公开与专利权的授权与否无关,根据《专利法》第 34 条的规定,专利申请经过初步审查后,自申请日起满 18 个月后公开。发明专利申请公开后,审查员通过实质审查决定授权,就重新公布授权公告。⑲ 实用新型专利则无须事先的公开程序,申

---

⑪ 参见 Park Jongryeol、Noe Sangouk:"我国实用新型制度的有效性重新探讨",载《法和政策》第 2 期。
⑫ Lee Seungju 和 Chang Jinkyu 指出现行实用新型专利申请量下降的原因在于创造性判断标准模糊以及各种支持政策的变化。参见 Lee Seungju:"为应对第四次工业革命实用新型制度的改革",载《东北亚法研究》2018 年第 2 期;参见 Chang Jinkyu:"实用新型制度运用方案研究",载《知识财产研究》2017 年第 4 期。
⑬ See WIPO, World Intellectual Property Indicators 2019, p.21.
⑭ 在 2018 年中国的发明专利申请量为 154 万件,外观设计专利申请量为 70.9 万件。参见中国国家知识产权局:《2018 年专利统计年报》, http://www.cnipa.gov.cn/tjxx/jianbao/year2018/a/a1.html, 2019 年 12 月 24 日最后访问。
⑮ 参见陈勇:"浅论实用新型的创造性审查",载《知识产权》2013 年第 8 期。
⑯ 参见管荣齐:"对实用新型实质条件改革的思考",载《知识产权》2015 年第 9 期。
⑰ 管荣齐、朱广玉、陈勇等学者持这种观点。参见陈勇:"浅论实用新型的创造性审查",载《知识产权》2013 年第 8 期;管荣齐,同上注;参见朱广玉:"实用新型专利质量提升之路探析",载《知识产权》2015 年第 7 期。
⑱ 按陈勇的分析,通过审查力量的扩充、审查员能力的提升、检索工作的外包,能够引入创造性的审查。参见陈勇:"浅论实用新型的创造性审查",载《知识产权》2013 年第 8 期。
⑲ 参见《专利法实施细则》第 90 条。

请 4—6 个月后便公布授权公告。[20] 这是由于实用新型专利所需的审查时间较短,这是发明专利和实用新型专利的区别之一。

中国的实用新型专利无须经过实质审查,只要满足初步审查的条件即可授权。[21] 实用新型专利的初步审查范围由四部分构成:申请文件的形式审查、申请文件的明显的实质性缺陷审查、其他文件的形式审查和有关费用的审查。[22] 实用新型专利的初步审查内容在《专利法实施细则》第 44 条作了规定,其中有关明显的实质性缺陷审查的主要内容如下:(1) 不可专利主题(《专利法》第 5 条、第 25 条);(2) 外国人的申请(《专利法》第 18 条、第 19 条第 1 款);(3) 向外国申请专利的保密审查(《专利法》第 20 条第 1 款);(4) 实用新型的可专利主题(《专利法》第 2 条第 3 款);(5) 新颖性和实用性(《专利法》第 22 条第 2 款或第 4 款);(6) 说明书和权利要求书的记载要件(《专利法》第 26 条第 3 款或第 4 款);(7) 单一性(《专利法》第 31 条第 1 款);(8) 超出原申请记载范围的修改(《专利法》第 33 条);(9) 超出原申请记载范围的分案申请(《专利法》第 33 条)。[23] 由此可见,明显的实质性缺陷审查只包括对新颖性和实用性的审查。换言之,在实用新型"专利三性"中,初步审查模式排除了技术方案创造性的审查。[24] 而在发明专利实质审查过程则会对创造性程度进行审查。除此之外,发明和实用新型专利审查的其他内容类似。[25]

中国的实用新型专利审查制度与有些国家的形式审查不同[26],这种区别是在中国的专利审查实践中逐步形成的。最初中国政府采取的初步审查范围比现行初步审查范围狭窄。1985 年制定的《专利法实施细则》第 44 条第 1 款规定:"经初步审查,专利局认为专利申请明显属于专利法第 5 条或者第 25 条规定,或者明显不符合专利法第 18 条、第 19 条或者本细则第 2 条规定的,应当通知申请人,要求其在指定期限内陈述意见,申请人无正当理由期满不答复的,其申请被视为撤回。"[27]在上述规定中,初步审查内容涉及了 5 项法律条款。最初的初步审查范围仅仅是原则性条款,从而导致授权的专利权存在明显的实质性缺陷和形式性缺陷。[28] 1992 年修订的《专利法实施细则》规定的初步审查范围扩大了,即以前 5 项法律条款扩大到 16 项法律条款。修订的实

---

[20] 参见杨薇、陈家安、丁勇杰:"发明和实用新型专利同日申请的法律风险及对策",载《专利代理》2016 年第 4 期。

[21] 参见中国《专利法》第 40 条。

[22] 参见《专利审查指南》第一部分第二章实用新型专利申请的初步审查,第 1 节。

[23] 同上。

[24] 同上注,第 11、12 节。

[25] 《专利法实施细则》第 53 条规定在发明专利的实质审查中驳回的情形。

[26] 德国、日本等国家的形式审查只包括形式上的缺陷,而不进行对实用性、新颖性和创造性的审查。参见徐林森:"各国实用新型专利申请审查制度比较研究",载《中国发明与专利》2015 年第 5 期。

[27] 1985 年《中华人民共和国专利法实施细则》第 44 条。

[28] 参见尹新天:《中国专利法详解》,知识产权出版社 2011 年版,页 336。

用新型专利的初步审查范围包括《专利法实施细则》第 44 条第 1 款规定的是否具备根据《专利法》第 26 条的文件和其他必要的文件，以及《专利法实施细则》第 44 条（2）项规定的条款："实用新型专利申请是否明显属于专利法第 5 条、第 25 条的规定的，或者不符合专利法第 18 条、第 19 条第 1 款的规定的，或者明显不符合专利法第 31 条第 1 款、第 33 条、本细则第 2 条第 2 款、第 12 条第 1 款、第 18 条至第 23 条的规定的，或者依照专利法第 9 条规定不能取得专利权的。"因此，这次修改的实施细则开始引入实质性缺陷的审查，但还没扩展到对是否具备三性的审查。

中国国家知识产权局于 2005 年至 2008 年对实用新型制度进行了系列专项课题研究，并扩大了对实用新型申请的初步审查范围。[29] 基于这些研究成果，2010 年修改的《专利法实施细则》首次规定以《专利法》第 22 条第 2 款和第 4 款的新颖性和实用性为实用新型专利的初步审查范围。[30] 这就是现行对实用新型专利的初步审查范围。《专利法实施细则》修改以后，《专利审查指南》因再次修改而变得更加严格。2010 年修改的《专利审查指南》禁止了审查员在判断实用新型申请是否明显不具备新颖性中进行检索现有技术文献，审查员却能根据经其他方式获得的有关现有技术或抵触申请的信息判断实用新型是否明显不具备新颖性。[31] 根据这一规定，在实用新型专利申请的技术方案与抵触申请或公知公用技术不完全相同的情况下，审查员在初步审查阶段很难作出驳回决定。实际上，到 2012 年 6 月，对实用新型专利权的无效宣告程序中，全部无效案件达 50.8%，部分无效案件为 14.7%。此类全部或部分无效案件中，违反《专利法》第 22 条第 2 款新颖性的案件比例达 32.8%。[32] 换句话说，很多不具备新颖性的实用新型专利申请案件未能在初步审查阶段被发现，并最后获得了专利授权。

国家知识产权局在 2013 年再次修改《专利审查指南》，为了审查是否具备上述初步审查内容中《专利法》第 22 条第 2 款的新颖性，允许审查员进行检索现有技术：审查员应当根据检索获得的对比文件或者其他途径获得的信息，审查实用新型专利申请是否明显不具备新颖性。[33] 自从允许审查员对初步审查的明显的新颖性缺陷进行检索后，虽然没有无效案件的无效理由统计数据而无法进行比较，但是可以通过检索后使用新颖性比较文件，预计会大大减少因违背新颖性导致的无效宣告案件比例。

---

[29] 参见管荣齐："对实用新型实质条件改革的思考"，载《知识产权》2015 年第 9 期。

[30] 参见 2010 年修订《中华人民共和国专利法实施细则》第 44 条第（2）项。

[31] 《专利审查指南》规定：初步审查中，审查员一般不通过检索来判断实用新型是否明显不具备新颖性。审查员可以根据未经其检索获得的有关现有技术或抵触申请的信息判断实用新型是否明显不具备新颖性。参见《专利审查指南 2010》第一部分第二章 11 节。

[32] 该统计是基于从决定日截至 2012 年 6 月的 5832 件无效宣告请求计算出来的。转引自陈勇："浅论实用新型的创造性审查"，载《知识产权》2013 年第 8 期。

[33] 国家知识产权局 2013 年 9 月 16 日发布《专利审查指南》第一部分第二章 11 节的修改内容。《国家知识产权局关于修改〈专利审查指南〉的决定》（局令第 67 号）。

（二）初步审查制的意义和批判

中国现行实用新型专利初步审查制度的最大意义在于，通过快捷的权利赋予，缓解因发明专利审查周期过长而导致的权利赋予延迟问题。近年来，随着专利申请量剧增和科技发展速度的加快，现行发明专利的审查周期无法满足申请人的需求。[34] 当然，实用新型制度最重要的立法目的是保护小发明，在此立法目的下，实用新型专利较短的审查周期优势在弥补发明专利不足方面起到了很大的作用。[35]

与此相反，初步审查制又是实用新型专利最大的弱点。不少学者指出实用新型专利量大质低的问题，主张应在审查阶段进行创造性评价。[36] 首先，由于实用新型专利无需实质审查直接赋予权利，很多不符合实用新型创造性基准的技术方案被赋予了专利权，降低了专利权的法律稳定性，因此出现了滥用专利权的质疑。[37] 其次，对于初步审查的"明显实质性缺陷"，由于《专利法》《专利法实施细则》及《专利审查指南》没有作出明确的定义和说明，每个审查员的适用基准不同，导致部分质量低、无法获得专利权的实用新型专利申请案件被赋予权利。[38] 最后，不具备专利性的专利权可能损害第三人的正当权利。例如，在已授权的实用新型专利不具备专利性的情况下，其技术方案应该纳入公有领域。如果，其权利人向实施该技术方案的第三人行使专利权的话，这是侵害第三人的正当权利，终将给国家带来损失。

上述问题一直受到关注，国家知识产权局为了解决这些问题持续扩大初步审查的范围。[39] 2010年在《专利法实施细则》第44条增加明显新颖性、明显实用性的审查，将初步审查的范围扩大到明显实质性缺陷，2013年经过对《专利审查指南》的修改，允许审查员在审查新颖性时使用通过检索取得的对比文件。[40] 通过上述制度的改进，目前的初步审查制度涵盖了"三性"中的新颖性和实用性，现行实用新型专利初步审查与发明专利实质审查的区别仅停留于创造性评价。

目前部分学者主张，实用新型专利也应该在初步审查阶段进行创造性评价，但这意味着实用新型制度失去最重要的优势。当然，与发明专利相比，实用新型专利创造性水平低，但小发明也能受到保护这一点有着重要的意义。但如上所述，在技术发展飞速的当今社会，权利赋予所需的审查周期非常重要，如果实用新型专利也采用实质

---

[34] 参见尹新天：《中国专利法详解》，知识产权出版社2011年版，页77。
[35] 参见张娅："对我国实用新型专利制度的思考"，载《经济视角（上）》2013年第9期。
[36] 陈勇、张娅、朱广玉、徐林森等学者指出实用新型专利的初步审查产生低质量专利。参见陈勇："浅论实用新型的创造性审查"，载《知识产权》2013年第8期；张娅，同上；朱广玉："实用新型专利质量提升之路探析"，载《知识产权》2015年第7期；徐林森："各国实用新型专利申请审查制度比较研究"，载《中国发明与专利》2015年第5期。
[37] 参见朱广玉："实用新型专利质量提升之路探析"，载《知识产权》2015年第7期。
[38] 同上。
[39] 参见管荣齐："对实用新型实质条件改革的思考"，载《知识产权》2015年第9期。
[40] 国家知识产权局2013年9月16日发布《专利审查指南》第一部分第二章11节的修改内容。《国家知识产权局关于修改〈专利审查指南〉的决定》（局令第67号）。

审查制,其审查周期比初步审查可能延迟很多。虽然提高实用新型专利的法律稳定性和质量很重要,也需要政府持续改进的部分,但是采用与发明专利相同的实质审查制,可能造成因小失大的结果。

三、韩国实用新型的实质审查制

（一）审查范围及其演变

自2006年以来,韩国实用新型专利申请需通过实质审查方可获专利授权。实用新型专利的实质审查准用《发明专利法》中的审查规定,实行与发明专利相统一的审查程序。[41] 任何人都可以提出审查请求,应当自申请之日起3年内提出该请求（韩国《实用新型专利法》第12条第2款）,审查请求提出人同时需负担审查请求费用。如在可提出专利申请审查请求的期限内,未提出审查请求,视为撤回该实用新型专利申请（韩国《实用新型专利法》第12条第5款）。根据《实用新型专利法》第4条规定,某项技术方案若要获得专利权,应适用跟发明专利一样的实质要件和判断方法,并要求具有实用性、新颖性及创造性的三性,但就创造性而言,实用新型专利的创造性水平低于发明专利。对实用新型的实质审查范围包括所有的驳回理由,《实用新型专利法》第13条罗列了7个方面的审查范围:(1) 实用新型专利的三性、不可专利主题、先申请原则、外国人的申请以及共同申请;(2) 假冒申请（不具有专利申请权利人的申请）;(3) 违背国际条约;(4) 说明书和权利要求书的撰写要求以及单一性;(5) 超出原申请记载范围的变更申请;(6) 超出原申请记载范围的修改;(7) 超出原申请记载范围的分案申请。[42]

韩国首次引入实用新型专利后,在很长一段时间内一直实施实质审查制。但1999年修改《实用新型专利法》后,开始实施无审查制。[43] 无审查制是指,对实用新型专利授权的实质要件——新颖性、创造性等授权要件不进行审查,对申请书进行形式审查,快速授予实用新型专利权。[44] 进入20世纪90年代后,发明专利和实用新型专利申请量增加,审查积压严重,发明专利和实用新型的审查处理时间长达37个月左右。随着韩国产品开发周期缩短,在早期予以专利权的必要性凸显。[45] 在此背景下,韩国知识产权局于1996年宣布实用新型无审查制度引入计划,并推进法律修改工作。依照1998年9月公布的《实用新型专利法》,无审查制自1999年1月1日起施行。根据该法,对实用新型专利申请进行审查时,只需审查该申请是否具备一定形式,实用新型专利申请的技术方案是否具备应有的基础要件,使得实用新型专利权能够迅速予以登记。[46]

---

[41] 参见韩国《实用新型专利法》第12条至第15条。
[42] 参见韩国《实用新型专利法》第13条规定。
[43] 参见1998年9月23日法律第5577号公布韩国《实用新型专利法》。
[44] 参见韩国知识产权局:"向知识产权强国挑战30年",韩国知识产权局2007年公布,页305。
[45] 参见 Yoon Sunhee:"韩国引入实用新型无审查制度的问题",载《比较司法》1997年第2期。
[46] 1998年9月23日法律第5577号公布韩国《实用新型专利法》第11条、第12条。

同时,为降低实用新型专利权迅速授予导致低质量专利大量产生的可能性,将行使不符合专利性的专利权造成第三方的损失等副作用控制到最低,要求将要实际行使实用新型专利权时,提交由知识产权局对该实用新型专利权的有效性进行评价的技术评价书。

但是,由于当时实用新型制度的无审查制屡受诟病。2006 年修改《实用新型专利法》,再次将无审查制改为实质审查制,发明专利和实用新型专利的审查程序及主要要件变得相同。2006 年修改的《实用新型专利法》第三章增加了新的规定,设置了经过实质审查,决定是否授予实用新型专利权所需的程序,诸如审查请求、驳回理由通知、补正、准予或不准实用新型专利权决定等程序。㊼

无审查制回归实质审查制可能存在两方面理由:第一,无审查制被指带来权利不稳定性问题。通过无审查制,需要早期授权的申请人可以大幅缩短权利行使所需时间,但是此后被无效或撤销的可能性大,权利不确定,难以稳定开展业务。而且,如果将权利行使受限的未经实质审查授予的权利当作发明专利权进行误用或滥用,可能会使善意第三方蒙受损失。㊽ 第二,发明专利审查处理时间缩短了。当初引入实用新型无审查制的最大原因,就是审查处理数量剧增,导致审查周期延迟。但是,知识产权局增加审查员人数,使得发明专利申请审查处理时间从 2004 年的 21 个月缩短至 2006 年年底的 10 个月。㊾ 这样一来,提出发明专利申请后到第一次审查处理所需的时间,和提出实用新型无审查申请后开始技术评价所需的时间(9.9 个月左右)没有区别,而且需要紧急处理的发明专利申请等优先审查对象范围大幅扩大,使得需要早期授权的申请人能够利用优先审查制度,实用新型无审查制的效用性随之降低。㊿

(二) 实用新型专利和发明专利的同质化

实用新型制度回归实质审查制,有助于专利权的稳定性和质量。但是,实用新型专利与发明专利之间的界限变得模糊,使得实用新型制度的意义逐渐丧失。

第一,发明和实用新型专利经过相同的程序授权,无审查制下的"早期权利化"优势消失。在无审查制下,只要满足形式要件,就授予权利。因此实用新型专利授权所需时间很短,不到 3 个月。㊱ 但是,改为实质审查制后,在授权所需时间上,实用新型专利跟发明专利没有区别。为了弥补实用新型专利审查周期的延迟的缺陷,韩国知识产

㊼ 2006 年 3 月 3 日法律第 7872 号公布韩国《实用新型专利法》(2007 年 7 月 1 日施行)。
㊽ 参见 Lee Youngwu、Kim Byungil、Kim Ho:《实用新型先登记制度的长期发展方案研究》,韩国发明振兴会知识产权研究中心研究报告 2003—7,页 82。
㊾ 参见 Lim Byungwoong:"Insight 发明专利法",一光知识财产权中心 2015 年第 14 版,页 1205。
㊿ 同上。
㊱ 参见韩国知识产权局:"报道资料:实用新型专利申请之后 3 个月内可以授权",https://www.kipo.go.kr/kpo/BoardApp/UnewPress1App? seq=1207&c=1003&board_id=press&catmenu=m03_05_01,2019 年 12 月 25 日最后访问。

权局将提出实用新型专利申请的同时提出审查请求的,纳入优先审查对象,使"早期权利化"优势得以保持。㊾ 优先审查制度是只要提交符合《关于发明专利、实用新型专利优先审查申请的告示》中优先审查要件的证明资料,额外缴纳费用,就在 2 个月内开始实质审查的制度。㊿ 但是,自 2019 年 7 月 9 日起施行的《关于发明专利、实用新型专利优先审查申请的告示》删除了对实用新型专利申请的优先审查规定。㊾ 这样一来,实用新型申请能够快速授权的途径完全消失。

第二,发明和实用新型专利是经过同一审查程序后被授予权利,尤其是,对实用新型专利的创造性评价在没有单独标准的情况下,导致两种专利的实质性标准差异变得模糊,搅浑了"保护小发明"这一本质。特别是,韩国知识产权局内部没有专门负责实用新型专利审查的部门,按照技术分类,实用新型和发明专利的实质审查由同一审查部门的审查员来负责。因此,创造性判断标准取决于审查员个人的主观判断,而且,判例也只是使用了在法律上规定的"普通技术人员可以极容易创造(相当于显而易见)"这一原则性表述,并没有提出具体的判断标准或原则。因此,在学界,不少学者提出了发明专利和实用新型专利实际上没有区别的观点。㊾

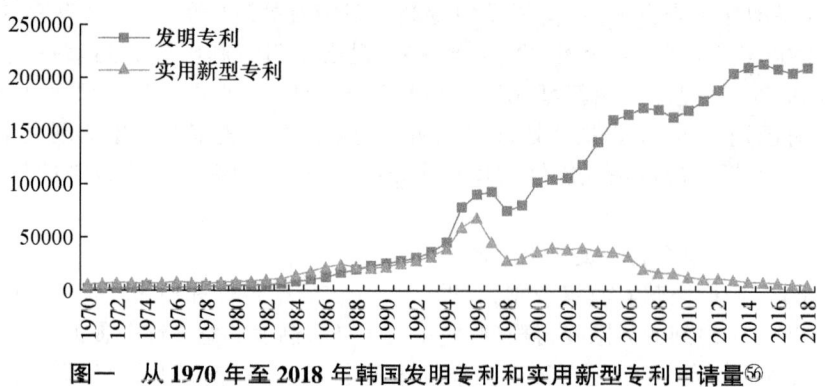

图一　从 1983 年至 2018 年韩国发明专利和实用新型专利申请量㊾

㊾　2008 年 1 月 28 日施行韩国知识产权局告示第 2008-2 号《关于发明和实用新型专利优先审查的告示》第 4 条第 2 号 Ka 项目;在申请实用新型专利的同时请求审查,并在申请之后两个月之内申请优先审查的情形。

㊿　优先审查费用无论权利要求的数量,发明专利为 20 万韩元(1200 元人民币),实用新型专利为 10 万韩元(600 元人民币)。参见韩国知识产权局:"优先审查介绍",https://www.kipo.go.kr/kpo/HtmlApp?c=80782&catmenu=m11_02_07_02#2,2019 年 11 月 10 日最后访问。

㊾　2019 年 7 月 9 日施行韩国知识产权局告示第 2019-9 号《关于发明和实用新型专利优先审查的告示》第 4 条。

㊾　Lee 博士、Shim 博士等坚持这种观点。参见 Lee Seungju:"为准备第四次工业革命时代实用新型制度的改革",载《东北亚法研究》2018 年第 1 期;Shim Mi-rang:"在现代产业环境下实用新型制度的有效促进方案",载《亚洲法学》2017 年第 3 期。

㊾　韩国知识产权局:"知识产权统计服务",http://ipstat.kipi.or.kr/sta/selectStatisticContentsList.do?statID=10001&type=1&sumYN=N#,2019 年 10 月 3 日最后访问。

采取实质审查制以后,实用新型专利的重要优势失去的同时,其申请量就减少了。如图一显示,实用新型的审查制度变迁与申请量变化同步进行。实用新型申请自无审查制度引入计划被公布的 1996 年开始呈现减少趋势,从无审查制度正式引入的 1999 年开始呈现缓慢增减趋势,2006 年实用新型申请量剧减,此后继续保持减少态势。2018 年申请量不足 1 万件,仅为 6232 件。对于实用新型专利申请量减少的原因,大致有两种观点:第一种观点认为,韩国的技术水平提高,实用新型专利申请量自然就会减少。㊼ 第二种观点认为,从实用新型授权程序或权利保护力度等政策层面来看,权利人通过实用新型专利得到的实益逐渐减少。㊽

第一种观点与实用新型制度在发展中国家的技术发展阶段很有帮助的普遍观点相一致。㊾ 实际上在技术发展时期,韩国的实用新型申请量远远多于发明专利,这也为第一种观点提供了有力支撑。从韩国的实用新型专利和发明专利申请量趋势来看,19 世纪 70 年代实用新型专利申请量远远多于发明专利。19 世纪 80 年代以后,一直保持着发明专利申请量超过实用新型专利申请量的态势。虽然 1999 年废止实质审查制,引入无审制,但发明专利和实用新型专利申请量之间的差距持续加大。从这几点来看,似乎一个国家所处的技术发展阶段和实用新型专利申请量之间有实质联系。虽然创造性程度不高的改良发明,以及难以作为发明专利受保护的生活用品等领域依然可以申请实用新型专利,但是即便如此,韩国的实用新型申请量依然不到 1 万件,因此很难说工业的发展和企业技术水平提高,是实用新型专利申请量减少的原因。尤其是,实用新型申请量暂时增加及减少时点和实用新型专利审查制度变更计划宣布时点一致,让人难以否认两者之间的实质联系。因此,为确保实用新型制度实施的实质效用性,有必要在授权程序上,对实用新型与发明专利的不同点加以明确。

四、中韩两国制度比较分析

(一)中韩两国审查制度演变的共同趋势

虽然,中韩两国对实用新型专利申请采取不同的审查制度,但其审查范围的差异不大。这是因为中国采取的初步审查包括明显的实质性缺陷的审查,两国审查范围的

㊼ 参见 Park Jongryeol、Noe Sangouk:"我国实用新型制度的有效性重新探讨",载《法和政策》第 2 期。

㊽ Lee Seungju 和 Chang Jinkyu 指出现行实用新型专利申请量下降的原因在于创造性判断标准模糊以及各种支持政策的变化。参见 Lee Seungju:"为应对第四次工业革命实用新型制度的改革",载《东北亚法研究》2018 年第 2 期,页 127;参见 Chang Jinkyu:"实用新型制度运用方案研究",载《知识财产研究》2017 年第 4 期,页 112—130。

㊾ Prud'homme 博士基于经济学研究结果说实用新型专利制度可以促进发展中国家的科技进步,但统计表明对一些发达国家影响不多。See Dan Prud'homme, Creating a "model" utility model patent system: A comparative analysis of the utility model patent systems in Europe and China, IP Key(IP Key Project Working paper), 2014.

差异只在创造性判断与否。就审查制度的演化而言,韩国引入实用新型制度后,在很长一段时间内一直实施实质审查制,从 1999 年至 2006 年期间暂时采取了无审查制(形式审查),在 2006 年回归到实质审查制。为了提高授权质量,韩国牺牲了授权速度。中国在首次引入实用新型制度时,采取了初步审查制[60],但其初步审查的范围只限于形式审查。以后,中国政府继续扩大了对实用新型专利的初步审查范围。目前除了创造性评价以外,都与发明专利的实质审查范围相同。尤其是,最近中国知识产权局的实用新型审查部表示,为了知识产权强国建设,在两个方面实施专利质量提升工程:一是提升专利审查质量;二是培育高价值核心专利,提质增效。[61] 从这样的趋势来看,中国将来可能对实用新型专利申请进行更严格的审查。由此可见,两国均对实用新型专利审查制度更加严格,更加重视专利权的质量和法律稳定性。

(二) 实用新型制度的优势和审查制度的关系

《专利法》的立法宗旨在于保护权利人的合法利益,鼓励发明创造,推动发明创造的应用,提高创新能力。[62] 就"小发明"保护的实用新型制度而言,其制度目的可能在于保护权利人的合法利益,鼓励并推动"小发明创造及其应用",由此提高创新能力。但是,对企业或个人来说,实际上实用新型制度的优势在于简便并快速取得权利。[63] 该优势在法律规定上没有呈现,但在两个方面具有重要意义:其一,在如今技术发展迅速并且产品的上市周期逐步缩短的情况下,为了确保对技术和产品的适当保护,快速授权非常重要。其二,因"小发明"的复制比高新技术容易得多,小发明通过快速授权予以保护更为重要。[64] 因此,实用新型的初步审查制是实现实用新型制度优势的核心手段,也是与发明专利的区别。

如上所提,有些学者们主张对实用新型专利申请进行实质审查,但是,对实用新型的实质审查不能完全防止低质专利的产生,理由如下。

首先,中国实用新型专利的低质量问题不一定基于实用新型的审查制度。有学者指责以制度外部因素为造成实用新型专利的低质量问题的原因,就是中央和地方政府对企业或研究单位等的知识产权给予一定财政补贴、税收优惠等。[65] 由于实用新型专利权容易取得,企业或研究单位等为了享受各种补贴和优惠申请多项实用新型专利。

---

[60] 参见 1984 年制定《中华人民共和国专利法》第 40 条。

[61] 参见国家知识产权局:"实用新型审查部:细规划重落实多举措显成效", https://mp.weixin.qq.com/s/6Xjy84C4UbLJX6ScWuxldA,2019 年 12 月 20 日最后访问。

[62] 参见《中华人民共和国专利法》第 1 条。

[63] 参见徐林森:"各国实用新型专利申请审查制度比较研究",载《中国发明与专利》2015 年第 5 期。

[64] See Uma Suthersanen, Utility Models and Innovation in Developing Countries, International Centre for Trade and Sustainable Development (ICTSD) & United Nations Conference on Trade and Development (UNCTAD), 2006, p. 9.

[65] 参见管荣齐:"对实用新型实质条件改革的思考",载《知识产权》2015 年第 9 期。

简而言之,持这种观点的学者主张,国家政策倾向于知识产权的数量增长,这是实用新型专利的低质量问题的产生原因之一。

其次,为采取对实用新型的实质审查制,需要投入很多审查人力和资源。该措施可能造成发明专利审查迟延,以及三种专利整体审查质量的降低。目前,中国的实用新型专利申请量高于发明专利或外观设计专利。⑥⑥ 因此,对实用新型专利的实质审查需要很多审查人力和资源。这可能妨碍对实际重要性更高的发明专利申请的适时授权,从而导致国家资源的浪费。甚至,这又可能阻碍企业针对实际重要性更高的高新技术的创新活动,从而导致企业的资源和力量浪费。尤其是,现行实用新型专利不覆盖所有类型的发明创造,只保护产品的形状、构造或者其结合。⑥⑦ 实用新型制度不覆盖技术水平高并需要投入巨大的研究资金的物质发明等一些高新技术领域,因此,对可专利主题集中于特定技术领域的实用新型制度投入很多审查资源是不合理的。

除了低质量专利的产生以外,实用新型专利申请不经实质审查也造成专利权的不稳定性问题。这一问题可能对已授权的技术方案的产业化和筹集资金产生不好的影响。因对不经实质审查的专利权的误解或滥用的可能性也存在,不熟悉实用新型制度的公众可能利益受损。但是,采取强化技术评价报告制度或实质审查自愿选择制等措施能够弥补这些副作用。⑥⑧ 中国为提高实用新型专利质量而放弃实用新型制度的"快速授权"优势,则可能重蹈韩国覆辙,即使得实用新型专利的制度意义丧失。

五、结论与启示

在科技发展迅速且各技术领域的发展趋势不同的时代背景下,个别技术领域需要不同的保护模式。⑥⑨ 例如,就资金和时间投入巨大的药品、新材料类等高新技术领域而言,虽然授权程序需要一定的时间,但也需要授予法律上稳定的权利并保障长期的保护期限。与此相反,就改进发明或累积形式进行技术改良的小发明而言,虽保护期限较短,但需要在短时间内简便并迅速地授权。这是因为小发明的技术水平比较低且简

---

⑥⑥ 在2018年中国的实用新型专利申请量为207万件,发明专利申请量为154万件,外观设计专利申请量为70.9万件。参见中国国家知识产权局:《2018年专利统计年报》,http://www.cnipa.gov.cn/tjxx/jianbao/year2018/a/a1.html,2019年12月14日最后访问。

⑥⑦ 参见《中华人民共和国专利法》第2条第3款。

⑥⑧ 参见郑书前:"绿色技术实用新型专利保护研究",载《河南财经政法大学学报》2017年第5期;徐林森:"各国实用新型专利申请审查制度比较研究",载《中国发明与专利》2015年第5期。

⑥⑨ See Jerome H. Reichman, Intellectual Property in the Twenty-first Century:Will the Developing Countries Lead or Follow?, Houston Law Review, vol.46, no.4, 2009, pp.1121-1122.

单,第三人容易复制,因此,需要通过快速授权保护权利人的利益。[70] 高新技术的技术水平很高且复杂,因此可复制的主体人数很受限制。同时,因这些技术领域的研究需要投入巨大的资金和时间,需要通过保障长期的独占权补偿向研发投入的资源。鉴于此,实用新型专利对于由发明专利来保护不合适的技术领域提供保护,两种专利能够反映不同技术领域的特点。为此,实用新型专利的"快速并简便的授权"优势应该维持。与此同时,专利低质量问题也不能被轻视。为了同时实现这两种目标,专利行政部门可能考虑如下两个措施。

第一,通过维持对实用新型专利的初步审查的简易性,需要维持实用新型专利的"快速并简便的授权"优势。一般来说,因小发明的产业化在短时间内进行,通过快速赋予专利权保护权利人的利益很重要。尤其是,中国的实用新型专利申请量很多,如引入实质审查制,专利审查部门难以承受突增的审查数量压力,甚至这可能影响发明专利的审查质量。因此,如果引入对实用新型的实质审查制,应该考虑对其他专利业务的影响并提前准备审查业务的激增。如果真正需要实质审查制的引入,也可以考虑使申请人自愿选择实质审查或初步审查,但对于两种不同审查制度授权的实用新型专利权的对待应该有区别。[71]

第二,为了提高实用新型专利的质量,需要考虑在实用新型专利权的行使时增设专利权人出具专利权评价报告的法律义务。虽然,实用新型制度的重要优势之一是快速授权,但由此产生的专利权的不稳定性和低质量专利问题并未被忽视。为了解决这些问题,专利行政部门可以考虑,对专利权人给予在行使其权利时提出专利权评价报告的义务。[72] 根据现行中国《专利法》第61条第2款之规定,在涉及实用新型专利的纠纷发生时,人民法院或者管理专利工作的部门可以要求出具专利权评价报告。换句话说,在现行《专利法》规定下,出具专利权评价报告不是义务事项,只是用于审理、处理专利侵权纠纷的参考证据而已。如人民法院或管理专利工作的部门没有要求的话,权利人利用经初步审查的不完整的专利权能够行使独占权。在此情况下,滥用存在无效可能的专利权利的情况容易发生,第三人的正当权利也可能因此受损。鉴于此,专利

---

[70] See Uma Suthersanen, Utility Models and Innovation in Developing Countries, International Centre for Trade and Sustainable Development (ICTSD) & United Nations Conference on Trade and Development (UNCTAD), 2006, pp. 7-9. Also see Mark D. Janis, "Second Tier Patent Protection", Harvard International Law Journal, vol. 40, no. 1, 1999, pp. 188-190.

[71] 郑教授和徐副主任提出建议,对通过形式审查授权的实用新型专利权,保护期限维持为10年,申请人可以自愿选择提交实质审查,通过实质审查的实用新型专利保护期延长至15年。参见郑书前:"绿色技术实用新型专利保护研究",载《河南财经政法大学学报》2017年第5期;徐林森:"各国实用新型专利申请审查制度比较研究",载《中国发明与专利》2015年第5期。

[72] 采取形式审查制的日本等国家实用新型法规定,权利人在行使实用新型专利权时,必须把检索报告或专利权评价报告提供给被警告人。参见徐林森:"各国实用新型专利申请审查制度比较研究",载《中国发明与专利》2015年第5期。

行政部门需要采取专利权评价报告的义务化措施来防止不当行使专利权的发生。

通过采取以上两个措施,实用新型专利的"快速简便的授权"优势能够保持,实用新型专利权的不稳定性缺陷也可以得以克服。这样一来,实用新型专利和发明专利各自的固有功能可以实现,从而两种专利制度的利弊可以实现互补。

(责任编辑:吴柯苇)

A Comparative Analysis on Utility Models' Examination of China and Korea

Zhenying Jiang

Abstract: China and Korea have utility model systems, but both countries have significant differences in the examination process of utility model applications. China adopts a preliminary examination system and Korea adopts a substantive examination system. After Korea introduced the utility model system for the first time, it had implemented a substantive examination system for a long time, then changed it to formality examination system, and finally returned to the substantive examination system. As the examination systems of utility model and patent in Korea is exactly the same, the advantage of "quick registration" of utility model has been lost, and the number of applications has gradually declined. In the context of the improvement of utility model quality, China has expanded the scope of preliminary examination, and included substantive deficiencies except inventive step in the scope of preliminary examination. Referring to Korean practice, adopting a substantive examination system for utility model will lead to the loss of the advantages of "quick and simple registration" of utility model. Therefore, China should seek for alternative measures such as strengthening the technical opinion as to registrability of utility model.

Key words: China's utility model, Korea's utility model, Preliminary examination, Substantive examination

美国与印度、巴西的 301 争端及对中国的启示

徐美玲[*]

【摘要】 "301 调查"是美国实施贸易保护主义的重要手段。纵观历史,中国并不是遭遇美国"301 调查"最多的国家。20 世纪八九十年代,日本连续 16 次遭遇美国"301 调查",历时 20 年。欧盟也是美国"301 调查"的主要对象,遭遇数十次"301 调查",被列为"特别 301 报告"的优先观察对象。印度和巴西等发展中国家同样难于幸免。根据"301 条款"的程序规定,要求美国与被调查国开展磋商和谈判,因此"301 调查"的发起,标志着美国与被调查国家间一轮轮新的贸易博弈的开始,美国威胁、制裁、报复,被调查国妥协、抗议、反报复,最终达成和解、诉诸 WTO 争端解决机制、签订协议。历史的经验值得借鉴,在中美贸易摩擦发生之际,本文特选取同属于发展中国家的印度和巴西作为切入点,深入分析印度和巴西的最佳应对实践,并从中总结出值得中国借鉴的经验,以期对中国应对"301 调查"的处理有所启发。

【关键词】 301 调查;301 条款;贸易保护主义;知识产权

一、美国与印度的 301 争端

(一) 概况介绍

与中国 2017 年进出口总额 4 万亿美元相比,印度的贸易体量是中国的 1/5,但与印度有贸易关系的国家遍布世界,印度在多边贸易中扮演重要的角色,只要坚持多边贸易原则,就可以部分分解美国的贸易战。在近来的中印会晤中,习近平和莫迪都在

---

[*] 徐美玲,北京大学法学院、知识产权学院博士研究生。

共同发声,支持多边贸易体制和自由贸易,反对单边贸易保护主义,维护多边贸易体制的有效运转。此外,印度目前是美国的第九大商品贸易伙伴,2016年美国与印度的货物贸易逆差额为243亿美元,比2015年增加了4.2%,服务贸易逆差额为65亿美元,比2015年增加了1.5%。① 近几年,无论在货物贸易还是服务贸易方面,美国与印度长期处于贸易逆差状态,且逆差额呈现上升趋势。

1974年至2018年之间,美国对印度共计发起过5次"301调查",调查涉及知识产权保护、市场准入、外资管理政策等方面。自1989年"特别301条款"制定以来,印度3次被列入"重点外国"(1991年至1993年),27次被列入"重点观察"名单。美国对印度进行调查和解决争端方式,既包括"特别301条款"及其相关程序,也包括WTO的TRIPS协议和争端解决程序。此外,特朗普就职后,美印于2017年举行了第一届双边贸易政策论坛,美国贸易代表莱特希泽批评印度的农业贸易壁垒没有科学根据,要求予以取消,另也要求取消对美国高科技产品的监管和技术壁垒。同时美国还对印度的农业和工业领域、服务贸易市场准入,以及知识产权施加压力,要求缩小美对印296亿美元的贸易逆差。论坛的结果是印度被迫放宽经济限制,扩大进口美国商品。自此,2017年和2018年的"特别301报告"中,美国均强调,将主要通过贸易政策论坛这一主要渠道继续与印度就相关知识产权问题进行接洽。

(二)重点案例分析

1. 1991年印度知识产权保护案

(1)背景及起因

1989年至1990年,美国在没有将任何国家名列为"重点外国"的情况下,连续两年将印度列入"重点观察"名单,因为美国认为印度专利保护情况非常糟糕,对药品领域的发明完全缺乏保护,且版权侵权现象严重,市场准入也严重受限。鉴于此,美国于1991年5月26日对印度发起调查,发起调查的理由是印度政府的某些法律、政策和做法否定了对知识产权足够而有效的保护,否定了依赖知识产权保护的美国人公平和平等进入其市场的机会。

(2)解决过程

1991年5月31日,美国贸易代表就正在调查的问题征求意见,并要求与印度政府磋商。根据美国《贸易法》第304条的规定,涉及"特别301条款"的绝大多数调查案件都应在调查发起后的6个月作出是否制裁的决定,但在特殊情况下,也可适当延长,但不得超过3个月。基于此规定,该案于5月26日发起调查,应在11月26日作出是否制裁的决定。但到了1991年11月26日,美国贸易代表却认定,调查涉及了复杂而繁难的问题,需要更多的时间,于是调查时间延长了3个月。由此可见,美国试图充分利

---

① 参见美国贸易代表办公室:"美印双边贸易与投资报告",https://ustr.gov/countries-regions/south-central-asia/india,2019年9月21日最后访问。

用其规定的时间期限,一方面给印度作出妥协提供更多时间,另一方面也利用截止日期的规定给印度不断施压。1992年2月26日,美国贸易代表依据《贸易法》第304条确定,印度否定足够而有效的专利保护是不合理的,对美国商业造成了负担或限制。贸易代表依据《贸易法》第304条又确定,尽管暂时没有适当的应对措施,但采取措施可能是必要的。因而指示贸易政策咨询委员会作出适当的选择。

(3) 处理结果

本案中,印度仅在版权和商标保护方面作出了一定让步,在药品和化学品的产品专利保护方面未向美国作出任何让步。最后,美国终止调查,且没有采取制裁措施。貌似美国在专利方面无功而返,但1992年4月29日,美国总统依据《贸易法》的有关规定,部分终止了印度依据"普惠制"的免税待遇,就来自印度的药品、化学产品和相关产品,加征了约6000万美元的关税。1992年6月,美方又对来自印度的其他价值达2000万美元的化学产品,拒绝延长其依据"普惠制"的免税待遇。后印度在1991—1993年连续3年被列为"重点外国",在美国的不断施压下,印度逐步对美国关切的知识产权保护及其市场准入方面的问题进行了改善,自1994年起,印度被转列入"重点观察"名单,"普惠制"被恢复。

2. 1996年印度药品和农业化学品专利保护案(DS50,DS79)

(1) 背景及起因

印度作为发展中国家加入WTO后,享受TRIPS协议第65条的"过渡性安排",但这不意味着发展中国家成员可以无视TRIPS协议的保护义务,只是其必须在相关领域以其他方式改善保护。依据1970年《印度专利法》的规定,仅授予方法专利,而不授予产品专利。为履行TRIPS协议的义务,印度于1994年和1995年分别提出了《专利法(修正案)》,但基于印度《宪法》规定,该修正案最终未获通过,以流产告终,印度政府没有将这个情况通知TRIPS协议理事会。由此致使印度于1995年至1997年之间收到的专利申请均被放置于2005年予以审查。鉴于此,美国认为,印度的某些法律、政策和做法可能导致印度对开发新药品和新农业化学品的美国专利权和专有销售权予以否定。

(2) 处理过程及结果

美国贸易代表于1996年7月2日对印度自行发起调查。由于印度是WTO成员,所调查问题又涉及TRIPS协议,因此,贸易代表就正在调查的问题征求公众意见,并依据GATT第22条、WTO《关于争端解决的规则和程序的谅解》第4条和TRIPS协议第64条,要求与印度进行磋商。美国在磋商请求中指出:① 印度既没有对药品和农业化学品提供专利保护,也没有建立允许提交相关专利申请的正式制度;② 印度没有为这些产品建立专有销售权制度,因而违背了TRIPS协议第70条第8款和第9款。由于磋商未能达成协议,美国诉诸WTO的正式争端解决程序。1997年9月5日,WTO争端解决小组发了一份报告,作出了有利于美国的裁定。印度对此不服,于 1997 年 10 月 15 日向 WTO 上诉机构提起上诉。1997 年 12 月 19 日,上诉机构肯定了争端解决小组所有针对印度的裁定。1998 年 2 月 13 日,印度宣布愿意在这一问题遵守 WTO 的义务,并于 1998 年 4 月 22 日宣布,在 1999 年 4 月 19 日以前修订其法律。1998 年 5 月 8 日,美国贸易代表确定,印度的某些法律、政策和做法否定了美国依据 TRIPS 协议的权益,但考虑到印度履行其 WTO 义务的承诺,将不采取依据《贸易法》第 301 条的措施,并终止了该案的调查。贸易代表同时宣布,将依据《贸易法》第 306 条监督印度执行 WTO 的裁定;如果印度不执行,将依据《贸易法》第 301 条 a 款采取措施。

(3) 争议焦点

本案涉及的争议焦点主要有两个:

第一,1970 年《印度专利法》是否违反 TRIPS 协议第 70 条第 8 款的"邮箱申请"制度。TRIPS 协议第 70 条第 8 款规定了三项义务:要求尚未实行药品和农业化学产品专利保护的成员,在过渡期内应提供此类发明专利的申请(称为"邮箱申请")渠道,确定提交日和优先权日,以便这些产品能够受到专利保护时得以保留其新颖性。美国认为,印度法律没有建立此邮箱制度,但印度反驳称,尽管印度《专利法(修正案)》在 1995 年失效,但邮箱制度在印度实质上是在有效运转的。专家组和上诉机构均认为,印度缺乏邮箱制度允许的法律安全性,不能很充分实现 TRIPS 协议之规定。

第二,TRIPS 协议第 70 条第 9 款的市场专有销售权制度。TRIPS 协议第 70 条第 9 款规定,即使处于过渡期的成员,若一个药品或者农业化学产品已在另一成员提交专利申请并获得专利和专销权,则只要在该成员境内提出邮箱申请和获得市场许可,该成员就应授予该产品专销权。美国认为,印度的此等义务从 1995 年 1 月 1 日即生效,但却未在其立法中规定相关制度。印度抗辩其获得申请专有销售权的资格和完成申请程序需要很长的时间,可能在过渡期满之前该产品还没有进入发展中国家市场。专家组和上诉机构均认为,没有申请并不是延后建立制度的理由,相反,缺乏相关制度的法律保障会阻碍申请人的申请。

(4) 案件启示

在涉及发展中国家国计民生的药品和化学产品的专利保护方面,印度采取不合作的态度长达 8 年之久,直到 WTO/GATT 争端解决小组及其上诉机构作出正式的裁决;而在其他领域,例如著作权和商标权领域,印度采取了合作的态度。这其中固然有经济民族主义的因素,但是不可否认的是,有选择性地应对策略显然是更有利于整体利益。当然,印度最终接受 WTO/GATT 争端解决小组及其上诉机构的正式裁决,本身又意味着在适当的时候作出适当的妥协,也是很有必要的。对于发展中国家而言,最好的选择是根据国内的具体情况采取灵活的专利保护政策。在专利保护制度的构建上,同为发展中国家的印度在经济发展水平和药品市场结构上都与中国十分相似。印度制药业以明显的成本优势获得了在全球市场上的竞争力,甚至被称为世界的普药"药房"。这一成就与印度的专利政策是分不开的,值得我国借鉴。

(三)"特别301报告"对印度知识产权问题关注

印度一直在美国的"特别301条款"年度审查报告中处于相对突出的地位,屡次被列入"重点国家"名单,并且长期位列"重点观察"名单。相较其他国家而言,印度的此等现象在"特别301报告"中是鲜见的,这在一定程度上也说明两国知识产权争端之激烈。1991年至1993年,印度之所以位列"重点外国"是因为美国认为,1991年印度知识产权保护案中涉及的专利问题尚未得到有效解决,印度提供的专利保护水平不足,包括保护期限太短和强制许可范围过宽等规定。此外,盗版和市场准入限制问题非常严重。除这3年外,1989年至今,印度均是美国"特别301报告"中"重点观察"的常客。美国对印度知识产权的关注涵盖了立法、执法和司法等各个方面,涉及版权、专利、商标、商业秘密等多个领域,当然美国长期尤为关注的是印度制药行业专利保护等问题。

从美国针对印度发布的历年"特别301报告"的篇幅可见,美国对印度的知识产权问题的关注程度逐渐提升。特别是自2013年起,报告已不再是"一段式"的概括描述,而开始细分美国当年重点关注的不同方面的问题。近年来,报告的内容愈加详细,篇幅也愈加长,其中持续关注的主要问题涉及:可专利性标准太高且范围太小;强制许可担忧;专利数据保护(特别是制药和农业化学领域);执法水平不足,致假冒、盗版问题严重;反盗录立法尚未实现;商业秘密保护不足;等等。由此可见,近年来,美国对印度知识产权关注中涉及的主要方面,也是美国对中国提出的知识产权保护不足之处,共性之中体现了美国对这些问题的突出关切,也使得中印有了共同需要面对的问题。

(四)总结及启示

(1)美国对印度知识产权保护情况不满程度不断增加,要求不断提高。从美国针对印度发布的历年"特别301报告"可见,美国常年对印度的知识产权保护情况表示不满,且近几年的报告篇幅越来越长,涉及领域越来越广,内容描述也越来越细致。一定程度而言,这与印度经济日益崛起、美印贸易逆差额不断扩大有关,美国试图借助知识产权这一大棒来缓解其与印度长期存在的贸易逆差情况。"特别301报告"所述内容部分的确是印度自身存在的问题(如明显缺乏相关立法),但在美国的不断施压下,印度国内的知识产权保护立法已取得很大程度的改善,可美国仍然认为印度的知识产权保护存在重大缺陷,这其中多涉及一些具体制度的执行及其潜在的效果问题,相较"有和无"与"是或非"的问题而言,这些问题是相对模糊和难以界定的。

(2)美国对印度知识产权的关切点与对中国类似。从美国对印度发起"301调查"的理由来看,主要是围绕印度政府的某些法律、政策和做法否定了对知识产权足够而有效的保护,否定了依赖知识产权保护的美国人公平和平等进入其市场的机会。这是美国对印度提起"301调查"的常见正式理由,当然背后的影响因素是多元的,例如前文提及的贸易逆差问题等。美国对印度知识产权保护的担忧涵盖诸多领域,涉及知识产权保护的多个方面,但长期比较关切的还属专利保护问题,特别是制药领域的专利保护问题。此外,随着新兴技术的不断出现,数字侵权、电影盗录、数据保护等问题也逐渐成为美国对印度新的重要关注点,这些也同样是美国指责中国知识产权保护水平不足之处。

(3)美国善于充分利用程序实现其最终目的,并且试图将其与印度之间的问题拉回到双边磋商的机制。在"301调查"案件的具体处理过程中,美国同时采取了双边和多边等解决机制,但无论是基于国内法的程序,还是多边WTO框架下的解决机制,美国均会智慧地充分利用程序规定,将双方的磋商谈判进行到最后一刻。例如前文所述1991年印度知识产权保护案对调查时间的延长。一般情况下,美国不会直接对印度采取报复措施,即便是经过WTO程序处理后其主张获得支持,美国也多倾向于启动306条的监督程序,以便真正实现其本真的目的。由此可见,进行报复制裁并非美国真正的目的,借助这一途径进行施压和遏制进而实现其相关诉求才是其本真需求,因为单边制裁乃至由此升级的贸易战对美国而言也并非是完全有利的。此外,在2017年和2018年的"特别301报告"中,美国均特别强调,将主要通过"美印贸易政策论坛"这一主要渠道继续与印度就相关知识产权问题进行接洽,这似乎也在发出一个信号,即美国试图将其与印度之间的问题拉回到双边磋商的机制来,而非通过多边机制予以解决。

(4)印度的"拖延战术",为其国内药品产业赢得发展空间。从美印之间的切磋来看,虽然印度最后的结果多是妥协,且有按照美国指出的问题和提出的要求——进行完善,但过程中也不乏见到印度"拖延战术"的痕迹,特别在涉及印度制药行业的专利保护方面,因为药品和化学产品不仅是作为发展中国家的印度的重要需求品,也是印度经济结构中占比较高的领域。在涉及发展中国家国计民生的药品和化学产品的专利保护方面,印度采取不合作的态度长达8年之久,直到WTO争端解决小组及其上诉机构作出正式的裁决,虽然最后结果仍对印度不利,但印度此举一方面智慧地为其国内药品产业的发展赢得了生存和发展的时间,另一方面这也体现了印度对美国基于国内法任意指责的不满,和愿意接受多边机制解决相关争议的立场。

(5)印度或可成为中国挑战美国301制度的同盟。印度屡次被列入"重点国家"名单,并且长期位列"重点观察"名单。相较其他国家而言,印度的这一情况较为突出,较中国也是"有过之而无不及",堪称中国的最佳"难兄难弟"。2018年4月4日,中国就美国对华"301条款"调查项下征税建议在世贸组织争端解决机制下提起磋商请求,正式启动世贸组织争端解决程序。瑞士时间4月27日,"301条款"有关措施第一次列入世贸组织争端解决机构例行会议正式议程,中国驻世贸组织代表团余本林公使在例会上发言。例会上,印度对中方的关注表示支持,强烈反对美国的单边主义行为。在挑战美国301制度的征程中,"怨气"较重的印度可称为发展中国家的重要中坚力量。

二、美国与巴西的301争端

(一)概况介绍

巴西作为世界上的新兴经济体和WTO的主要发展中大国成员,经济增长迅速,占世界贸易的比重不断提高,在世界经济、政治上的影响日益增加。据巴西外贸秘书处统计,2017全年巴西货物进出口额为3684.9亿美元,比上年同期(下同)增长14.2%。2017年巴西对中国、美国的出口额分别占巴西出口总额的21.8%和12.3%,中国和美国已经成为巴西最大的两个贸易出口国。巴西从1980年开始出口贸易额大幅攀升,从原来的15244万美元增长到1989年的34383万美元。1980年巴西对美国还是贸易逆差,但是从1981年开始已经发展成贸易顺差,并且这一顺差在1987年达到3714百万美元。[②] 2011年,美国和巴西签署了《贸易和经济合作协定》,以加强西半球两个最大经济体之间的贸易和投资合作。近几年,美国与巴西的贸易基本处于顺差状态但顺差额呈现下降态势,其中,商品贸易顺差在2016年为41亿美元,比2015年减少了1.5%;服务贸易顺差约为180亿美元,较2015年下降10.7%。[③]

巴西在20世纪80年代由于显著经济增长让美国企业看到了巨大的市场潜力。但是,当时巴西对进口和外国投资设限,尤其是在信息产业领域。这些限制性政策对美国企业打入巴西市场造成了不小的障碍。基于这样的情况,美国于1982—1988年间曾对巴西发起过4次"301条款"调查。1988年至今,巴西曾1次被美国列入"重点外国",9次被列入"重点观察"名单,16次被列入"观察名单"。期间,美国对巴西启动的"301调查"共计4次。[④]

(二)重点案例分析

1. 1985年巴西知识产权保护制度和限制投资措施案

(1)背景及起因

1984年,巴西为鼓励信息产业本土化修订了相关法律,进一步将原有的限制制度化,并在某些领域基本禁止新增外资。此举立即遭到美国一些电脑生产商的强烈批评,最终触发了"301调查"。[⑤] 1985年9月6日,美国总统里根宣布美国贸易代表对巴

[②] 参见朱玲云:"美国贸易法301条款探析",苏州大学2016年硕士论文。

[③] 参见美国贸易代表办公室:"美巴双边贸易与投资报告",https://ustr.gov/countries-regions/americas/brazil,2019年9月24日最后访问。

[④] 参见盛媛:"中国在WTO痛斥美'301调查'如'噩梦',获俄日欧等多方支持",http://www.yicai.com/news/5419168.html?ch=qq_yyzx,2019年9月24日最后访问。

[⑤] 参见魏少璞:"历史上的301调查:中国不是'中招'最多的 但回答是最硬的",http://world.huanqiu.com/article/2018-03/11690110.html,2019年9月26日最后访问。

西发起"301调查"。调查主要针对如下四方面内容:① "市场保留"(Market Reserve),即某些信息产业相关产品仅允许巴西国内企业生产;② 投资限制,巴西限制美国在信息产业的新投资,并对原有投资的扩张、升级换代严加限制;③ 行政程序不透明;④ 对电脑软件版权保护不力且有进口限制,其中③④涉及知识产权。

当时,美巴双方的主要立场和形势如下:① 巴西严重抗拒经济主权被侵犯。在当时的时代背景下,信息产业在巴西是极具民族主义色彩的问题。因此,1985 年的"301 调查"被巴西视为对其国家主权的侵犯。美国作出巴西信息产业政策不合理的初裁决定时,巴西媒体做了多篇极富感情色彩的新闻报道,公众产生了强烈的负面情绪。② 美国电子产业内部存在严重分歧。调查伊始,美国电子产业内部就分成了三派:一是对巴西市场有兴趣但碍于政策无法打开市场的强硬派,包括泰克公司(Tektronix)和美国电子协会(American Electronics Association)等;二是对巴西既无投资也无兴趣的中间派;三是以 IBM 为代表的在"市场保留"政策下仍然成功打入巴西市场一隅并因此受该政策保护的反对制裁派。③ 巴西产品进口商和零售商强烈反对制裁。例如,当时巴西橙类种植商占美国橙汁市场供应的 40%,因此可口可乐、宝洁等严重依赖巴西进口浓缩果汁的重要企业反对将这些产品列入报复性制裁措施清单。④ 巴西国内预测美国采取报复性制裁措施的可能性不高。当时,巴西已经是美国重要的出口市场之一。巴西进口商考虑了诸如联合行动抵制美国产品、撤销波音订单等反制措施。同时,美国当时对从巴西进口的低端消费品需求较大,巴西一些出口商因此认定,如果美国采取制裁措施,必然导致美国国内普通消费品价格疯涨、质量下降。

(2)处理过程及结果

复杂的形势、强烈的民族情绪使得双方经过三年多的艰苦谈判仍未能就有利于美国商业的市场开放措施达成协议。最终,美国于 1988 年采取了对巴西产纸张、药品和个人用电子产品加征 100% 关税的报复性制裁措施,这其中并没有包括浓缩橙汁和鞋类等巴西当时重要的对美出口产品。巴西当时希望信息产业成为该国的"品牌产业",因此这是一个由鼓励重点产业本土化政策引发"301 调查"的一个典型先例。此后,美巴之间在信息产业和知识产权保护政策方面旷日持久的争端拉开序幕。⑥ 1989 年 6 月,美国针对影响信息产业的进口数量管制及许可措施再次发起"301 调查"。1990 年,巴西修改相关法律取消进口管制措施,美国随后停止制裁。

2. 1987 年的巴西药品专利保护案

(1)背景及起因

美国制药协会于 1987 年 6 月 11 日提出申请,控告巴西缺乏对于药品的产品专利和方法专利的保护,是不合理的做法,对美国商业造成了负担或限制。

---

⑥ 参见张婧、宋蓓蓓:"关于 301 调查,你还应该知道的那些事儿",http://www.iprdaily.cn/news_17137.html,2019 年 9 月 25 日最后访问。

(2) 处理过程及结果

1987年7月23日,美国贸易代表发起调查并要求与巴西磋商。1988年10月20日,美国对来自巴西的某些纸产品和日用电子产品等按价加征100%的关税,价值达3900万美元,制裁措施于1988年10月23日生效。在1989年和1990年上半年,巴西这几类产品几乎没有进入美国。1990年6月26日,巴西政府宣布将通过立法对药品和生产药品的方法提供专利保护,确保在1991年3月20日以前,为此目的向巴西国会提交议案,并寻求议案的通过和在生效后立即实施这一立法。美国贸易代表由此确定,巴西正在采取令人满意的措施,消除被总统确定为不合理的、对美国商业造成了负担或限制的做法。1990年6月27日,美国宣布终止制裁措施,并宣称将密切监督巴西政府颁布该立法的努力。

3. 巴西影响专利保护措施案(DS199)

(1) 背景及起因

2001年至2002年,美国和巴西就巴西《专利法》第68(1)条的争议启动了WTO争端解决程序。巴西《专利法》第68(1)条要求所有专利权人在巴西制造其专利产品,否则可能招致强制许可。美国认为该规定违反了TRIPS协议第27.1条的规定,即禁止WTO成员根据"……该产品是进口还是当地生产"来实施歧视。

(2) 处理过程及结果

尽管进行了多次磋商,但无法达成双方都能接受的决议。2001年2月,世贸组织小组成立。但是,自该小组成立以来,巴西一直声称,美国的这一案件将威胁巴西广受赞誉的抗艾滋病方案,并将阻止巴西应对其国家健康危机。对此,美国认为,如果巴西选择合成抗逆转录病毒艾滋病毒药物,它可以根据其《专利法》第71条这样做。相反,第68条——本案争议条款——可能需要强制许可任何专利产品,从自行车到汽车零部件到高尔夫球杆。第68条与健康或获得药物无关,而是歧视所有进口产品,转而采用当地生产的产品。简而言之。第68条是旨在为巴西国民创造就业机会的保护主义措施。2001年6月1日,美国和巴西达成协议,将争端转移到新成立的美国—巴西双边协商机制。2001年7月5日,争端当事双方向WTO争端解决机构(DSB)通报了双方满意的解决方案。

4. 巴西诉美国棉花补贴案(DS267)

(1) 背景及起因

2002年9月,巴西认为美国给予棉花生产商、使用者以及出口商的政府补贴违反WTO规定,属于禁止性的、可诉性的补贴,这些补贴措施与《农业协定》《补贴和反补贴措施协定》以及《1994年关税与贸易总协定》(GATT 1994)的义务不符,美国的补贴给巴西生产者带来了严重损害,据此请求与美国磋商。

（2）处理过程及结果

从 2002 年 10 月到 2003 年 1 月,巴西政府与美国政府进行了 3 次磋商,但没有找到一致的解决方案。2003 年 2 月 6 日,巴西向 DSB 提起诉讼。2004 年 9 月 8 日,DSB 裁定美国棉花补贴违反 WTO 规则。2004 年 10 月 18 日,美国提出上诉。2005 年 3 月 3 日,上诉机构作出裁决,基本维持了原专家组意见,并要求美国 6 个月内撤回 3 项禁止性补贴并且采取适当措施撤回或消除可诉补贴的不良影响。此后,美国并没有积极履行裁决。应巴西请求,WTO 组成合规小组对美国执行情况进行调查。2007 年 12 月 18 日作出最终调查报告,认为美国未能遵守 DSB 的裁决。2008 年 2 月 12 日,美国针对合规小组的报告提出上诉。与此同时,巴西也提出上诉。2008 年 6 月 2 日,上诉机构作出裁决,要求美国改正其与 WTO 规则不一致的做法。由于美国没有在设定的期限内执行 WTO 裁决,巴西申请 DSB 授权其对美国进行贸易报复。2009 年 8 月 31 日,WTO 仲裁机构作出裁定,认为美国违反 WTO 规则,授权巴西对美国采取贸易报复措施。

（3）巴西的交叉报复措施

2010 年 3 月 8 日,巴西致函 DSB 主席,表示巴西决定自 2010 年 4 月 7 日起根据 DSB 授权,对美国采取贸易报复措施。由于巴西认为仅仅在货物领域对美国进行贸易报复不足以弥补损害,而且将引发国内通货膨胀、影响经济发展,对其自身经济造成不成比例的损害,申请实施跨领域交叉报复措施。仲裁机构最终裁定,本案可实施跨领域交叉报复,交叉报复的水平不得超过 2.38 亿美元。巴西为了实施报复措施,早于 2009 年 11 月就提出了货物贸易领域报复清单,包括汽车、药品、医疗器械、电子产品、纺织品、小麦、水果、干果以及棉花等 102 种商品。2010 年 3 月又提出了一份针对部分美国知识产权的报复清单,涉及药品、农药、书籍和电影等,具体措施包括停止支付知识产权许可费,拒绝发放药品许可证等。⑦ 这一做法促使美国于 2010 年 4 月 21 日与巴西开始紧急磋商并达成了一项临时的《谅解备忘录》。2014 年 10 月 1 日,美国和巴西就长达 12 年的棉花补贴争端达成和解协议。

（4）案件启示

本案虽不起因于知识产权,但知识产权却在其中发挥了重要的作用。在美国被判败诉却不积极履行裁决时,巴西智慧地申请了跨领域交叉报复,并借助知识产权直击美国核心利益,迫使美国就范。这一方面体现了知识产权在美国经济和贸易中

---

⑦ 2010 年 4 月 30 日,巴西通知 WTO,它决定推迟对美国实施反措施,这表明在 2010 年 6 月 21 日之前没有任何反措施将生效,因为巴西和美国进行对话,以期达成相互满意的解决争端的办法,而后双方达成和解。虽然巴西提出了这一报复清单,但却没有正式实施。尽管如此,仍然迫使美国与其进行积极磋商,获得和解谈判的优势地位。参见:https://www.wto.org/english/tratop_e/dispu_e/cases_e/ds267_e.htm,2019 年 9 月 24 日最后访问。

的重要地位,另一方面巴西所采取的利用知识产权进行报复的方式亦值得借鉴,巴西并没有调整自己的法律制度,没有采取拒绝授予专利权、缩短美国专利保护期限等规则层面的措施,而是采取停止支付许可费、停止发放药品上市许可证等法律执行层面的可控措施,能够根据双方谈判进展及时调整策略,以免双方再次陷入僵局。

(三)"特别 301 报告"对巴西知识产权问题的关注

表 1

期间(年)	名单类别	主要理由	备注
1989—1992	重点观察	巴西的专利和版权保护存在严重缺陷,前者如未能为化学物品、食品和药品提供产品或方法专利保护,后者如视频和计算机软件领域的盗版和市场准入限制问题。	期间没有任何其他国家被列为"重点外国"。
1993	重点外国	巴西政府的法律、政策和做法没有为美国知识产权提供充分有效的保护,同时阻碍了拥有此等知识产权的美国主体进入巴西市场。	首次被列为"重点外国",同时于 1993 年 5 月 28 日启动调查。
1994	未列	案件调查终止,取消"重点外国",同时启动 306 条进行监督。	
1995	重点观察	尽管巴西提交了计算机软件立法,但版权法修正案尚未出台。美国期待巴西政府颁布现代化的专利、商标和版权立法。	美国对巴西进行"不定期"审查以评估巴西取得的进展。而美国行政当局将根据审查结果采取适当行动。
1996—1997	观察	(1)进步:巴西政府颁布了现代化《专利法》,值得肯定。 (2)不足:美国仍期待巴西尽快颁布计算机软件和半导体布图设计的立法以及版权法修正案。	
1998	未列	巴西政府颁布了现代化立法来保护计算机软件和版权,取得重大进展,取消"观察"。	美国同时指出盗版问题仍需重视。
1999—2000	观察	不足:执法问题日益严重,例如专利申请积压、版权盗版、知识产权刑事处罚力度。	

(续表)

期间(年)	名单类别	主要理由	备注
2001—2002	未列	争端解决:美国认为巴西《专利法》第68条规定的"当地实施"要求,是旨在为巴西国民创造就业机会的保护主义措施,违反了 TRIPS 协议,遂诉诸 WTO。	2001年2月,WTO 小组成立。2001年6月1日,美国和巴西达成协议,将争端转移到新成立的美国—巴西双边协商机制。
2003—2006	重点观察	除了美国此前关注的严重的盗版和假冒行为外,美国在此期间还对知识产权侵权的刑事责任和药品公司申请审批过程中提交的未公开的测试数据和其他数据的保护问题以及专利申请的积压问题施以了关注。美国认为,巴西在这些方面的执法仍然存在重大不足。	
2007—2018	观察	连续12年被列入"观察名单"中。这期间,美国一方面逐步认可巴西在知识产权保护方面作出的努力,另一方面也不断指出巴西存在的诸多严重问题,这些问题的指出在一定程度上也促进了巴西在立法方面的"从无到有",以及执法和司法方面的"从松到严"。此外,美国还多次呼吁巴西加入 WIPO 管理的《互联网条约》,以提高其知识产权保护水平。	

(四) 总结及启示

1. 美国对待巴西相较印度更为温和

相较印度而言,美国在挥舞知识产权这根大棒时,对巴西的力度相对温和得多。1988 年至今,巴西仅 1 次被美国列为"重点外国",9 次被列入"重点观察"名单,其余则多是位列"观察名单"。从美国针对巴西发布的"特别 301 报告"来看,篇幅始终保持在均衡水平,没有太大变化,而内容方面,美国对巴西在改善知识产权保护方面作出的努力表示认可,还特别对巴西在国内资源严重受限情况下仍不断改善的做法表示理解和肯定。与中国和印度不同的是,巴西在地理位置上占优,作为西半球两个最大经济体,美国和巴西之间的贸易关系非常重要,且目前美国已成为巴西最大的贸易出口国。

2. 近几年美国对巴西的关注重点在于知识产权执法问题,并且由于顺差额的降低,对巴西的知识产权保护问题相应开始施加了更多关注

例如,恶名市场的关闭以及国家打击盗版和知识产权犯罪委员会(CNCP)的执法效果等问题。此外,与印度和中国一样,美国对在巴西因新技术而引发的网络盗版、电影盗录和数据保护等问题也进行了强调。虽然近年来美国对巴西一直处于贸易顺差,

但随着巴西经济的改善和对外贸易量的增加,这一顺差额呈现降低的趋势,这在一定程度上也引起了美国的担忧,因此近年来美国对巴西的知识产权保护问题也相应开始施加了更多关注。

3. 巴西对美态度较印度更为强硬

从美国对巴西启动的与知识产权相关的"301 调查"来看,主要理由多是巴西知识产权保护力度不足,美国投资和市场准入受限,使美国国内的相关企业遭受了不公平待遇。在双方的切磋过程中,美国对巴西的手段虽然相对温和,但巴西的立场却比印度强硬得多。一方面,巴西从一开始就没有承认过"301 条款"的国际法效力,巴西认为这是美国的国内法,不应用国内法仅凭自己的独断来对另一个国家发起贸易报复,对其国家主权进行侵犯,因此,对于美国的指控,巴西都是将其提交给 GATT/WTO,希望多边争端解决程序来解决两国的贸易问题。⑧ 另一方面,面对美国的出招,巴西也并不畏惧。例如,在 1985 年巴西知识产权保护制度和限制投资措施案中,在通过分析预测美国采取报复性制裁措施的可能性不高的情况下,巴西也采取了诸如联合行动抵制美国产品、撤销波音订单等反制措施。此外,巴西还智慧地通过跨领域交叉报复的方式来反击美国的压制。例如,前文所述的巴西诉美国棉花补贴案。面对巴西的强硬态度,得不到好处的美国有时也会"气愤"地对巴西采取报复性制裁措施,如美国于 1988 年对巴西产纸张、药品和个人用电子产品加征 100% 关税的报复性制裁。但总体而言,在美巴的交锋中,美国对巴西的处理没有像对其他发展中国家那么"嚣张"。

4. 巴西也或可成为中国挑战美国 301 制度的同盟

在前文提及的"301 条款"有关措施第一次列入世贸组织争端解决机构例行会议上,巴西对中国之倡议也表示了支持,认为美方的做法严重违反世贸组织最基本的最惠国待遇、关税约束等规则,是典型的单边主义和贸易保护主义行径。从巴西历年来对美国"301 条款"的立场与态度以及在交锋过程中的反制操作来看,巴西也有望成为挑战美国"301 条款"合法性的重要发展中国家。美国"301 条款"严重背离了国际法的基本原则(国家主权、互不干涉内政、平等互利等)⑨,美国作为 WTO 成员,应在与其他成员发生贸易争端时,首先诉诸 DSB 启动正式的争端解决机制,而非将"利己主义"奉为圭臬。"301 条款"所奉行之"美式公平"单方且狭隘,以单方面实施制裁、报复等作为威胁手段,迫使对手开放其国内市场,其侵略性昭然若揭,是对 WTO/DSB 多边争端解决机制及多边贸易体制的致命威胁与挑战,严重背离 WTO 法律体制之核心理

---

⑧ 参见朱玲云:"美国贸易法 301 条款探析",苏州大学 2016 年硕士论文。

⑨ 参见齐爱民、雷朝霞:"后危机背景下对美国 301 条款的重新审视",载《西北大学学报(哲学社会科学版)》2012 年 3 期。

念。⑩ 在此前欧盟大胆动摇美国"301条款"的基础上,美国的贸易伙伴们(特别是饱受压迫的中、印、巴等发展中国家)联合起来要求美国废除"301条款"的时机已经相对成熟。

(责任编辑:张雨珊)

301 Dispute Between the United States and India, Brazil and Implications for China

Abstract: The '301 Survey' is an important means for the United States to implement trade protectionism. Throughout history, China has not suffered the most '301 surveys' in the United States. In the 1980s and 1990s, Japan suffered from the US '301 investigations' for 16 times. It took twenty years; the EU is also the main target country of the US '301 Surveys'. It has encountered '301 investigations' for 10 times and been listed as a priority observer for the special '301 Report'. Unfortunately, developing countries such as India and Brazil are equally unavoidable.

According to the procedural provisions of Section 301, the United States is required to conduct consultations and negotiations with the countries under investigation. Therefore, the launch of the '301 Investigation' marks the beginning of a new round of trade between the United States and the countries under investigation. The United States threatens, sanctions and revenges, the countries under investigation compromise, protest and revenge back, and finally both sides reach a settlement, resort to WTO dispute settlement mechanism and sign agreements. Historical experience is worth learning. At the time of this China-US trade friction, this article selects two major countries, India and Brazil, which belong to developing countries, as an entry point, and analyzes the best response practices in India and Brazil, and concludes from this. It is worthy of China's experience to learn from, in order to inspire China's response to the '301 investigation'.

Key words: 301 Investigation, Section 301, Trade Protectionism, Intellectual Property

---

⑩ 参见张亮:"略论WTO体制下美国贸易法'301条款'之存废与枯荣",载《吉林工程技术师范学院学报》2013年第10期。

锚定效应视角下的专利审查驳回案

刘　耘[*]

【摘要】　人类思维天然具有锚定习惯。本文以锚定效应为视角探讨专利审查驳回案,简要介绍了锚定效应相关理论,分析了专利审查驳回案产生锚定效应的可能性,并通过理论分析和驳回案例展示的方式分析了专利审查驳回案中锚定效应的表现及其诱因,最后就专利审查实践中如何避免锚定效应提出了针对性的对策。

【关键词】　专利审查驳回案;锚定效应

一、锚定效应(anchoring effect)理论简述

人们在作出判断时,易受第一印象或第一信息支配,第一印象或第一信息就像沉入海底的锚一样把思维固定在某处,也就是说先得到的信息对后面的信息有定向作用,判断的结果朝先前呈现的信息即"锚定点"的方向靠近,这就是心理学中的"锚定效应"[①],也称为"沉锚效应"[②]。

心理学家阿莫斯·特维斯基(Amos Tversky)和丹尼尔·卡尼曼(Daniel Kahneman)于1974年通过经典的"幸运轮"实验首次提出了该锚定效应:人们过多地受到并没有什么意义的初始值的约束与左右。在"幸运轮"实验中,将被测试者分为无差异的若干组,当指针指到标有0—100数字的65上时,要求回答"非洲国家的数量在联合国

---

[*] 刘耘,北京东方亿思知识产权代理有限责任公司代理人。

[①] 参见百度百科:"沉锚效应",https://baike.baidu.com/item/%E6%B2%89%E9%94%9A%E6%95%88%E5%BA%94,2018年9月25日最后访问。

[②] 参见智库百科:"锚定效应",http://wiki.mbalib.com/wiki/%E9%94%9A%E5%AE%9A%E6%95%88%E5%BA%94,2018年9月25日最后访问。

国家总数中占的比例是大于65%还是小于65%"？给出的答案平均值为45%；当幸运轮上的指针指到数字10上时，要求另一批被测试者回答"非洲国家的数量在联合国国家总数中占的比例是大于10%还是小于10%"？给出的答案平均值为25%。这里，轮盘上指针所指的数字就是初始的"锚定值"，不同的初始值（即锚定值）会对以后的数值估计产生影响。

此后，研究者纷纷在众多领域发现了这一效应，如概率估计、价格估计、谈判协商、法庭的判罚等，锚定效应被证实为一种普遍而稳定的效应。有个经典的故事，小街两边各有一家米粥店，商品、价格、服务一样，但销售额却大为不同。为什么？经过调查发现，销售额低的那家店的服务员总是这样问：先生要不要鸡蛋？销售额高的那家店的服务员问的是：先生您是要一个鸡蛋还是两个鸡蛋？后面的问话就是运用了锚定效应。

研究表明：(1)"锚定效应"是实验心理学中最可靠也是最稳定的结果。它形成的机制是，当关于同一事物的信息进入人们的大脑时，第一信息或第一表象给大脑的刺激最强，也最深刻。第一信息一旦被人接受，第一印象一旦形成，便会导致人产生在认知上的惰性，从而产生优先效应，而大脑的思维活动多数情况下正是依据这些鲜明深刻的信息或表象进行的，虽然这一信息或表象远未反映出一个人或一个事物的全部。(2)锚定的产生根源主要是参照物在获取信息时发挥的作用。大量研究结果表明，参照物会对人的记忆产生某种作用，引导人们在考虑答案时选择那些相似的信息。只有当人们清楚地意识到参照物与目标间的不同或信息与目标无关时，锚定现象才会有所减弱，因为参照物的暗示是自主产生的。这一理论也得到其他实验的印证，即理解某一事物首先是接受已给出的某个结论随后剔除掉其中错误的信息。总之，人们在判断和评估中，往往先设定一个最容易获得的信息作为估计的初始值或基准值（称之为"锚定点"或"锚定值"），然后目标价值以锚定点为基础结合其他信息经过一定的上下调整而得出。也就是说，通过一定的调整得出问题的答案。(3)一般而言，"锚"只要受到人们的注意，那么无论其数据是否夸张、前例是否有实际参考效用、或对决策者是否有提醒或奖励，该锚定效应都会起作用。当然，参照物与估测答案的相关性、相似性越大，锚定效应越显著。(4)心理学一个重要的发现是，因为首先将预测定位在了一个初始值上，所以就导致以后所进行的调整不够充分。结果，不同的初始值带来了不同的预测结果，这些结果都是对初始值的一定偏离。③

综上所述，锚定效应在绝大多数情况下是潜意识里自然生成的，是人类的一种天性，正是由于这种天性的存在，才导致人们在实际决策过程中容易形成偏差，从而影响最终的结果。

---

③ 参见石善冲、齐安甜：《行为金融学与证券投资博弈》，清华大学出版社2006年版，页206。

二、专利审查驳回案中存在锚定效应产生的空间

在专利审查中,特别是当专利申请由于缺乏创造性被审查员驳回时,驳回案中存在产生锚定效应的空间,是因为:

(一)作出专利审查驳回需要对本发明和对比文件进行两次以上的理解和判断

根据中国《专利审查指南》规定:审查员对申请进行实质审查后,通常以审查意见通知书的形式,将审查的意见和倾向性结论通知申请人,在审查意见通知书正文中,审查员根据《专利法》及其实施细则具体阐述审查的意见,使申请人能够清楚地了解其申请存在的问题。审查员在作出驳回决定之前,应当将驳回所依据的事实、理由和证据通知申请人,至少给申请人一次陈述意见和或修改申请文件的机会。审查员作出驳回决定时,驳回决定所依据的事实、理由和证据,应当是已经通知过申请人的,不得包含新的事实、理由或证据,这就是专利审查原则中的听证原则。可见,在专利审查程序中,审查员先对发明和对比文件的技术方案进行第一次理解,由此形成倾向性结论,形成第一次意见通知书并告知申请人。在申请人答复第一次审查意见通知书之后,审查员需要再次对发明和对比文件的技术方案进行第二次理解和判断。如果第二次理解和判断与第一次理解和判断一致,则可作出驳回决定。因此,审查员作出驳回决定之前至少要对本发明和对比文件进行两次以上的理解和判断。

(二)第一次理解和判断会对第二次理解和判断会产生锚定效应

当审查员对发明和对比文件的技术方案进行第二次的理解和判断时,根据锚定效应的心理机制,此时往往以第一次形成的理解和判断(即第一次审查意见)作为参照物(称之为"锚定点"),然后以该锚定点为基础结合其他信息(包括申请人的修改文件以及意见陈述)经过一定的上下调整,将作为参照物的倾向性结论剔除掉其中自己认为错误的信息而得出第二次的理解和判断。也就是说,在锚定效应作用下,第二次理解和判断是在第一次理解和倾向性结论的基础上通过一定的调整而得出的。因此,审查员以第一理解和判断作为锚定点进行调整时,如果调整充分,则形成新的判断,但是如果调整不充分,很容易符合驳回决定的条件,由此作出了驳回决定。

(三)在评述创造性的审查意见通知书中,后续审查意见书通常与前次审查意见书有很多文字重复

在专利审查实践中,特别是评述创造性的审查意见通知书中,后续审查意见通知书常常与前次审查意见通知书有很多的文字重复。因此,从前、后审查意见通知书的文字重复的角度看,后续审查意见通知书是审查员在前次审查意见通知书的基础上通过一定的调整而形成的。

实际上,在专利审查驳回案中,驳回决定书总是几乎与前次审查意见通知书一模一样,当然这是由听证原则决定的。从前、后审查意见通知书文字重复的角度看,在申

请人的陈述意见未能说服审查员的情况下,驳回决定书是在前次审查意见通知书的基础上调整不充分而形成的,审查员锚定于前次的审查意见而作出驳回决定。

三、专利审查驳回案中的锚定效应表现及其诱因分析

在专利审查驳回实践中,第一次的理解和判断容易引起锚定效应,锚定了最终的判断结果,往往导致申请被驳回。所产生的锚定效应的主要表现和诱因有:

(一)答复审查意见时不修改权利要求直接反驳审查员的意见,极其容易引起锚定效应

在审查员认知受限以及审查能力有限的情况下,审查员对技术方案的理解往往基于自己对技术方案的第一次的理解。当对第一次审查意见的答复没有修改权利要求而是选择陈述理由直接反驳审查员的意见时,由于审查所针对的技术事实即权利要求的范围没有变化,一旦申请人的意见陈述没有成功说服审查员,审查员就不会改变最初的认识和理解而是锚定于前次的倾向性结论,从而触发作出驳回决定的条件,在这个过程中第一次的理解及其倾向性结论在判断中牢牢地占据支配的地位,产生了锚定效应。

例如,在申请号201010520200.1题为"床式横流皮带选矿机"的发明申请案(第54563号复审决定)中,权利要求1的主题名称为一种床式横流皮带选矿机。审查员以对比文件1(CN201164814Y)作为最接近的对比文件,于2011年9月29日发出了第一次通知书,指出了权利要求1的主题被对比文件1公开,也即权利要求1与对比文件1的区别技术特征不包括权利要求1的主题所隐含的技术特征,从而权利要求1相对于对比文件1不具有创造性。申请人没有修改权利要求书,而是直接进行反驳,指出权利要求1与对比文件1的最根本区别是皮带横向有坡度,即权利要求1的主题隐含有技术特征。在申请人提交第一次意见陈述之后,审查员直接发出驳回决定通知书。对于申请人的陈述,审查员认为申请人强调的权利要求1相对于对比文件1的区别没有在记载的权利要求中限定出来。随后,在复审程序中,合议组认为:为了实现矿料横向流动形成精矿带,横流皮带选矿机的皮带通常是具有横向坡度的,也即主题名称"床式横流皮带选矿机"已经包含了"皮带横向有坡度"的特征,最后合议组撤销了对本申请作出的驳回决定。

锚定效应分析:

本案是发出一次审查意见通知书后的驳回案,争议焦点是:权利要求1的主题名称是否被对比文件1公开。在实审阶段,在第一次审查意见通知书中,审查员按照自己对权利要求1的主题的理解认为被对比文件1公开,并形成了第一次的理解和倾向性结论。申请人没有修改权利要求书,而是直接进行反驳,尽管申请人认识正确,据理力争,但是都无法改变审查员对这一问题的第一次的理解和倾向性结论。对于申请人

的反驳陈述,审查员认为由于在权利要求 1 中没有限定,因而不予以认定。显然,审查员第一次的理解最终对驳回决定起到锚定的作用,使得审查员坚持第一次形成的倾向性结论以及对对比文件 1 的初始理解,从而在锚定效应的作用下在发出第一次审查意见通知书之后就发出了驳回决定。因此,申请人在答复审查意见通知书时,不修改权利要求而是坚持反驳引发审查员的锚定效应的风险是很大的,因为审查所针对的技术事实并未改变,审查员很有可能锚定于前次的倾向性结论,从而触发了作出驳回决定的条件,驳回了本申请。

(二)反驳审查员认定的公知常识极易引起锚定效应

当审查员以区别技术特征属于公知常识为理由作出倾向性结论时,申请人继续反驳该区别技术特征不是公知常识,却往往很难有充分的理由,审查员通常会锚定前次的公知常识的认定,仍然以该区别技术特征是公知常识为由驳回该专利申请。

对于公知常识,根据中国《专利审查指南》规定,审查员应当能够说明理由或提供相应的证据予以证明,由于规定了说理和证据证明两种方式,因此在专利实践中,对于公知常识,主要采用说理认定,并大量使用简单说理的评述方式。例如,在一份以北京知识产权法院 64 份专利行政判决中公知常识认定为研究对象的调查中,涉及公知常识性证据的判决很少,64 份判决中仅有 9 份;进行详细说理的判决很少,64 份判决中仅有 4 份;进行简单说理的判决较多,64 份判决中有 36 份;一笔带过情形(相对于对比文件结合本领域公知常识不具备创造性之类的评述)的判决较多,64 份判决中有 19 份。④ 可见,在以上 64 份专利行政判决中,简单说理的直接认定占 56.3%,一笔带过的直接认定占 29.6%。简单说理和一笔带过的直接认定占比高达专利行政判决的 86%。可见,在专利实践中,即使申请人不同意审查员对公知常识的说理认定结论,就公知常识的认定向法院提请诉讼,在诉讼阶段,大部分的公知常识也不是以举证方式进行认定的。因此,在专利审查和诉讼中,简单说理是审查员或者法官认定公知常识的主要方式。由于审查员不去证明公知常识,申请人只能继续反驳该技术特征不是公知常识,但却苦于没有证据去据理力争,因为证明技术特征不是公知常识是很难的。通常申请人无法就技术特征不是公知常识提供给更有说服力的理由,在此情况下,由于说服力不足而极其容易引发审查员的锚定效应,审查员锚定于前次的公知常识认定的倾向性结论,从而作出驳回决定。

例如,在申请号为 201310460074.9,名称为"空冷式内燃机及具备该空冷式内燃机的跨骑型车辆"的发明申请案(第 120848 号复审决定)中,该案涉及一种空冷式内燃机。在第一次审查意见通知书中,审查员指出权利要求 1 相对于对比文件 1 不具有创造性,从属权利要求 13 的技术特征属于常规技术手段,也不具有创造性。在答复第一

---

④ 参见卓锐:"专利行政案件中公知常识认定现状分析及建议——以北京知识产权法院 64 份专利行政判决为样本",载《中国知识产权》2016 年第 12 期。

次审查意见通知书中,申请人将权利要求13并入权利要求1,并争辩权利要求13不是常规技术手段。在第二次审查意见通知书中,审查员继续指出包括权利要求13的技术特征的权利要求1相对于对比文件1不具有创造性,理由与第一次审查意见一致。在答复第二次审查意见通知书中,申请人未修改权利要求,并继续争辩权利要求13不是常规技术手段。随后,审查员发出驳回决定。在复审程序中,合议组比较了对比文件1和本发明要解决的主要技术问题及其主要技术构思,从而指出目前也没有证据证明权利要求13的技术特征为本领域的公知常识,因此撤销对本申请作出的驳回决定。

锚定效应分析:

本案是发出二次审查意见通知书后的驳回案,争议焦点之一是:原权利要求13的技术特征是否是公知常识。在实审阶段,在第一次审查意见通知书中,对于权利要求13是否是公知常识,审查员形成了第一次的理解和倾向性结论,即权利要求13的技术特征为公知常识。申请人在答复第一次审查意见通知书和答复第二次审查意见通知书中继续反驳该技术特征不是公知常识,尽管申请人认识正确,据理力争,但是都无法改变审查员对该公知常识认定的倾向性结论。由于申请人无法就权利要求13的技术特征不是公知常识提供证据,也很难给出更有说服力的理由,因此,一旦说服力不足,就引发审查员的锚定效应,审查员锚定于前次的公知常识认定,从而驳回本申请。在复审阶段,合议组从技术问题和发明构思两个角度分析了本发明与对比文件的不同,从而指出目前没有证据证明权利要求13的技术特征为本领域的公知常识。简言之,合议组从技术问题和发明构思两个角度进行分析,并指出没有证据证明权利要求13的技术特征为本领域的公知常识推翻了该公知常识认定。

因此,申请人在意见陈述中反驳该技术特征不是公知常识时一定要加大论述的力度,尝试从多个角度去论证该技术特征不是公知常识。例如,从技术问题和发明构思两个角度分析了本发明与对比文件的不同。

(三)对比文件的技术特征和本发明的技术特征相似度越高,越容易引起锚定效应

对于本发明和对比文件相同或相似的技术特征,往往成为锚定效应的锚定点,使得审查员锚定于本发明和对比文件相同或相似的技术特征以及所产生的客观的技术效果。例如,在申请号201210477667.1题为"电池组以及包括该电池组的跨乘式车辆"的专利申请案(第113128号复审决定)中,权利要求1涉及一种电池组。在实审程序中,审查员以对比文件1(EP2365560A1)作为最接近的对比文件,发出了第一次通知书,指出:权利要求1相对于对比文件1不具有新颖性,申请人没有修改权利要求而是进行反驳,反驳的观点是本发明与对比文件1的热量传递路径不同(本发明和对比文件的结构相同,具有相同的固定结构,但是申请人主张热量传递路径不同)。而后审查员发出了第二次通知书,指出:权利要求1相对于对比文件1不具有创造性,申请人同样没有修改权利要求而是进行反驳,反驳的观点与前次相同,仍旧是本发明与对比文

件 1 的热量传递路径不同。而后审查员发出了第三次通知书,再次指出:权利要求 1 相对于对比文件 1 不具有新颖性,申请人没有修改权利要求而是继续进行反驳,反驳的观点仍旧是本发明与对比文件 1 的热量传递路径不同。

最终,审查员发出了驳回决定。

在复审程序中,合议组指出:虽然对比文件 1 公开了外壳 2 的向内突出部分 12 插入内壳 4 的凹部 1 的固定方式,然而,根据对比文件 1 的记载,这种固定方式的目的仅在于防止发生位移(参见说明书第 0020 段),对比文件 1 并未公开这种固定方式的目的在于散热。因此,权利要求 1 的固定方式与对比文件 1 的固定方式所要解决的技术问题不同。出于不同的目的,二者固定时所考虑的因素也不同。比如,在对比文件 1 以防止发生位移为目的的固定方式中,只要二者彼此卡住即可,不会考虑外壳 2 向内突出部分 12 之间的部分即绝缘间隙 6 所在位置的表面与内壳 4 的凹部 21 的表面是否紧密接触、传热效率如何等。对比文件 1 仅仅关注了电池—引导板—外壳的热传递路径,并未关注电池—电池保持部—壳体的热传递路径,尤其是在电池保持部与壳体之间的热传递路径,不在对比文件 1 的考虑范围之内。即使对比文件 1 的内外壳之间存在温度差,由于二者之间的固定仅在于防止发生位移,并不一定存在传热意义上的接触,因此二者之间的热传递关系仅相当于本申请的现有技术。也即,对比文件 1 中内外壳之间的固定关系与权利要求 1 中为改善电池保持部与壳体之间散热的固定关系不同。

最后合议组撤销对本申请作出的驳回决定。

锚定效应分析:

本案是发出三次审查意见通知书后的驳回案,争议焦点之一是:对比文件 1 公开的外壳 2 的向内突出部分 12 插入内壳 4 的凹部 1 的固定方式是否能传热?也即尽管对比文件和本发明的结构相同,但是相同的结构是否能客观上传热?在实审阶段,实审员始终认为:根据"热力学第二定律",存在温度差,热量就会自发地进行传递,由此可以判断对比文件 1 中的固定方式可以传热,因而对比文件 1 公开了电池—电池保持部—壳体的热传递路径。合议组认为:对比文件 1 的固定方式仅在于防止发生位移,并不一定存在传热意义上的接触。显然,在实审阶段,在申请人反复坚持争辩本发明与对比文件 1 的热量传递路径不同的情况下,审查员不断地调整自己的观点:不具有新颖性—不具有创造性—不具有新颖性,但是这种自我调整并不充分,最终审查员锚定于前次的倾向性结论,锚定的理由是根据"热力学第二定律",存在温度差,热量就会自发地进行传递,因而,相同的结构客观上能进行传热。申请人在三次意见陈述书中论述了同样的观点,但是未能改变审查员的意见,未能说服审查员。在以上审查中,对比文件和本发明所比对的结构是相同的,但是结构相同,技术效果不一定相同。审查员锚定于结构相同效果也相同的倾向性结论,从而作出了驳回决定。这个过程中,相同的技术特征成为锚定效应的锚定点,使得锚定效应发挥了决定性作用。

四、避免锚定效应的专利审查策略

思维锚定是人的天然心理反应,要想彻底克服它绝非易事。尽管如此,在创造性判断过程中,审查员也要尽力避免产生"锚定效应",建议如下:

(一)独立审查还应当理解为第二次的理解和判断不应被自己的第一次的理解和判断所锚定

当前在实审阶段都要求审查员独立审查,独立地理解和判断,不受实审阶段的其他审查员的审查结论和其他国家同族专利的审查结论的影响。

但是,从锚定效应的角度来看,这是远远不够的。从锚定效应的角度来看,独立审查还应当是,每一次的理解和判断都是独立的理解和判断,第二次的理解和判断不应被自己第一次的理解和判断所锚定。即,第二次的理解和判断不是在第一次的理解和判断的基础上结合其他信息(例如申请人的意见陈述)通过一定调整而形成的,因为这样的调整通常并不充分,极易引起锚定效应。因此,第二次的理解和判断不能是通过调整第一次的理解和判断而得来的。只有第二次的理解和判断不被自己第一次的理解和判断所锚定,才能做到真正的独立审查。

因此,在独立审查过程中,不仅不要被其他审查结论所锚定,还不能被自己前次的理解和倾向性结论所锚定。

(二)从不同的角度来看同一个问题,尝试用不同方法来分析问题,而不要局限于想到的第一个思路

既然"锚定效应"客观存在,甚至无法摆脱,那么审查员在判断时就不能忽视它,要尽量减少它所带来的不利影响。要做到这一点,就是要善于多角度考虑问题,不要过分相信第一判断,不依赖第一次形成的审查思路和倾向性结论,而是要广泛挖掘相关信息,听取不同的意见,以丰富自己的观点。

例如,有审查员就提出来在创造性初次评价后再判断的多个角度有:重塑发明创造、发明人与本领域技术人员的知识能力的比较、目标导向下的技术问题的确定三个角度来再次评价初次形成的判断。⑤ 多个角度地评价自己前次作出倾向性结论能有效地避免锚定效应。

(三)在专利审查实践中虚心学习,举一反三,不断成长,突破最初的锚定

锚定效应的产生最终是由于审查能力的不足和认识局限性造成的。而审查能力提高和认识水平的提高并不是一蹴而就的,而是长期的、缓慢的、能力累积的过程。在这一过程中,由于锚定效应而引起驳回决定在所难免,因此,审查员特别是新审查员,

---

⑤ 参见中华全国专利代理人协会:《〈专利法〉第22条和第23条的适用——2015年专利代理学术研讨会优秀论文集》,知识产权出版社2016年版,页254。

应当保持谦虚、谨慎的学习态度,从错误的审查结论中吸取教训,反复学习,举一反三,逐步尽量减少第一次理解和判断给后续判断带来的影响,从而突破最初的锚定。

五、结论

专利审查驳回案中客观地存在锚定效应。在专利审查驳回实践中,不修改权利要求直接反驳审查员的意见、反驳审查员认定的公知常识、对比文件和本发明的相似度高,都容易引起锚定效应,从而触发驳回决定的条件。因此,在专利审查实践中,审查员要多角度地看待问题,不依赖第一次形成的审查思路和倾向性结论,不要被自己的第一次的理解和判断所锚定,由此逐步突破自己最初的锚定,这是专利审查员不断成长的必由之路。总之,了解并掌握锚定效应的理论和规律,避免锚定效应从而避免错误地作驳回决定,能避免后续漫长的复审程序,提高审查质量和审查效率。当前主动作为、多措并举提高知识产权审查质量和效率已经成为当务之急,了解并掌握锚定效应的理论和规律对当前提高审查质量和审查效率无疑有很大的帮助。

(责任编辑:张雨珊)

Rejection for Patent Examination under a View From Anchoring Effect

Abstract: Human thought has an anchoring habit naturally. This article discusses the patent examination rejection case from a view of anchoring effect, introduces the theory of anchoring effect, analysis the anchoring effect in the patent examination rejection case, and analysis the presence of anchoring effect and its causes in patent examination rejection practice, and finally put forward some countermeasures on how to avoid the anchoring effect in patent examination practice.

Key words: Rejection for Patent Examination, Anchoring Effect

论网络交易平台提供商商标帮助侵权中的"故意"

王 丹*

【摘要】 根据《商标法》第57条第(6)项的规定,网络交易平台提供商构成商标帮助侵权,主观上必须为"故意"。但何谓"故意"以及"故意"如何认定,商标法缺乏具体的规定。网络交易平台提供商构成"故意"的认识要素为"明知",意志要素为"放任",两者缺一不可。其中"明知"根据认定方法可分为直接证据认定的"明知"与间接证据推定的"明知";"放任"的含义是不作为,即网络交易平台提供商未及时采取必要措施。此外,关于网络交易平台提供商帮助侵权的主观过错要件的认定,网络商标权侵权领域与网络著作权侵权领域实行不同的标准,在前者的标准中,主观要件为"故意"和"明知",不包括"过失"和"应当知道";而在后者的标准中,主观要件包括"过失"和"应知"。但是在网络商标侵权案件的审理中,人民法院往往在故意的认定和论证中采用注意义务和过失的标准,严重地违反了《商标法》第57条第(6)项"故意"的明文规定,实际上混淆了"推定知道"与"应当知道"。《商标法》第57条第(6)项"故意"的认识要素和"明知"的认定方法应参照《关于审理利用信息网络侵害人身权益民事纠纷案件适用法律若干问题的规定》(以下简称《网络人身权司法解释》)第9条规定的"推定知道",结合《网络人身权司法解释》规定的7个考量因素推定网络交易平台提供商是否属于"明知"。

【关键词】 网络交易平台提供商;商标侵权;明知;故意

互联网大大改变了人们的生活方式,最为典型的就是购物方式的革新。淘宝网、

---

* 王丹,西南政法大学民商法学院2015级硕士研究生。

京东商城、拍拍网等一系列网络购物平台为人们带来极大便利的同时,也为一些不法分子销售假冒、侵权产品提供了便捷的途径,淘宝网曾一度被外界称为知识产权侵权的重灾区。由于网络交易主体的匿名性、空间的虚拟性以及交易的非即时性,现有的知识产权法律体系在网络空间的适用上受到了极大的挑战。网络交易平台提供商又称"电子商务平台""第三方交易平台经营者"或"网络零售第三方平台经营者",按照网络交易平台提供商监管能力不同细分为企业与消费者之间(Business to Consumer,以下简称"B2C")和消费者之间(Consumer to Consumer,以下简称"C2C")两种交易模式。在这两种网络交易模式中存在三方当事人:网络交易平台提供商、消费者与站内经营者。网络交易平台提供商为买卖双方提供一个全天候的交易平台;消费者与站内经营者仅需在该交易平台上进行注册,其后便可以使用该网络交易平台进行买卖交易。而网络交易平台提供商本身既接触不到商品也不参与现金结算,直接的交易对象是消费者与站内经营者。

如果在网络交易平台上发生侵权,站内经营者是直接侵权责任人,只有在法律规定的特定条件下,网络交易平台提供商才承担法定的民事责任。其中,C2C 仅提供技术服务行为,不收取除了技术服务费之外的其他费用,在网络平台经营的门槛较低。以淘宝网为例,如果网络用户在淘宝网开店,淘宝公司仅对网络用户收取技术服务费,而不从每笔交易中收取任何费用。但 B2C 对站内经营者及交易具有较强的监管能力,其又可细分为两种类型:一种以天猫商城为例,只有具有公司注册资质的企业并且在缴纳一定保证金的情况下才能入驻天猫商城,且必须提供相关资质证明文件、授权书等,而天猫商城帮助站内经营者进行品牌宣传,从每一笔交易中收取佣金。另一种为直接作为卖家在平台上销售自营产品的平台商,此时平台商与站内经营者合二为一,直接对自己经营的产品负责,比如京东、国美、凡客等。平台自营经营的销售方式与传统的商品交易相比,前者只是将线下实体交易变为通过电子商务平台进行的网络交易,其自然要为自己销售的侵权产品承担侵权责任,这与传统的商家售假应承担的侵权责任并无二致,因此本文不予讨论。本文探讨的是在淘宝网、拍拍网等 C2C 模式下,网络交易平台提供商于商标帮助侵权中主观"故意"的认定问题。

一、间接故意是网络交易平台提供商构成商标帮助侵权的主观要件

理论界对网络交易平台提供商构成商标帮助侵权的主观要件的标准分歧较大,司法实践中也存在同案不同判的乱象。针对理论界与实务界存在的疑难问题,本文重点探析网络交易平台提供商构成商标帮助侵权的主观要件。与传统民法帮助侵权的主观构成要件不同,网络侵权具有自身的特殊性。根据《侵权责任法》第 36 条的规定,应当认为网络服务提供者构成帮助侵权的主观要件是间接故意,并且网络交易平台提供商构成商标帮助侵权的主观要件也为间接故意。

(一) 传统民法中帮助侵权的主观要件

传统民法中关于帮助人构成帮助侵权的主观要件,理论界主要有以下几种观点,分别是过失构成说、故意说、直接故意说、间接故意构成说:(1) 过失构成说。帮助行为大多是由于帮助者的故意而引发,在特殊情况下,过失行为也可能构成帮助行为。① 帮助人的帮助行为在主观上可以是故意,也可以是过失。② 该说对被侵权人的保护较为有利。(2) 故意说。关于帮助人的共同侵权行为,传统见解系以故意为要件。③ 实践中,可能存在一些人并非故意而是过失地帮助了他人实施侵权行为。此时,该行为虽然也属于侵权行为,但不是帮助行为。④ 共同侵权人中的帮助人,只能存在于共同故意的共同侵权行为之中,其在主观上必须与实行行为人有共同故意。⑤ 该观点较为笼统、模糊,未明确所谓故意是直接故意抑或间接故意。(3) 直接故意说。帮助人只能是直接故意,间接故意或者过失情况下所谓的帮助不是特殊共同加害行为中的帮助行为。⑥ 该观点较为明确具体,但构成帮助侵权的条件严苛,加重了被侵权人的举证责任,可能会导致受害人因举证难甚至举证不能而得不到及时的救济。(4) 间接故意构成说。出于直接故意而帮助他人侵权,一般不会产生主观要件的认定争议,而出于间接故意帮助他人的侵权争议较大。与教唆人相比,帮助人出于间接故意的可能性更大,因为帮助者作出帮助行为的动机未必就一定是为追求某种损害结果的发生,而可能或出于情面,或出于有求于直接实行者,甚至是为了使自己免除某种潜在的威胁而帮助他人侵权,其本心未必追求直接实行者所欲造成的损害后果。⑦

全国人大法工委认为,一般来说,帮助行为是帮助人故意作出的。⑧ 笔者赞同全国人大法工委的观点,帮助侵权一般是出于故意,至于过失能否构成帮助侵权,应当对行为人的预见可能性进行考察,因为对结果的可预见性构成过失认定的要件,若在实施侵权行为时对损害结果的发生没有预见可能性,则不发生过失责任。预见力说认为,任何人都应当能够预先估计他可能承担的责任范围,行为人只能把他所能预见的结果纳入行为选择的范围,而不可预见的结果则无法影响行为决策。对于预见性的范围,并不要求十分具体,按照英国法院的意见,只要当时确实存在危险,凡是出于被告当时情况下的正常理智之人可以预见到这一点,而且不会漠然置之就足够了。⑨ 因此,若行

---

① 参见马俊驹、余延满:《民法原论》(第四版),法律出版社 2010 年版,页 1022。
② 参见谭启平主编:《中国民法学》(第二版),法律出版社 2018 年版,页 712。
③ 参见王泽鉴:《侵权行为》(第三版),北京大学出版社 2016 年版,页 441。
④ 参见程啸:《侵权责任法》(第二版),法律出版社 2015 年版,页 375。
⑤ 参见王利明等著:《民法学》(第四版),法律出版社 2015 年版,页 815—816。
⑥ 参见杨会:《数人侵权责任研究》,北京大学出版社 2014 年版,页 110。
⑦ 参见包俊:《共同侵权行为解释论》,法律出版社 2015 年版,页 256。
⑧ 参见王胜明主编:《中华人民共和国侵权责任法释义》(第二版),法律出版社 2013 年版,页 67。
⑨ 参见王卫国主编:《民法》(第二版),中国政法大学出版社 2012 年版,页 516。

为人出于过失为他人侵权提供了便利条件,且损害结果在一般人预见可能性范围之内,其过失行为与损害结果之间才可能存在因果关系,过失帮助侵权行为才得以成立,即过失侵权人对于其所需要承担侵权责任的损害必须具有可预见性。因此,从传统民法基础理论来看,在满足预见可能性的特殊情况下,过失行为也可构成帮助侵权行为。

(二)网络交易平台提供商商标帮助侵权的主观过错为间接故意

1. 商标帮助侵权的主观要件为故意

王太平教授提出,过失不构成该项侵犯商标权的行为。侵权行为主观上必须为故意,即明知为侵犯他人商标专用权行为仍然提供便利条件。如果是因过失而未能得知为侵犯商标权行为提供便利的,则不构成商标帮助侵权行为。[10] 李明德教授强调,该行为的构成要件强调主观状态,即必须是故意——明知他人在实施侵犯注册商标专用权的行为,而协助其完成。[11] 冯晓青教授也认为,行为人只有在故意为侵犯商标权提供便利条件的情况下,才构成侵权。[12] 也有学者认为,这里强调行为人主观上必须是"故意",即只有在行为人明知其行为是在为商标侵权提供便利条件的情况下,才能追究其商标侵权的连带责任。[13] 在法律仅规定"故意"时,其所指的就是一般故意,而不是更严重的故意(如恶意)。[14] 因此,《商标法》第 57 条第(6)项规定的"故意"应当理解为一般故意,并非指"恶意",过失也不构成商标帮助侵权。

2. 网络交易平台提供商商标帮助侵权的主观过错是间接故意

《侵权责任法》第 36 条第 2、3 款的规定为不作为侵权责任。[15] 并且第 2、3 款中的"网络服务提供者"主要指技术服务提供者,应承担间接侵权责任。关于网络技术服务提供者的间接侵权,学界通说认为,是指网络服务提供者的行为虽并未直接侵害他人的合法权益,但其不作为帮助了网络用户的直接侵权行为。诚如张新宝教授所言,网络用户是真正的侵权行为人,实施了直接侵权行为。网络服务提供者只是因为客观上对直接侵权行为起到了帮助作用而承担侵权法上的侵权责任。[16] 可见在网络用户与网络技术服务提供者承担连带责任的情况下,网络用户构成直接侵权,而网络技术服务提供者则构成间接侵权。关于网络服务提供者构成帮助侵权的主观过错要件问题,全国人大法工委指出,如果网络服务提供者明知网络用户利用其网络服务实施侵权行

---

[10] 参见王太平:《商标法:原理与案例》,北京大学出版社 2015 年版,页 312。
[11] 参见李明德、杜颖:《知识产权法》,法律出版社 2007 年版,页 268。
[12] 参见冯晓青主编:《知识产权法》(第二版),武汉大学出版社 2014 年版,页 263。
[13] 参见彭俊良:《侵权责任法论:制度诠释与理论探索》,北京大学出版社 2013 年版,页 279。
[14] 参见张新宝:《侵权责任构成要件研究》,法律出版社 2007 年版,页 446。
[15] 参见江平主编:《民法学》(第三版),中国政法大学出版社 2016 年版,页 534。
[16] 参见张新宝:《侵权责任法》(第四版),中国人民大学出版社 2016 年版,页 161。

为,却不采取必要措施,可以认定为构成帮助侵权。⑰ 另有学者认为,根据明知规则,若网络服务提供者明知网络用户利用其提供的网络服务实施侵权行为,而未及时采取必要措施加以制止,任凭网络用户直接侵权行为的实施,造成损害的发生、扩大,则对于该网络用户实施的侵权行为就具有放任的间接故意。⑱ 因为经过被侵权人通知,网络服务提供者已经了解到网络用户可能存在侵权的事实,其具有间接故意。⑲ 由此可见,网络服务提供者构成帮助侵权主观上出于间接故意。关于网络交易平台提供商构成帮助侵权的主观过错要件,杨立新教授进一步指出,如果网络平台提供者明知网络用户或者销售者、服务者利用其网络平台实施侵权行为的,就具有间接故意。⑳

学界主流观点认为,网络交易平台提供商承担间接侵权责任的主观过错要件为间接故意,笔者赞同这一观点。立法者之所以持保守、谨慎之态度,将网络交易平台提供商构成商标帮助侵权的主观过错要件限制于"故意",不包括"过失",笔者认为主要出于以下考量:其一,为了限制商标帮助侵权责任。对于从事网络交易平台业务的企业,如果动辄要求其承担商标帮助侵权责任,会妨碍其产业良性发展。因此,立法者基于保护产业政策的考量,将网络交易平台提供商构成商标帮助侵权主观要件限定为故意,在一定程度上能够防止商标帮助侵权行为的泛化、扩大化,起到限制商标帮助侵权责任的作用。其二,为了防止对网络交易平台提供商施加过高的注意义务,促进互联网产业健康有序发展。"过失""应当知道"以行为人负有某种注意义务为前提,预见可能性作为过失认定的要素,具有非常重要的意义。对结果的可预见性构成过失的要件,在加害行为时没有对结果的预见可能性就不发生过失责任。㉑ 一般情况下,网络交易平台提供商只能接触到商品信息,无法现实地接触到商品实物、商品本身;而仅凭网络商品图片、文字信息无法有效地判断出商品或服务的真假,商品、服务的真伪只有在买家收到商品、接受服务以后才能判断出来,即要求网络交易平台提供商主动审查商标侵权缺乏现实与技术操作的可能性,也超出了网络交易平台提供商自身的预见可能性,因此在道德上和法律上也不具有可谴责性、可非难性。由于网络交易平台提供商对商标侵权结果的发生不具有预见可能性,法律不能苛求网络交易平台提供商尽到事先主动审查商标侵权的注意义务。

网络交易平台提供网络服务与卖家售假的行为有本质的区别:网络交易平台提供的仅仅是一种网络技术服务,与所涉商标之间没有关系;网络交易平台提供商没有利用商标来推广其网络技术服务,即并非在所涉商标意义上提供网络技术服务,不构成

---

⑰ 参见全国人大常委会法制工作委员会民法室编:《〈中华人民共和国侵权责任法〉条文说明、立法理由及相关规定》,北京大学出版社2010年版,页154。
⑱ 参见王利明等著:《民法学》(第5版),法律出版社2017年版,页926。
⑲ 参见杨震主编:《侵权责任法》,法律出版社2010年版,页204。
⑳ 参见杨立新:《民法思维与司法对策》,北京大学出版社2017年版,页2405。
㉑ 参见于敏:《日本侵权行为法》,法律出版社2015年版,页175。

商标使用行为。网络交易平台提供商之所以构成商标帮助侵权,进而承担商标帮助侵权责任,并非基于商标使用行为抑或其行为在注册商标专用权的控制范围内,而是基于其主观可谴责性或可非难性,以及客观行为与商标直接侵权人之间的结合。并且只有在网络交易平台提供商有作为义务,以及有条件、有能力针对特定侵权人采取必要措施时,其才具有法律上的可谴责性、可非难性。总之,网络卖家售假的行为是直接侵权行为,构成商标使用行为。而与网络卖家直接侵权行为相比较而言,网络交易平台提供商的不作为是一种帮助侵权行为,不构成商标使用行为。不过,虽然不构成直接侵权,但此种不作为客观上对直接侵权行为起到了帮助作用,构成间接侵权,其主观过错要件为间接故意。

二、《商标法》第57条第(6)项中"故意"与《侵权责任法》第36条第3款中"知道"的比较

《商标法》第57条第(6)项规定的"故意"与《侵权责任法》第36条第3款规定的"知道"中的认识要素均为"明知",不包括"应当知道"。《商标法》第57条第(6)项"故意"的判定方法宜参照《侵权责任法》第36条第3款"知道"的认定方法。鉴于《网络人身权司法解释》第9条将《侵权责任法》第36条第3款中"知道"解释为"推定知道",《商标法》第57条第(6)项"故意"的判定方法宜参照《网络人身权司法解释》第9条。

(一)《侵权责任法》第36条第3款"知道"的学说

我国相关立法文件对"知道"的理解前后不一,存在一定的混乱。㉒ 对于"知道"的含义主要有以下四种观点:(1)"知道"包括"明知"和"应知"。全国人大法工委认为,从法解释学角度来讲,"知道"可以包括"明知"和"应知"两种主观状态。㉓ 程啸教授也持此种观点,他认为,基于报偿原理,网络技术服务提供者应当尽到一定程度的注意义务。㉔ 若将网络服务提供者主观过错限定在"明知",被侵权人举证难度太大,不具有可操作性,《侵权责任法》第36条第3款可能被架空而形同虚设。况且网络服务提供者完全可以利用过滤技术过滤掉那些明显涉及侵权的信息。(2)"知道"应解释为"明知"。马俊驹、余延满教授认为,"知道"显然不应当包括"应当知道":"知道"是一种客观的事实,而"应当知道"则是法律的一种推定,行为人事实上既可能知道也可能不知道。㉕ 江平教授也认为,规定网络服务提供者的注意义务应以"明知"为界限,即网络服务提供者只有在"明知"网络用户侵权时,才和网络用户承担连带责任。㉖ (3)"知道"应当为"已知"。杨立新教授持此观点,他认为"知道"应当是已知。明知

㉒ 参见李靖:《侵权责任法》,河北人民出版社2013年版,页129。
㉓ 参见王胜明主编:《中华人民共和国侵权责任法释义》(第二版),法律出版社2013年版,页217。
㉔ 参见程啸:《侵权责任法》(第二版),法律出版社2015年版,页452。
㉕ 参见马俊驹、余延满:《民法原论》(第四版),法律出版社2010年版,页1053。
㉖ 参见江平、费安玲主编:《中国侵权责任法教程》,知识产权出版社2010年版,页71。

应当是能够证明行为人明确知道,故意而为;已知是证明行为人只是已经知道了而已,并非执意而为,基本属于放任的主观心理状态。㉗ 该学说将认识要素与意志要素一一对应,即明知对应追求或希望,已知对应放任。(4)"知道"理解为"推定知道"。关于"知道"的认定方法问题,最高人民法院认为,"知道"是一种主观认知状态,它必须通过客观化的方式才能得到证明。在司法实践中,除了有明确的证据表明网络服务提供者确实已经知道之外,还可以通过间接证据推定其有极大的可能已经知道,这种证明方法也被称为"推定知道"或者"有理由知道"。㉘ 此种观点从证据法的角度对"知道"加以认定,在司法实践中具有可操作性,既便于法官裁判,也有利于双方当事人的利益平衡。

笔者认为,对"知道"的认定可从实体法的解释与程序法的解释两方面考虑:第一,从实体法解释的角度而言,"知道"解释为"明知"更接近立法本意,而不应包括"应当知道"。全国人大常委会最后审议时删除了"应当知道",主要的考量是"应当知道"在实践中难以判断、不易认定,并且"应当知道"以行为人负有某种注意义务为前提,这会赋予网络服务提供者负有事先审查的注意义务,删去"应当知道"即免除了网络服务提供者的一般注意义务。此外,如果连带责任适用于"应当知道"的情形,将容易过分加重网络服务提供者的责任,不符合世界各国普遍对网络服务提供者采取"技术中立"之态度,不利于互联网产业良性发展,也会不当地限制言论自由。第二,从程序法解释的角度而言,关于"明知"的具体认定方法,可结合最高人民法院的观点,即明知可分为直接证据证明的明知和间接证据推定的明知。

(二)"知道"与"故意"的关系

《侵权责任法》第36条第3款"知道"不包括"应知",而《信息网络传播权保护条例》第5条第(2)项、第18条第(3)项以及第23条包括"应知",最高人民法院侵权责任法研究小组认为,这是由于在网络知识产权侵权领域实行不同的标准。㉙ 即关于网络交易平台提供商帮助侵权主观过错的认定,网络商标侵权领域与网络著作权侵权领域实行不同的标准:网络商标侵权领域不包括"应知",而网络著作权侵权领域包括"应知"。因此,《商标法》第57条第(6)项规定的"故意"与《侵权责任法》第36条第3款规定的"知道",其认识要素均为"明知",不包括"应当知道"。此外,最高人民法院侵权责任法研究小组明确指出,《侵权责任法》与《信息网络传播权保护条例》是一般法与特别法的关系,涉及网络著作权侵权时,优先适用《信息网络传播权保护条例》。对于网络著作权之外的其他领域,由于目前尚缺乏相关立法,《侵权责任法》第36条第3款的规定原则上适用于除网络著作权之外的其他全部领域,例如商标权、专利权等领域。㉚ 就网

㉗ 参见杨立新:《侵权责任法》(第二版),北京大学出版社2017年版,页257。
㉘ 参见最高人民法院侵权责任法研究小组编著:《〈中华人民共和国侵权责任法〉条文理解与适用》(第二版),人民法院出版社2016年版,页265。
㉙ 同上注,页268。
㉚ 同上。

络商标侵权而言,《商标法》第57条与《侵权责任法》第36条属于一般法与特别法的关系,《商标法》第57条有规定的,优先适用《商标法》第57条;《商标法》第57条第(6)项"故意"的认定没有具体规定的,应优先适用一般法《侵权责任法》第36条。由此可见,《商标法》对"故意"的认定方法未作出具体的规定,宜参照一般法《侵权责任法》第36条"知道"的认定方法。《网络人身权司法解释》第9条将"知道"解释为"推定知道",因此,《商标法》第57条第(6)项"故意"的判定方法,应参照《网络人身权司法解释》第9条对网络服务提供者"知道"的推定。

（三）司法实践中存在的问题及原因

结合《北京市高级人民法院关于涉及网络知识产权案件的审理指南》(以下简称《北高指南》)第26条的规定㉛,平台服务商的"知道"包括"应知"。有的法院也认为《商标法》第57条第(6)项规定的"故意"包括"应当知道",比如,不二家(杭州)食品有限公司与钱某某、浙江淘宝网络有限公司侵害商标权纠纷案㉜,人民法院认为:"淘宝公司不存在明知或应知侵权行为而不及时采取措施的情形,不构成帮助侵权。"学界主流观点认为,"应知"以行为人负有某种注意义务为前提。法院通过审查网络交易平台提供商是否尽到了注意义务来认定其过错,但是从传统民法关于过错的基本理论来看,注意义务的违反与否则成为过失的判断标准。㉝ "理性人"也称为"诚信之人""善良家父""善良管理人"等。我们用"理性人"的注意程度作为判断侵权人有无过失的标准。㉞ 过失行为的法律定义是用未尽合理的注意这种否定式的方式表达出来的。㉟ 网络服务提供者应当知道而没有知道显然是有过失或重大过失。㊱ 因此,网络交易平台提供商未尽到注意义务仅构成"过失",不构成《商标法》第57条第(6)项规定的"故意"。但有些法院将《商标法》第57条第(6)项明文规定的"故意"解释为"过失",如上海迪亿投资管理有限公司与南京喜郎儿投资管理有限公司商标侵权纠纷上诉案㊲,人民法院认为:"就如网络商品交易平台服务商等商标侵权的帮助侵权行为中必然包含

㉛ 《北高指南》第26条第1款规定:平台服务商"知道"网络卖家利用其网络服务实施侵害商标权行为,包括"明知"和"应知"。

㉜ 参见浙江省杭州市余杭区(市)人民法院(2015)杭余知初字第416号民事判决书。

㉝ 参见屈茂辉主编:《中国民法》(第二版),法律出版社2014年版,页685。

㉞ 参见王利明主编:《民法学》(第二版),复旦大学出版社2015年版,页657。

㉟ 参见〔澳〕彼得·凯恩:《侵权法解剖》,汪志刚译,北京大学出版社2010年版,页73。

㊱ 参见全国人大常委会法制工作委员民法室编:《侵权责任法立法背景与观点全集》,法律出版社2010年版,页613。

㊲ 参见上海市高级人民法院(2013)沪高民三(知)终字第97号民事判决书。类似判例:广东省揭阳市中级人民法院(2013)揭中法民三初字第31号民事判决书,法院认为,被告淘宝公司在事先审查义务方面不存在主观"过失"。山东省济南市中级人民法院(2013)济民三初字第36号民事判决书,法院认为,被告淘宝公司在事先审查方面不存在主观"过失"。广东省珠海市中级人民法院(2012)珠中法知民初字第1号民事判决书,法院认为,被告淘宝公司在事先审查义务方面不存在主观"过失"。北京市高级人民法院(2013)高民终字第3999号民事判决书,法院认为,淘宝公司合理的注意义务已经尽到,其主观上不存在"过失"。

了过失这种主观心态。"诚如冯术杰副教授所指出的,司法实践中的做法造成了将故意的认定和论证滑向了注意义务和过失的后果,并令其成为网络商标侵权领域过错认定的常态。尽管《商标法》明确规定"故意"才能构成商标帮助侵权,但司法实践中已经接受将过失作为网络交易平台提供商商标帮助侵权的主观过错形态,而且过失在司法实践中适用的频率远高于故意。㊳

司法实践中的做法,严重违反了《商标法》第57条第(6)项"故意"的明文规定,实际上混淆了"推定知道"与"应当知道"。针对"推定知道"与"应当知道"的区别,最高人民法院侵权责任法研究小组指出,尽管司法可以通过"推定知道"的方法来证明网络服务提供者"知道",但是这种"推定知道"与"应当知道"并非同一概念:"应当知道"是以行为人负有某种注意义务为前提的,而"推定知道"则表明行为人并不负有此种注意义务。㊴ 王竹教授也认为,既然是"应当知道",实际上是"不知道",因此也无从"推定知道","应当"与"推定"是两个不相关的逻辑维度。㊵ 最高人民法院《关于审理侵害信息网络传播权民事纠纷案件适用法律若干问题的规定》(以下简称《信息网络传播权司法解释》)第9条规定了认定网络服务提供者构成"应知"的7个考量因素,即网络服务提供者应当注意到侵权行为存在的7种情况,后者实质上是法律为网络服务提供者设置的注意义务,主要结合网络服务提供者对侵权行为的可预见能力、可控制能力以及侵权信息的明显程度等因素综合判断,如果网络服务提供者违反了这些注意义务,主观上则构成过失。与《信息网络传播权司法解释》第9条的规定很相似的是《网络人身权司法解释》第9条,后者规定了"推定知道"的7个考量因素,这7个因素是被侵权人需要举证的基础事实;并且该推定为事实推定,即法官依据基础事实与日常生活经验法则推定出网络服务提供者"知道"。《信息网络传播权司法解释》第9条规定的7个"因素"与《网络人身权司法解释》第9条规定的7个"因素"表面上很相似,但两者存在本质的区别:前者是法律为网络服务提供者设置的注意义务、行为标准,是认定网络服务提供者构成"过失"的考量因素,即考虑到了网络服务提供者事实上可能知道,也可能不知道;后者是从证据法的角度规定的被侵权人需要举证的基础事实,网络服务提供者事实上是知道的。

综上所述,《商标法》第57条第(6)项"故意"的认定方法宜参照《网络人身权司法解释》第9条,而非《信息网络传播权司法解释》第9条。然而司法实践中人民法院往往参照《信息网络传播权司法解释》第9条规定的"应当知道",结果造成了将故意的判定滑向了应当知道、注意义务和过失的后果,究其原因在于将"推定知道"与"应当

㊳ 参见冯术杰:《商标法原理与应用》,中国人民大学出版社2017年版,页215。
㊴ 参见最高人民法院侵权责任法研究小组编著:《〈中华人民共和国侵权责任法〉条文理解与适用》(第二版),人民法院出版社2016年版,页266。
㊵ 参见王竹:《侵权责任法疑难问题专题研究》,中国人民大学出版社2012年版,页44。

知道"混为一谈。为了进一步明确"故意"的认定方法,下文将对网络交易平台提供商间接故意的认定要素展开探讨,以期为司法实践提供参考。

三、认定网络交易平台提供商间接故意的要素

通说认为,民法上故意的解释亦应同于刑法,即故意者,指行为人对于构成侵权行为之事实,明知并有意使其发生(直接故意);或预见其发生,而其发生并不违背其本意(间接故意或未必故意)。㊶ 故意的判断标准为主观标准,即行为人自身是否"明知"并"希望"或"放任"的心理状态,是判断其有无故意的标准。㊷ 故意必须包含两个要素:明知与欲求。㊸ "明知"作为故意的认识要素,是判断故意侵权的基础。无"明知",无"故意"。㊹ 间接故意的意志要素为放任。所谓放任,学界通说认为,是指行为人既没有积极地追求,也没有有效地阻止危害结果的发生,而是放任自流、听之任之。关于网络交易平台提供商构成商标帮助侵权主观故意的认定,诚如刘春田教授所指出的,只有当行为人"明知"他人正在或准备实施侵犯他人商标专用权的行为,仍然为其提供帮助的,才构成侵权。㊺ 正如上文所提到的,李明德教授、王太平教授、彭俊良副教授均认为,构成商标帮助侵权的主观要件必须为"故意",即"明知"为侵犯他人商标专用权行为仍然提供便利条件。由此可见,网络交易平台提供商构成商标帮助侵权的主观过错要件是间接故意,需要同时具备认识要素"明知"与意志要素"放任",两者缺一不可。此外,若商标权人主张网络交易平台提供商构成商标帮助侵权,按照"谁主张谁举证"原则,商标权人应举证证明网络交易平台提供商"明知"并"放任"网络卖家售假,即商标权人应就网络交易平台提供商间接故意的认识要素"明知"与意志要素"放任"逐一进行举证。下文就网络交易平台提供商间接故意的认识要素"明知"与意志要素"放任"分别加以论述。

(一)认识要素"明知"的认定

认识要素"明知"的认定即针对网络交易平台提供商"明知"网络卖家售假之认定。鉴于《网络人身权司法解释》第9条将"知道"解释为"推定知道",下文将"明知"的认定分为直接证据证明的"明知"与间接证据推定的"明知"。

1. 直接证据证明的"明知"

(1)通知有效且商标侵权容易判断

第一,通知必须有效、适格。结合有效通知的相关规定㊻,首先是投诉人提供的证

㊶ 参见王泽鉴:《侵权行为》(第三版),北京大学出版社2016年版,页296。
㊷ 参见张新宝:《侵权责任法》(第四版),中国人民大学出版社2016年版,页36。
㊸ 参见张铁薇:《共同侵权制度研究》(修订版),人民法院出版社2013年版,页163。
㊹ 参见侯雪梅:《侵权连带责任制度研究》,北京大学出版社2016年版,页113。
㊺ 参见刘春田主编:《知识产权法》(第5版),中国人民大学出版社2014年版,页302—303。
㊻ 参见《北高指南》第22条、《信息网络传播权保护条例》第14条。

明材料应当符合具体、明确的标准,要能足以定位侵权店铺、侵权商品。由于网络交易平台拥有海量的网络用户与商品信息,且网络用户信息实时处于变化、更新之中,如若定位不准,网络交易平台提供商就无法主动发现涉嫌商标侵权的网络用户与商品信息。因此,不能概括性地向网络交易平台提供商提出其平台上存在侵权商品,进而要求删除所有的侵权信息。并且对构成侵权的初步证明材料不应要求过于严格[47],因为通知规则是为权利人提供的一种经济、快捷的救济途径,如果对初步证明材料要求过高,可能令权利人不会选择向网络交易平台提供商发出通知,这就违背了通知(提示)规则制度设计的初衷,最终不利于受害人的救济。

第二,商标侵权容易判断。通常情况下,被侵权人提供的证明材料如果能够证明网店内出现"高仿、仿冒"等商品信息,或者明显不合理的低价,则此时普通人都能判断出构成商标侵权。那么作为经常处理商标侵权投诉的网络交易平台提供商,接到侵权通知审查时,也应当很容易判断出该网店构成商标侵权。笔者认为,《北高指南》第22条规定的"侵害商标权的可能性较大""所主张的侵权事实"均应达到"双重相同"标准[48],即在同一种商品上使用与注册商标相同的商标。《商标法》没有将"容易导致混淆"作为构成侵权的条件,这是由于在"双重相同"的情况下,混淆一般自然会发生。即在对相同商品或服务使用相同标志的情况下,可以推定存在混淆的可能性[49]。可见"双重相同"的情况极易造成消费者混淆,商标侵权容易判断。但类似商品、服务或近似商标则不构成"商标侵权容易判断",因为"造成消费者混淆"的概念难以判断,其本身带有不确定性、模糊性。诚如郑成思先生所言,要判断该问题首先是在多少人当中未引起混淆方可认定在"公众"中未引起混淆,其次是如果在一部分公众中引起了混淆,在另一部分公众中却没有,则应以哪一部分人的判断为准?[50] 对混淆主体的认识,基本上都指向"消费者",但是,这个"消费者"到底怎么理解,是仅指"一般(普通)消费者""相关公众",还是包括"潜在消费者"?"消费者"局限于实际购买者还是包括相关的旁观者?混淆主体标准的把握不仅影响实务界对具体事例的判断,也是值得理论上探讨的问题。[51] 鉴于类似商品、服务或近似商标构成商标侵权难以判断,李雨峰老师认

---

[47] 上海市第一中级人民法院(2011)沪一中民五(知)终字第40号民事判决书。法院认为:"所谓初步证据,即证明力度上弱于侵权行为成立的证据。在初步证据的司法判断上,不应给商标权人施加过高的举证责任,只要是能够证明存在一定侵权可能性的证据材料,都可以作为初步证据。根据淘宝公司自定的规则,判断侵权成立的初步证明可以是网页上明显的侵权信息、公证购买证据、卖家在聊天中的自认。"

[48] 《北高指南》第22条第2款规定,前款通知的内容应当能够使平台服务商确定被控侵权的具体情况且有理由相信存在侵害商标权的可能性较大。通知应包含以下内容:……(3)商标权权属证明及所主张的侵权事实……

[49] 参见王迁:《知识产权法教程》(第5版),中国人民大学出版社2016年版,页500。

[50] 参见郑成思:《知识产权论》,社会科学文献出版社2007年版,页205。

[51] 参见管育鹰:《知识产权法学的新发展》,中国社会科学出版社2013年版,页211—212。

为,网络交易平台提供商无须经过复杂的判断,就可以认定卖家构成商标侵权。其原因在于,对于他人未经许可在相同商品或服务上使用相同商标的商标侵权行为,网络交易平台提供商具备判断能力。然而,对于类似商品或服务、近似商标等问题的判断,本应归属于法院的职责,也超出了网络服务提供商的认知范围。若将近似性的判断苛责于服务商,势必会影响网络交易平台行业的发展。[52] 此外值得一提的是对于网店是否构成商标侵权难以判断,且投诉人未提供生效的公文书证,被投诉人坚持认为不构成商标侵权的情况:由于网络卖家一般会向网络交易平台提供商缴纳一定的保证金,并且被要求网店实名制,故相比网络卖家,网络交易平台提供商对权利人的信息掌握不足,同时也没有对后者收取保证金;一旦发生侵权诉讼,网络交易平台提供商向卖家追偿容易,向权利人追偿较难。因此,为了降低错误删除的风险,网络交易平台提供商可以要求权利人提供保证金。即在网店是否构成商标侵权难以作出判断的情况下,网络交易平台提供商原则上可不采取删除措施,除非投诉人提供相应的保证金;如果发生删除错误,可以该保证金作出赔偿。

(2) 收到公力机构出具的生效的司法行政文书

证据的证明能力,是指证据能够证明案件事实的证明程度,所有的证据都具有证明案件事实的作用,但证据不同,其证明作用力的大小也有所不同,即证据证明力的强弱有所不同。[53] 一般而言,公文书证证据的证明能力较强。国家机关、社会团体依职权制作的公文书证的证明力一般大于其他书证。[54] 我国在处理商标侵权案件中采取的是"双轨制",即国家市场监督管理总局和人民法院均有权处理商标侵权行为。因此,人民法院、国家市场监督管理总局出具的公文书证,均能够证明网络交易平台提供商明知卖家售假。尚未生效的司法行政文书以及私文书证,其证明力弱于生效的公文书证,不能证明网络交易平台提供商明知网络卖家实施商标侵权行为。

2. 间接证据推定的"明知"

权利人向网络交易平台发送有效的通知,以及网络交易平台收到生效的公文书证等直接证据,可直接认定网络交易平台提供商明知网络卖家售假。此种情况下,因有"通知"这一外在表征,判断网络交易平台提供商的主观状态较容易;但是在被侵权人未通知或通知之前,要判断网络交易平台提供商"明知"网络卖家售假是比较困难的。在直接证据不充分的情况下,只能借助于间接证据推定网络交易平台提供商"明知"网络卖家售假;反之,若能凭借直接证据加以证明,则无适用事实推定之必要。由此可见,事实推定与间接证据密切关联。在北京百度网讯科技有限公司与殷某名誉权、人

---

[52] 参见李雨峰主编:《侵害商标权判定标准研究》,知识产权出版社2016年版,页184。
[53] 参见张卫平:《民事证据法》,法律出版社2017年版,页18。
[54] 参见樊崇义主编:《证据法学》(第六版),法律出版社2017年版,页141。

格权侵权纠纷上诉案(55)中,人民法院认为:“除了有明确(直接)的证据表明网络服务提供者确实已经知道之外,还可以通过间接证据推定其有极大的可能已经知道,这种证明方法被称为推定知道。”

针对《网络人身权司法解释》第9条“知道”的推定规则,最高人民法院指出,即一个正常的、理性的人根据该信息,运用日常生活经验将会推出有关事实的存在。可见,此处的推定为事实推定,而非法律推定。因此,推定网络交易平台提供商“明知”网络卖家售假,要结合其自身的可预见能力以及侵权信息的明显程度综合判断。在直接证据不充分的情形下,应利用事实推定规则推定网络交易平台提供商主观上“明知”。根据“谁主张谁举证”的原则以及事实推定规则的特点,一个完整的推定结构包括前提事实和推定事实,前提事实是诉讼中的已知事实,而推定事实是结论事实。(56) 被侵权人需要举证前提事实,即卖家自认、重复侵权、低价、反通知等,下文将详细论述前提事实的认定。

(1) 卖家自认。关于《网络人身权司法解释》第9条“推定知道”的适用,最高人民法院指出,如果上传的侵权内容显示在提供储存空间服务网站首页,则任何网络服务提供者的管理能力均足以达到发现侵权信息的程度,法院可以推定其有过错。电子商务交易平台如淘宝网上有几千万商家,其中一个商家在其自家网店内销售侵权产品,法院不能推定淘宝网知道。腾讯研究院司晓博士认为,同时满足主客观两项标准才能认定网络交易平台提供商“知道”。(57) 即只有“高仿”“仿冒”等明显的商标侵权信息出现在网站首页等显著位置,具备明显违法性与轻易可知性,才可能推定出网络交易平台提供商“明知”网络卖家售假。(2) 明显不合理的低价。依据日常生活常识与经验,远低于市场价的商品并非正品,但不能仅凭低价推定网络交易平台提供商“明知”网络卖家售假,理由如下:第一,商标权权利可能用尽而不受权利人的控制。商品正常投放市场后,商标权人不得阻碍商品的继续流通。如果某人从合法渠道购买商品,再以低价出售,只要没有改变商品及其包装,便不会构成商标侵权,其可根据实际情况自由地确定价格。第二,同一品牌下存在不同型号的商品是很普遍的,同一商标被不同权利人同时占有也很常见,况且不同区域、不同渠道的商品价格也不同。第三,从现实可操作的角度来看,商品价格由市场调节,并处在实时变动之中,对于价格过滤的标准确定问题,以及确定权在哪一方的问题,均尚无解决办法。因此,要求网络交易平台提供商设置价格过滤机制,或者按照价格标准对平台上所有的商品进行屏蔽,可能导致属于低端正品的商品受到无辜的牵连。因此,以价格标准一刀切的做法,可能会侵害其他人的合法权益,也可能会造成商标权的滥用。(3) 驰名商标。一般来讲,商标知名度

(55) 参见上海市第二中级人民法院(2010)沪二中民一(民)终字第1593号民事判决书。

(56) 参见张卫平主编:《最高人民法院民事诉讼法司法解释要点解读》,中国法制出版社2015年版,页66。

(57) 参见宿迟、陈锦川、杨柏勇主编:《网络知识产权保护热点疑难问题解析》,中国法制出版社2016年版,页268—269。

越大,网络交易平台提供商越容易判断其是否构成商标侵权。比如在网站首页出现"iphone100",普通人很容易判断出是假货,据此可以判断出网络交易平台提供商对此是明知的。但仅凭驰名商标这一点,不足以推定出网络交易平台提供商"明知"网络卖家售假,因为驰名商标是根据相关公众对该商标的知晓程度来认定的,而网络交易平台提供商有时并不属于该相关公众的范畴。(4) 重复侵权。如果某入驻网店曾多次因售假被商标权人有效投诉,受到网络交易平台提供商的处罚甚至人民法院的审判,网络交易平台提供商应当对该网店负有更高的注意义务,对其加强监管。(58) 关于能否仅以网络用户重复侵权推定网络服务提供者知道的问题,最高人民法院认为,虽然侵权人多次发布侵权信息多数并不能单独作为推定网络服务提供者知道的判断标准,但是作为一个综合考虑因素,仍有在个案中发挥作用的空间。(5) 反通知。司法实践中,反通知也可作为推定网络交易平台提供商"明知"网络卖家售假的考量因素之一。(59) 当然,不能仅以被投诉人没有提出反通知推定网络交易平台提供商"明知"卖家售假,还需要结合其他因素加以判断。

针对《网络人身权司法解释》第9条"推定知道"的理解与适用,正如最高人民法院所指出的,一方面,司法裁判中认定的标准过严,会造成网络服务提供者承担责任过重,另一方面,司法裁判中认定的标准过宽,会导致网络服务提供者怠于履行必要的注意义务,在兼顾两者的前提下,应采取多个抽象因素来综合认定网络服务提供者是否"知道"。(60) 就网络商标侵权案件而言,由于间接证据证明力较弱,不能仅凭卖家自认、低价、驰名商标、重复侵权、反通知等某一个因素,就当然推定网络交易平台提供商"明知"网络卖家售假,而是要结合诸多因素综合考量、全面分析。任何事实推定都是可反驳的推定,对事实推定的反证不必达到本证高度盖然性的标准,其反证程度达到真伪不明标准即可。换言之,反证仅要求达到使法官产生可疑的证明程度,即动摇法官心证的程度。(61) 网络交易平台提供商可就基础事实或推定事实提出反驳证据,如果提出的反证未动摇法官预先形成的心证,未回到"真伪不明"的状态,即应认定网络交易平台提供商明知网络卖家售假,却未必构成商标帮助侵权,因为构成商标帮助侵权还需要结合其他构成要件加以认定;如果网络交易平台提供商提出的反证动摇了法官预先形成的心证,落入了所谓"真伪不明"的区域,此时被侵权人就需要证明网络交易平台

(58) 参见张今、郭斯伦:《电子商务中的商标使用及侵权责任研究》,知识产权出版社2013年版,页255。

(59) 参见上海市第一中级人民法院(2011)沪一中民五(知)终字第40号民事判决书。法院认为:"通常情况下,经过合法授权的商品信息被删除,被投诉人不可能会漠然处之,其肯定会作出积极回应,及时提出反通知,除非确实是侵权商品信息。故本案上诉人在多次删除杜国发的商品信息并通知杜国发被删除原因后,杜国发并没有回应或提出申辩,据此完全知道杜国发实施了销售侵权商品行为。"

(60) 参见刘德权、王松主编:《最高人民法院司法观点集成民事卷》(新编版),中国法制出版社2017年版,页2608。

(61) 参见陈光中主编:《证据法学》(第3版),法律出版社2015年版,页450。

提供商"明知"网络卖家售假,并且被侵权人在事实真伪不明时承担最终事实无法认定的风险,如果被侵权人举证不能,即网络交易平台提供商主观上不存在"明知",不符合《商标法》第57条第(6)项"故意"的主观要件,则网络交易平台提供商不构成商标帮助侵权。

(二) 意志要素"放任"的认定

意志要素"放任"的判定,即对网络交易平台提供商"放任"网络卖家售假之认定。《现代汉语词典》中关于"放任"的定义是,听其自然,不加约束或干涉[62],可见其含义是不作为。在网络商标侵权中,网络交易平台提供商不作为是指未及时采取必要措施。下文就围绕网络交易平台提供商采取措施的"及时性""必要性"展开探讨。

1. 采取措施的及时性

杨立新教授认为,在目前情况下,采取必要措施的合理期间不宜规定具体的时间,而是应由法官根据案件实际情况判断,属于法官自由裁量权的范围。[63] 王利明教授指出,权利人发出的通知内容越详细、要求采取的措施越容易实现、侵权证据越明显,网络服务提供者应采取必要措施的合理期限就应越短,反之亦然。[64] 笔者赞同上述观点,由于每个案件的具体情况不同,难以确定一个固定的期限,应由法官根据侵权信息的明显程度、通知内容的详细情况、采取措施的难易程度等因素自由裁量。值得一提的是,关于网络交易平台提供商收到权利人的投诉后,在采取措施前要不要询问卖家的问题,张今教授认为,商标法领域应适用美国模式的通知删除规则,即网络服务商收到商标权人发出的侵权通知后,无须询问有关用户,应直接采取移除等措施。[65] 笔者认为,应具体问题具体分析。如果商标侵权容易判断,为了及时地对商标权人提供救济,径直采取相应的措施即可,无须进行询问程序。对于网店是否构成商标侵权难以作出判断的,如果投诉人未提供相应的保证金,不采取删除措施,亦无须进行询问程序;倘若投诉人提供相应的保证金,可以采取删除链接的措施。网络交易平台提供商在采取措施之前,可以先将权利人的投诉通知转发给网络卖家,要求其在合理的期限内提交反通知,给予网络卖家一定的异议期,允许其进行申辩。在被投诉人提交反通知后,网络交易平台提供商可在双方提供的证据材料的基础上进行全面分析、综合考量,再作出处理的决定,这样可以减少错误删除的概率,有利于平衡各方的利益。此外,如果网络交易平台提供商审查后作出不予处理的决定,可以借鉴《物权法》第19条规定的异议登记制度,规定投诉人在15天之内不向法院起诉的,其通知自动作废。

---

[62] 中国社会科学院语言研究所词典编辑室编:《现代汉语词典》(第七版),商务印书馆2016年版,页373。
[63] 参见杨立新:《民法思维与司法对策》,北京大学出版社2017年版,页1757。
[64] 参见王利明:《我国民法典重大疑难问题之研究》(第二版),法律出版社2016年版,页666。
[65] 参见张今、郭斯伦:《电子商务中的商标使用及侵权责任研究》,知识产权出版社2013年版,页245。

2. 采取措施的必要性

一般来讲，凡是足以阻止侵权信息传播的，都属于必要措施。⑯《侵权责任法》第36条规定的必要措施是"删除、屏蔽、断开链接等"，从此处的"等"字可以看出必要的措施不限于删除、屏蔽、断开链接，还可能包括如对网络用户进行公开警告、降低信用评级、限制发布商品信息直至关闭该网络用户的账户等。⑰杨立新教授认为，所谓必要措施，应为既能够避免侵权后果，又不限制他人的行为自由的措施。在这些措施中，删除的影响最小，屏蔽和断开链接的影响非常大。由于屏蔽、断开链接造成的损害后果较为严重，特别是可能会损害其他网络用户的合法权益，故对此必须慎重对待，不能率性而为。⑱ 笔者认为，对商标侵权行为情节较轻的网店采取删除链接的措施即可，对于长期、多次、大量售假的网店应采取屏蔽或者断开链接的措施。此外，对于商标侵权行为情节较轻的网店，原则上采取删除链接的措施，如果被侵权人要求采取屏蔽或者断开链接的，网络交易平台提供商可责令被侵权人提供相应的担保；被侵权人不提供担保的，网络交易平台提供商可以不进行屏蔽或者断开链接，只采取删除链接的必要措施即可。

综上所述，网络交易平台提供商承担帮助侵权责任的主观过错要件是间接故意，在网络商标侵权案件审判中，商标权人主张网络交易平台提供商构成商标帮助侵权，应按照"谁主张谁举证"的举证责任规则，就网络交易平台提供商间接故意的认识要素"明知"与意志要素"放任"分别加以举证，并且承担因举证不能致使事实无法认定的风险。首先，商标权人应举证证明网络交易平台提供商"明知"网络卖家售假；在商标权人无直接证据证明网络交易平台提供商"明知"网络卖家售假的情况下，人民法院应结合被侵权人提供的前提事实以及日常生活经验法则，严格按照事实推定规则进行裁判。其次，被侵权人应就网络交易平台提供商"放任"网络卖家售假进行举证，人民法院应对网络交易平台提供商采取措施的"及时性""必要性"进行审查。

四、结语

立法者基于保护产业政策的考量，将商标帮助侵权的主观过错要件限定于故意，然而在网络商标侵权案件裁判中，某些人民法院对网络交易平台提供商主观故意的判定却滑向了应当知道、注意义务和过失。此种故意认定的宽松化模式，背离了《商标法》制度设计的初衷，造成了同案不同判的结果，影响了司法的公正性、权威性。为了实现立法与司法的和谐统一，人民法院应尊重立法，严格按照间接故意的认识要素与意志要素进行裁判。

（责任编辑：陈博文）

---

⑯ 参见王利明：《民商法研究》（第10辑），法律出版社2017年版，页566。
⑰ 参见程啸：《侵权责任法》（第二版），法律出版社2015年版，页455。
⑱ 参见杨立新：《民法思维与司法对策》，北京大学出版社2017年版，页1758。

Study on "Deliberateness" of Network Transaction Platform Provider Constitutes Trademark Contributory Infringement

Abstract: According to the regulation of Article 57(6) of the Trademark Law, online trading platform provider must be "deliberateness" subjectively when constitutes trademark contributory infringement. Yet, the Trademark Law has neither specific provisions on the definition of "deliberateness", nor detailed specification on the recognition of "deliberateness". "Deliberateness" composed of two indispensable elements, one is the cognitive element "knowing" and another is will element "indulgency". There are two ways to identify "clearly know", one is the "clearly know" of direct evidence identification and another is the "clearly know" of indirect evidence presumption. The meaning of "indulgency" is nonfeasance, namely network transaction platform provider fails to take necessary measures in a timely manner. In addition, they are two different standards on identification of subjective fault requirement when network transaction platform provider constitutes contributory infringement, the domain of network trademark right infringement contains "deliberateness" and "clearly know", does not include "fault" and "ought to know", while the field of network copyright infringement includes "fault" and "ought to know". However, most courts tend to slip duty of care and fault on the identification of "deliberateness" in the cases of network trademark right infringement, which seriously violates the Article 57(6) of the Trademark Law, the reason is that most courts confuse the distinction between "presume to know" and "ought to know". The identification method of "clearly know" should refer to "presume to know" of Article 9 of the Judicial Interpretation of Network Human Rights, namely the court presumes that network transaction platform provider knows online sellers sell fakes combined the seven considerations of Article 9 of the Judicial Interpretation of Network Human Rights.

Key words: Network Transaction Platform Provider, Trademark Infringement, Clearly Know, Deliberateness

中国"本土化"局部外观设计制度的初步构想

王　珺　西村洋[*]

【摘要】 保护和鼓励创新是建立知识产权制度的重要目的之一，工业产品整体设计中的局部设计也属于一种创新，因而也应受法律保护。迄今为止，中国外观设计专利制度仍未将产品的局部设计纳入其保护客体，而很多其他国家和地区早已建立局部外观设计制度，并在确权的实务操作与侵权对比等方面积累了丰富的经验。中国《专利法》迎来第四次修改，是否会引入局部外观设计制度虽仍未可知，但纵观世界贸易发展的格局，中国为顺应国际趋势而引入局部外观设计制度将不可避免，局部外观设计制度的引入对中国的专利立法、审查、司法实践以及工业未来的发展具有深厚的意义。本文将从不同的视角出发，揭示局部外观设计制度在中国的缺失导致的问题，参考主要国家和地区已建立的局部外观设计制度，探究如何建立中国"本土化"局部外观设计制度及其可行性。

【关键词】 局部外观设计制度；专利法；审查指南；司法实践

引言

成功加入世界贸易组织（以下简写为"WTO"）后，随着制造业不断与世界接轨，中国在工业进出口贸易方面已占据全球领先地位。与此同时，中国在知识产权保护方面也开始逐渐加快了相关立法与司法改革的前进步伐。工业产品是知识产权保护的核心之一，产品外观设计的多元化使公众对工业产品的需求不再局限于对基本功能的关注，相比之下，产品的美学外观早已演变成了公众选择产品的重要决定因素，外观设计

---

[*] 王珺，北京市铸成律师事务所律师；西村洋，北京大学法学院2015级博士生。

的创新和保护也因此迈入了一个崭新的发展阶段。

就知识产权的相关立法而言,中国在建立专利法制度的初期借鉴了许多发达国家在建立相同制度上的经验,这一点在发明和实用新型两种类型的专利上尤为明显。相对地,中国专利制度下的外观设计专利却是一个较为特殊的类型,它似乎基本没有受到美国、日本与欧洲等知识产权制度完善的国家和地区的立法影响,而是独树一帜,在中国有着截然不同的实践。针对局部外观设计的立法便是最为显著的差异之一:根据《专利审查指南》的相关规定,局部外观设计被排除在中国的外观设计专利保护客体之外。多年来,理论和实务领域人士的众多意见强烈反映出在市场经济全球化的今天,上述差异会不利于对外观设计专利权的保护,更会对外观设计进出中国造成一定程度的阻碍。

引入局部外观设计制度并建立"新"的制度已然成为中国顺应国际趋势的必然方向,直接移植他国已有立法看似最为便捷,却未必能够在中国国情环境下得到迅速有效的实践。因此,本文基于局部外观设计制度在中国专利制度下缺失所带来的问题,参考其他国家和地区的局部外观设计制度现状,从而探讨局部外观设计制度引入中国专利法的必要性并尝试提出中国"本土化"局部外观设计制度的构建意见。

一、局部外观设计的定性与其在中国的发展

(一)局部外观设计的定性:实质"不可分割性"

"局部外观设计",通常亦称为"部分外观设计",字面上一般可以解释为对产品某一部分的外观设计。有学者认为,所谓部分外观设计专利,是指对产品上不可分割的某一部分(局部)的形状、图案及位置关系进行的富有美感并适用于工业应用的新设计①,即认为局部外观设计所针对的是产品不可分割的部分,将针对产品的可分离、独立零部件的外观设计排除在外。理论界在探讨局部外观设计时通常也认为,"不可分割性"是其关键特点,也就是说,局部外观设计不能以独立的形式存在,必须依附于产品本身。②

然而,上述观点与《专利审查指南》的规定似乎并不相符。"不能分割"这一表述虽在《专利审查指南》中有所体现③,但并不是构成局部外观设计的必要条件。根据

---

① 参见苏平:"部分外观设计专利问题探析与思考",载《中国发明与专利》2012年第10期。
② 参见李媛媛:"我国引入部分外观设计保护制度初探",载《中国发明与专利》2013年第11期。
③ 《专利审查指南》第一部分第三章"7.4 不授予外观设计专利权的情形"中明确规定了:根据《专利法》第2条第4款的规定,以下属于不授予外观设计专利权的情形:……(3)产品的不能分割或者不能单独出售且不能单独使用的局部设计,例如袜跟、帽檐、杯把等。(4)对于由多个不同特定形状或者图案的构件组成的产品,如果构件本身不能单独出售且不能单独使用,则该构件不属于外观设计专利保护的客体。例如,一组由不同形状的插块组成的拼图玩具,只有将所有插块共同作为一项外观设计申请时,才属于外观设计专利保护的客体……

《专利审查指南》中规定的"不授予外观设计专利权"的十一种情形,其中第(3)项就是针对局部外观设计的规定,即"产品的不能分割或者不能单独出售且不能单独使用的局部设计"。由此可将局部外观设计所针对的"局部"分为两类:第一,产品的不能分割的局部;第二,产品的不能单独出售且不能单独使用的局部。这一分类也能够从第(4)项规定中获得相应的支持,即"如果部件本身不能单独出售且不能单独使用,则该构件不属于外观设计专利保护的客体",因而是否能够"单独出售且单独使用"是判断是否适于外观设计专利保护客体的考量因素之一。由此可见,可以从产品整体分割、但不能单独出售且不能单独使用的零部件的设计作为"局部外观设计"排除在外观设计专利的保护客体之外。因此,根据《专利审查指南》的明确规定,局部外观设计未必是针对产品的不可分割的部分,也可以针对可以从产品整体分割、但不能单独出售且不能单独使用的零部件——也就是说,"不可分割性"并不能算是局部外观设计的特点。

事实上,也有观点完全遵照了《专利审查指南》的规定,认为部分外观设计是指产品的某个局部或者构件的外观设计④,将上述第(3)项中涉及的产品不能分割或者不能单独出售且不能单独使用的局部设计以及第(4)项中涉及的不能单独出售且不能单独使用的构件都归为局部外观设计。

然而,从目前中国的外观设计专利的审查实践来看,一些可以从产品整体分割、但不能单独出售且不能单独使用的零部件的设计似乎并没有真正被拒绝。以鞋底这类外观设计为例⑤,鞋底和鞋面通常是分开制造的,然后两部分通过胶粘、缝合等工序结合在一起形成完整的鞋。显然,鞋才是给消费者穿着使用的产品,作为鞋的一部分,鞋底本身自然不会单独出售和使用。因此,鞋底实际上也属于《专利审查指南》中规定的"从产品整体分割、但不能单独出售且不能单独使用的零部件",但实践中,诸如鞋底这种外观设计申请在中国是可授权的,从实践意义来讲,针对可分割的零部件的设计事实上已经被剔除于局部外观设计之外。从这一点来看,在实践中,中国专利制度下的局部外观设计应当仅仅涉及针对产品的不可分割的部分的设计。

厘清法律概念离不开相对应的解释和理解,更需要与实践相契合。《专利审查指南》中规定的上述第(3)项针对的才是局部外观设计的范畴,而上述第(4)项实质上涉及的是某种特定的组件产品。在此情况下,如果要求仅能以单独构件申请,必然会对申请人造成很大不便,亦与产品的正常使用与销售状态相冲突,也正因如此,对于此类单独构件的申请,我国《专利审查指南》予以禁止。⑥ 进一步地,结合《专利审查指南》

---

④ 参见王美芳:"浅析中日外观设计制度差异暨向日本提交外观设计申请的建议",载《电子知识产权》2012年第3期。

⑤ 例如,中国外观设计专利ZL201830064888.4(授权公告号CN304725179S),该外观设计产品为鞋底。

⑥ 参见芮松艳:《外观设计法律制度体系化研究》,知识产权出版社2017年版,页65。

中针对上述第(3)项的规定,鉴于长期以来中国针对"从产品整体分割、但不能单独出售且不能单独使用的零部件"的外观设计实际上予以授权的审查实践,可以以最狭义的方式对被现行立法排除在外观设计保护客体之外的"局部外观设计"进行具有定义性质的解释。

具体而言,可基于中国《专利法》第2条中关于外观设计的定义⑦,将"局部外观设计专利"定义为:对产品的不可分割的非独立部分的形状、图案或者其结合以及色彩与形状、图案的结合所作出的富有美感并适于工业应用的新设计。

(二) 局部外观设计制度的起源与其在中国的发展历程

对于工业产品的非独立部分的外观设计的提出和认可源于1976年美国的In re Zahn案。⑧ 在该案涉案专利的审查过程中,美国专利商标局认为该外观设计不符合《专利法》第171条⑨规定的保护客体的要求而驳回了该专利申请,其理由主要是要求保护的外观设计并不是独立的工业产品,螺旋钻是一个工业产品,其具有钻柄部分,但钻柄部分并不是单独的元件,不能作为工业产品受到独立保护,而之后的复审决定也支持了这一观点。⑩ 该案之后上诉至美国关税及专利诉讼法院,法院最终撤销了该相关复审决定⑪,同时对美国《专利法》的规定作出了解读,认为外观设计专利的客体并不是产品本身,而是用于产品上的设计,这一解读也在之后加入了美国《专利审查指南》。⑫ In re Zahn案的出现确立了工业产品的非独立部分的外观设计保护地位,也意味着作为发达国家的美国率先开启了局部外观设计制度的大门。在之后的几十年里,局部外观设计制度在日本、欧盟等世界多数知识产权发达国家和地区得以陆续建立和成熟发展。

外观设计作为中国立法语境下的一种专利类型,最初出现在与1984年颁布的《专

---

⑦ 《专利法》第2条第4款规定,外观设计,是指对产品的形状、图案或者其结合以及色彩与形状、图案的结合所作出的富有美感并适于工业应用的新设计。

⑧ In re Zahn, 617. F. 2d. 261. 204 USPQ 988(CCPA 1980).

⑨ 35U. S. C § 171 (Patents for designs): Whoever invents any new, original and ornamental design for an article of manufacture may obtain a patent therefor, subject to the conditions and requirements of this title.

⑩ In re Zahn, 617. F. 2d. 261. 204 USPQ 988(CCPA 1980), "Examiner's Actions……Citing § 171, his entire explanation of the rejection was: Claim rejected as failing to be directed to discrete article of manufacture. Twist drills are one article of manufacture having shank portions, which are not separate elements, separately protectable as articles of manufacture……The Board Decisions……in a very detailed opinion, the board not only affirmed the examiner's § 171 rejection……"

⑪ In re Zahn, 617. F. 2d. 261. 204 USPQ 988(CCPA 1980), The § 171 Rejection……The decision of the board is reversed.

⑫ USPTO, Manual of Patent Examining Procedure, 1502 Definition of a Design [R-07.2015], ……[35 U. S. C.] 171 refers, not to the design of an article, but to the design for an article, and is inclusive of ornamental designs of all kinds including surface ornamentation as well as configuration of goods……

利法》配套的1985年《专利法实施细则》中[13]，直至2009年中国《专利法》第三次修正时才将外观设计加入其中，但从中并不能确定中国外观设计专利所针对的是否涉及产品的不可分割的非独立部分。局部外观设计被排除在中国的外观设计专利保护客体之外是源于《专利审查指南》，但明确的相关规定是在2006年修订的《专利审查指南》中才引入的[14]，在此之前，1993年版和2001年版的《专利审查指南》中并没有提及过不授予外观设计专利权的情形。不过，对2005年之前申请的中国外观设计进行粗略检索可知，即便立法和《专利审查指南》中未有明确规定排除局部外观设计，实践中授权公告的外观设计也并没有涉及产品的不可分割的非独立部分。此外，从2006年版到现行2020年版《专利审查指南》中的相关规定也发生了细微的变化——从"产品的不能分割、不能单独出售或者使用的局部或部分设计，例如袜跟、帽檐、杯把、棋子等"修订成了"产品的不能分割或者不能单独出售且不能单独使用的局部设计，例如袜跟、帽檐、杯把等"，"部分设计"这一表述和"棋子"这一示例被删除。结合审查实践，上述修改间接性地说明了：一方面，诸如鞋底、棋子这些零部件的外观设计自中国《专利法》颁布以来也一直都能够得以授权；另一方面，上述修改方式也仅仅是为了使被排除在保护客体之外的局部外观设计的范围更加清晰明确，即其针对的仅限于产品的不可分割的非独立部分，而针对像棋子这种产品的独立零部件的外观设计，则是可获得授权的。

2015年4月，国家知识产权局公布了《关于〈中华人民共和国专利法修改草案（征求意见稿）〉的说明》（简称《专利法修改草案说明》），是中国专利发展史上第一次在官方文件中承认部分外观设计[15]，这一变化也在2015年12月2日国务院法制办公室公布的《中华人民共和国专利法修订草案（送审稿）》（简称《专利法送审稿》）中有所体现[16]。自此，局部外观设计引入中国专利体系中的必要性引发了大量的讨论。事实上，在日本和韩国分别于1999年和2001年引入了局部外观设计的保护之后，中国就已经有学者提出过其概念和保护建议，但由于当时中国社会经济发展和知识产权意识等方面的局限性，相关研究并不深入。[17]

---

[13] 1985年《专利法实施细则》第2条第3款规定，专利法所称的外观设计是指对产品的形状、图案、色彩或者其结合所作出的富有美感并适于工业上应用的新设计。

[14] 《专利审查指南（2006）》第一部分第三章6.4.3 "不给予外观设计专利保护的客体"：以下属于不符合《专利法实施细则》第2条第3款规定而不给予外观设计专利保护的客体的具体情况……（3）产品的不能分割、不能单独出售或者使用的局部或部分设计，例如袜跟、帽檐、杯把、棋子等。

[15] 参见袁真富、朱华："'部分外观设计'的制度设计及其影响——以美国部分外观设计审查实践为借鉴"，载《中国发明与专利》2016年第11期。

[16] 《专利法送审稿》第2条第4款规定，外观设计，是指对产品的整体或者局部的形状、图案或者其结合以及色彩与形状、图案的结合所作出的富有美感并适于工业应用的新设计。

[17] 参见刘桂荣："关于部分外观设计保护的探讨"，载《知识产权》2004年第3期。其中指出："由于对部分外观设计的保护的研究还不够深入，目前还没有统一的意见，相信在不久的将来，我国将会跟上时代的步伐。"

局部外观设计制度是否引入直至近些年来才得到中国学者和实务界人士广泛的关注和讨论,这与中国的社会经济发展和国民知识产权意识提高有着密切的联系。正如《专利法修改草案说明》中所指出的:"随着经济社会发展,产品外观设计在提升产品竞争力方面的作用日益凸显。我国企业的设计能力不断提高,童车等领域的设计已具有国际水平。随着产品设计更趋精细化,局部设计创新逐渐成为产品外观设计的重要表现方式,许多国家对产品的局部外观设计给予保护。但我国现行专利法只对产品整体外观设计给予保护,局部外观设计创新很容易被人通过简单拼凑、替换等方式加以模仿,难以得到有效保护,不利于激励我国设计创新产业的健康发展。因此,为满足创新主体对局部外观设计保护的需求,顺应国际外观设计制度的发展趋势,建议将对产品局部做出的外观设计纳入专利法保护范围。"[18]从目前的探讨情况来看,呼吁支持《专利法送审稿》第2条第4款修改的占比居多。但是,有消息说该建议条文从修改建议稿中被删掉了。[19]

作为全球第二大经济体和知识产权大国,中国建立局部外观设计制度是必然的趋势,但针对局部外观设计专利的保护是否一定要像日本和韩国一样进行立法修改,其必要性值得探讨。立法的修改需要从制度构建的基础、修改能够解决的问题以及可能带来的问题、是否存在更有效替代方案、国家具体国情等各个方面考量其必要性,从修改到实施、再到与实践相适应更是一个漫长的过程。中国作为以成文立法为根基、司法判例仅作为指导的国家,其立法的修订一旦生效则必将牵一发而动全身,因此某一项制度的建立和引入方式需要进行全面剖析和平衡考虑,这也是本文的目的所在。

二、局部外观设计在中国的风险和保护障碍

(一)局部外观设计进入中国的优先权风险

根据《保护工业产权巴黎公约》(简称《巴黎公约》),已经在一个成员国申请或注册的外观设计的申请人,为了在其他成员国提出申请,在申请日起6个月内应享有优先权。[20] 作为《巴黎公约》的重要成员国之一,中国《专利法》的规定对此也有着完全相

---

[18] 参见 http://sipo-reexam.gov.cn/fszc/zcjd/19332.htm, 2018年9月15日最后访问。

[19] 参见曹新明:"我国增加局部外观设计专利保护研究",载《知识产权》2018年第4期。

[20] "Paris Convention on the Protection of Industrial Property", ARTICLE 4: "Section A(1) Any person (b) who has duly filed (c) an application (d) for a patent (e), or for the registration of a utility model, or of an industrial design, or of a trademark (f), in one of the countries of the Union (g)m or his successor in title (h), shall enjoy, for the purpose of filing (i) in the other countries, a right of priority (j) during the periods hereinafter fixed (k)... Section C(1) The period of priority referred to above shall be twelve months for patents and utility models, and six months for industrial designs and trademarks (b)."

符的体现。[21] 自中国改革开放之后，尤其是加入 WTO 以来，其在全球的市场经济地位不断攀升，在中国获得相应的知识产权保护也逐渐成为世界各国和地区的申请人的重要目标。但由于在局部外观设计方面截然不同的实践，优先权相关的风险也就不可避免。

事实上，因为《专利法》和《专利审查指南》一直以来从未提及，国家知识产权局对于局部外观设计相关的优先权问题的态度就决定了相应的审查实践。有学者曾总结国家知识产权局对部分外观设计优先权问题的态度变化：2004 年之前，对于国外申请人提交的部分外观设计专利申请，需要申请人将中国的在后申请中的虚线改成实线才能使申请人享受到优先权。2004 年，国家知识产权局的态度突然转变，对国外申请人提交的部分外观设计申请，作出了多份《视为未要求国外优先权通知书》。基于此，国外申请人纷纷提出了行政复议和行政诉讼，认为国家知识产权局违反了《保护工业产品巴黎公约》第 4 条 H 款的相关规定。而后，国家知识产权局的态度又一次转变，只要国外申请人将中国的在后申请中的虚线改成实线，就可使在中国的在后申请享受国外部分外观设计申请的优先权。[22] 由此看来，目前似乎只需通过虚线改实线的方式，不仅能够符合中国审查实践不允许虚线的要求，而且享受国外部分外观设计申请的优先权也不成问题。然而，事实情况并非如此简单，潜在的优先权风险仍然存在，这一点尤为突出地体现在与图形用户界面（GUI）相关的外观设计申请中。

自 2014 年 5 月 1 日开始，中国顺应国际趋势而为 GUI 设计的保护敞开了大门，但仍然要求提交相关整体产品的视图。[23] 从 GUI 设计开放保护初期、尤其是 2015 年年底之前授权的外观设计能够看到，审查实践中对"整体产品"的强调非常明显——专利名称基本可以是"具有 XX 图形用户界面的 XX 设备（例如手机、电脑等）"，同时具体硬件载体的六面视图需要提交以满足三维产品的外观设计申请要求；事实上，即便专利名称可以略微上位成"移动终端""计算设备"等，具体化为特定硬件产品并提交相应

---

[21] 《专利法》第 29 条第 1 款规定："申请人自发明或者实用新型在外国第一次提出专利申请之日起 12 个月内，或者自外观设计在外国第一次提出专利申请之日起 6 个月内，又在中国就相同主题提出专利申请的，依照该外国同中国签订的协议或者共同参加的国际条约，或者依照相互承认优先权的原则，可以享有优先权。"

[22] 参见张黎明："产品部分外观设计在中国的变通申请与保护"，载《中国发明与专利》2015 年第 1 期。

[23] 《国家知识产权局关于修改〈专利审查指南〉的决定》（局令第 68 号）：

一、第一部分第三章第 4.2 节的修改

在《专利审查指南》第一部分第三章第 4.2 节第三段之后新增一段，内容如下：

就包括图形用户界面的产品外观设计而言，应当提交整体产品外观设计视图。图形用户界面为动态图案的，申请人应当至少提交一个状态的上述整体产品外观设计视图，对其余状态可仅提交关键帧的视图，所提交的视图应当能唯一确定动态图案中动画的变化趋势。

六面视图仍是不可避免的。㉔ 然而,例如在美国和日本,GUI 设计的申请仅需要提交所显示的某一或某几个界面即可,通常可以在显示界面外侧以虚线框示意其硬件设备,而这种硬件设备无须特定化为具体的手机、电脑,也不需要提交硬件产品的六面视图。㉕ 在这样的审查标准差异下,国外的 GUI 设计进入中国时就面临着硬件产品特定化的问题。为了满足中国的审查标准,较为常见的做法就是将国外在先申请中的界面视图外添加上具体的硬件轮廓,使其呈现为显示在具体硬件屏幕上的视图,而多数申请人也会根据《专利审查指南》中对立体产品的外观设计申请的视图提交要求,相应地将该具体硬件的六面视图补齐。

我们能够看到的是,虽然经过了大幅的修改,这些申请的优先权在审查过程中却并未受到任何质疑。究其原因,在于中国对外观设计专利申请优先权审查的宽松态度——仅对在先申请与在后申请的主题是否明显不相关进行审查㉖,即允许在先申请与在后申请的主题存在不同,只要存在相关性即可。然而,宽松的优先权审查固然使得国外在先申请进入中国时得以顺利授权,却也存在着隐患。

根据《专利审查指南》的规定,在对外观设计专利无效的程序中可以涉及核实优先权的情形,而此时需要判断中国在后申请的外观设计与其国外在先申请是否属于相同主题,但这里的要求却比审查过程中要严格得多,不仅要求产品相同,还要求在后申请的外观设计"清楚地体现"于在先申请中。㉗ 显然,上述所添加的具体硬件的相关设计特征是在先申请中所没有的,即便以最宽松的标准去实施"清楚地体现"这一优先权核实标准,这样的差异恐怕也很难在核实时维持优先权的成立。

在目前涉及外观设计专利的无效案件中,尚未发现有因为这种修改导致优先权核实不过关的先例,但鉴于两个完全不同的标准和局部外观设计在中外的实践差异,这样的风险仍然潜在地存在。

(二) 局部外观设计在中国司法实践中的保护障碍

从近两年授权的 GUI 设计来看,国家知识产权局对"整体产品"的强调开始弱化,逐渐有大批量的 GUI 设计申请以"用于 XX 设备的图形用户界面"为名称授权,而且具

㉔ 例如,可参考中国外观设计专利 ZL201430115745.3(授权公告号:CN303265856S)、ZL201430115088.2(授权公告号:CN303297969S)、ZL201430115257.2(授权公告号:CN303059413S)。

㉕ 例如,美国外观设计专利 US 29/537,401(授权公告号:US D795,268S)和 US 29/518,908(授权公告号:US D775,636S)。

㉖ 《专利审查操作规程(外观设计)》第二章 15.1:"……(4) 对主题的实质内容不进行审查,仅对在先申请与在后申请的主题是否明显不相关进行审查。如果结合产品名称及图片或者照片,判断在先申请与在后申请明显属于不相关的产品,则视为优先权主题明显不相关……"

㉗ 《专利审查指南》第四部分第五章"9.2 外观设计相同主题的认定……属于相同主题的外观设计应当同时满足以下两个条件:(1) 属于相同产品的外观设计;(2) 中国在后申请要求保护的外观设计清楚地表示在其外国首次申请中……"

体硬件设备的六面视图也已非必需,但具体硬件设备的轮廓仍然体现在外观设计图片中,并不能以简单的方框来示意。㉘ 这种"产品本位"的倾向在中国的司法实践中也有所体现:2017年年底,北京知识产权法院对中国的第一起GUI外观设计侵权纠纷作出一审判决,其中原告败诉的关键原因在于:"……涉案专利视图中所显示的产品为电脑,其名称亦为'带图形用户界面的电脑',可见,涉案专利为用于电脑产品上的外观设计。'电脑'这一产品对于涉案专利的权利保护范围具有限定作用……被诉侵权行为是被告向用户提供被诉侵权软件的行为,因被诉侵权软件并不属于外观设计产品的范畴,相应地,其与涉案专利的电脑产品不可能构成相同或相近种类的产品,据此,即便被诉侵权软件的用户界面与涉案专利的用户界面相同或相近似,被诉侵权软件亦未落入涉案专利的保护范围……"㉙事实上,对于包括GUI设计在内的所有外观设计,"整体观察、综合判断""整体视觉效果"等这些概念无论是在外观设计专利无效还是在侵权判定中都是深入人心的。在这样的情况下,如果不考虑优先权问题,将虚线改为实线后的局部外观设计的保护范围便成了最大的问题。

以美国在先申请为例,美国《专利审查指南》明确规定了对虚线的使用,常见的用途为两种:用于表示与要求保护的外观设计相关的环境,或者用于限定要求保护的外观设计的边界,但不得用于表示外观设计中不重要的部分或者由于不透明材料而不可见的部分,而且其不构成要求保护的外观设计的一部分。㉚ 也就是说,虚线表示的部分不在保护范围内。由此,在局部外观设计中,虚线往往用以表示出整个产品的轮廓,而要求保护的局部则以实线表示。在多数情况下,虚线表示的产品的其余部分往往以惯常设计粗略地示意,其最终推出的产品的相应部分未必如所示出的那样。例如,对于鞋底这类产品,较为常见的是将鞋帮和鞋底面分别以局部外观设计提出申请,即便侵权人仅采用这两个部位中的某一个,也会构成侵权,从而实现对于其产品的最全面

㉘ 例如,可参考 ZL201730253428.1(授权公告号:CN304369661S)、ZL201730065650.9(授权公告号:CN304301387S)。

㉙ 参见北京知识产权法院民事判决书(2016)京73民初276号,本案判决侵权不成立固然与"间接侵权"在中国的缺失有密切关系,但"整体产品"在中国外观设计专利的重要地位也是不可忽视的。

㉚ USPTO, Manual of Patent Examining Procedure, 1503 Elements of a Design Patent Application Filed under 35 U.S.C. chapter 16 [R-08.2017], "……15.48 Necessity for Good Drawings…… III. BROKEN LINES The two most common uses of broken lines are to disclose the environment related to the claimed design and to define the bounds of the claim…… However, broken lines are not permitted for the purpose of indicating that a portion of an article is of less importance in the design. See In re Blum, 374 F.2d 904, 153 USPQ 177 (CCPA 1967). Broken lines may not be used to show hidden planes and surfaces which cannot be seen through opaque materials. The use of broken lines indicates that the environmental structure or the portion of the article depicted in broken lines forms no part of the design, and is not to indicate the relative importance of parts of a design."

保护。③

  当这样的局部外观设计专利申请进入中国时，需要将虚线改为实线来满足中国的审查要求，但经过这样的修改，所保护的外观设计却变成了针对整个产品，因而很可能与申请人的本意相违背。同样以鞋底为例，如果在先申请为分别涉及鞋帮和鞋底面的局部外观设计，而在这两个局部外观设计中，除了要求保护的局部之外，均以惯常设计粗略示出其余部分，经过虚改实的修改，这样的两个外观设计专利所针对的就成了两种不同款式的鞋底，它们分别也与真正相关联的鞋底产品不同。换言之，即便他人制造或销售了与专利权人真正相关联的专利产品实质相同的产品，专利权人也很难以其所拥有的两个中国外观设计专利去维权，因为这样的产品事实上并不落入这两个外观设计专利的保护范围内。由此，对于专利权人而言，拥有两个外观设计专利对其商业竞争也毫无意义。实践中，也有申请人将这两个局部设计组合在鞋底整体产品中，但这样的组合是否存在优先权的问题，仍未可知。②

  除了中国外观设计专利保护范围与专利权人真实保护意图可能不相符的问题之外，局部设计的创新相对于整体产品设计的地位也是长久以来很多学者所关注的问题。实践中，即使是产品的某一局部设计创新点非常明显，法院也通常不会仅仅关注某一局部，而是需要进行整体观察和综合判断，特别是2008年我国《专利法》修改之前申请的外观设计，若无简要说明就没有办法结合其解释请求保护的局部外观设计保护范围，这对外观设计权利人显然是不利的。③ 事实上，即便外观设计专利在简要说明中明确某一局部是其设计要点，"整体视觉效果"的关键地位仍然是不可跨越的鸿沟。从《专利审查指南》来看，对整体视觉效果不足以产生显著影响的局部设计往往不能使专利与现有设计具有明显区别③；相应地，在一般的司法实践中，设计要点通常应当对产品整体外观设计具有显著影响，如果专利权人所主张的设计要点并不能使产品外观设计整体上区别于现有设计或者现有设计的组合，则其不应当获得专利权保护。⑤ 虽然

---

  ③ 参考美国外观设计专利 US29/561,317（授权公告号：US D792,067S）和 US29/561,319（授权公告号：US D774,740S）。

  ② 美国外观设计申请优先权的对应中国外观设计专利：ZL2016303229667（授权公告号：CN304050045S）、ZL2016306131675（授权公告号：CN304153935S）、ZL2016306294390（授权公告号：CN304063298S）。

  ③ 参见管育鹰："局部外观设计保护中的几个问题"，载《知识产权》2018年第4期。

  ④ 《专利审查指南》第四部分第五章：6.1 与相同或者相近种类产品现有设计对比……在确定涉案专利与相同或相近种类产品现有设计相比是否具有明显区别时，一般还应当综合考虑如下因素……（4）若区别点仅在于局部细微变化，则其对整体视觉效果不足以产生显著影响，二者不具有明显区别……应当注意的是，外观设计简要说明中设计要点所指设计并不必然对外观设计整体视觉效果具有显著影响，不必然导致涉案专利与现有设计相比具有明显区别。

  ⑤ 参见北京市高级人民法院知识产权审判庭编：《北京市高级人民法院〈专利侵权判定指南〉理解与适用》，中国法制出版社2014年版，页250。

近年来，某些"局部要素"的重要性得以提升㊱，"设计空间"的概念㊲逐渐引入外观设计比对中，但无论从法律规定还是司法实践上来看，"整体视觉效果"是否相同或相似仍然是最根本的判定基础。㊳

另外，也有学者对于"局部要素"是否能够替代局部外观设计制度进行过研究和探讨，但最终结论也是否定的，虽然"局部要素"对外观设计近似性判断具有非常重要的影响，业已形成一套比较完整的判断规则，但由于仍存在难以克服的局限性，尚不能完全替代局部外观设计制度的作用。㊴对此，本文赞同该观点，并且认为，这种局限性主要在于"整体视觉效果"的标杆地位。以桌子为例，如果请求保护的针对桌子的外观设计在于桌子一角的特定形状，其余部位便是桌子的惯常设计；而被控侵权产品采用了该桌角的设计，但同时其桌腿采用了与惯常桌腿不同的设计，由此被控侵权产品产生了与专利产品不同的整体视觉效果。在这种情况下，根据"整体观察、综合判断"的原则，考虑到"整体视觉效果"的标杆地位，在当前的外观设计侵权对比中，认定侵权成立恐怕是非常难的。

三、局部外观设计之权利确立方式探讨

（一）局部外观设计之引入方式

《专利法送审稿》中，第2条外观设计的定义所针对的"产品"被进一步限定为"产品的整体或局部"㊵，由此预示着可能在立法上为局部外观设计制度引入中国打开大门。这种在立法中直接修改定义的引入方式与日本类似，1999年，日本《意匠法》（以下称《外观设计法》）中引入了布局外观设计制度，此次改法对日本外观设计制度产生积极的影响，在扩大其保护客体范围的同时，对权利人的利益保护产生了积极的作用，避免了以仅利用某一授权外观设计中具有设计特点的部分来规避侵权途径的滋生。修改后的日本《外观设计法》赋予了局部外观设计相应的法律地位，对物品的设计中包含有该物品的局部设计，该物品的局部设计在形状等方面，如具有一定的特点，则能够获得对该部分设计以日本《外观设计法》第2条第1款予以保护。㊶

㊱ 参见《最高人民法院关于审理侵犯专利权纠纷案件应用法律若干问题的解释》第11条。

㊲ 参见《最高人民法院关于审理侵犯专利权纠纷案件应用法律若干问题的解释（二）》第14条。

㊳ 典型案例为摩托车车轮案（最高人民法院（2012）行提字第9号）：北京市第一中级人民法院、北京市高级人民法院以及最高人民法院在对该案审理中的决定性因素就在于摩托车车轮这类产品的设计空间大小，由此判断涉案专利辐条的形状设计变化是否对"整体视觉效果"产生显著影响。

㊴ 参见顾昕："局部外观设计制度的立法必要性研究——以实务中'局部要素'的运用为视角"，载《知识产权》2018年第4期。

㊵ 《专利法送审稿》第2条第4款规定，外观设计，是指对产品的整体或局部的形状、图案或者其结合以及色彩与形状、图案的结合所作出的富有美感并适于工业应用的新设计。

㊶ 参见日本《外观设计法》（定义）第2条第1款，本法中所称的外观设计，是指对产品（含产品的构成部分，除第8条外）的形状、图案、色彩或者其结合构成的，能引起视觉上美感的设计。

事实上,美国专利制度下认可局部外观设计的地位也是以定义的方式体现,只是该定义不在其立法中而是在其《专利审查指南》中加以规定:美国《专利法》中只是对获得外观设计的保护条件进行列举,即新颖性、非自明性与装饰性[42],而没有提及局部外观设计。但根据美国《专利审查指南》中对外观设计的定义,针对产品的部分的外观设计属于外观设计的保护客体。[43] 世界范围内很多知识产权发达的主要国家和地区其实都是采取"定义规定"的方式,例如欧盟——与中、美、日的外观设计制度大不同,欧盟外观设计采用注册制,并由欧洲商标外观局(简称OHIM)统一管理,但欧盟理事会条例对外观设计的界定更为宽泛:对产品的整体或部分的外观,尤其是线条、轮廓、颜色、形状、纹理和/或产品本身的材料和/或它的装饰,都可以构成外观设计的客体。[44]

在看到《专利法送审稿》中引入了局部外观设计时,理论和实务界几乎都是赞同和支持之声,但目前仍有消息称会删除相关修改,这不禁令人觉得有些遗憾。不过,既然中国现行《专利法》中也并未明确排除局部外观设计的保护,而是在《专利审查指南》中规定将其剔除,那么从《专利审查指南》中为其"正名"未尝不是一个可行的中国"本土化"引入方式。这样的引入方式在中国已经有过类似实践——GUI外观设计的保护正是通过这种方式引入中国专利制度的。[45] 经过近几年的实践操作,GUI外观设计的审查和司法实践逐渐走向正轨,在局部外观设计引入之后,相信针对GUI外观设计在中国的保护将日趋成熟。相比于修改立法,修改部门规章的操作灵活性和高效性是显而易见的。

有鉴于局部外观设计在中国确权和维权面临的种种问题和风险,引入局部外观设计制度已经成为中国专利制度亟待解决的问题之一,即便此次改法最终未能以修改定义的方式认可局部外观设计,也应当考虑从修改《专利审查指南》入手以尽快实现局部外观设计制度的引入,即将"产品的不能分割或者不能单独出售且不能单独使用的局部设计,例如袜跟、帽檐、杯把等"这一项从《专利审查指南》规定的"不授予外观设计

---

[42] 35 U.S.C. 171(a).

[43] MPEP 1502 (Definition of a design), In a design patent application, the subject matter which is claimed is the design embodied in or applied to an article of manufacture (or portion thereof) and not the article itself. Ex parte Cady, 1916 C.D. 62, 232 O.G. 621 (Comm'r Pat. 1916). "[35 U.S.C.] 171 refers, not to the design of an article, but to the design for an article, and is inclusive of ornamental designs of all kinds including surface ornamentation as well as configuration of goods."

[44] See COUNCIL REGULATION (EC) No.06/2002, Article3 Definitions, For the purpose of this Regulation: (a) "design" means the appearance of the whole or a part of a product resulting from the features of, in particular, the lines, contours, colours, shape, texture and/or materials of the product itself and/or its ornamentation.

[45] 根据《国家知识产权局关于修改〈专利审查指南〉的决定》(第68号),第一部分第三章第7.4节"不授予外观设计专利权的情形"的第(11)项从"产品通电后显示的图案。例如,电子表表盘显示的图案、手机显示屏上显示的图案、软件界面等"修改成为"游戏界面以及与人机交互无关或者与实现产品功能无关的产品显示装置所显示的图案,例如,电子屏幕壁纸、开关机画面、网站网页的图文排版"。

专利权的情形"中删除。

不过,无论以何种方式引入局部外观设计制度,都应当充分考虑权利确立和外观设计比对中的种种因素,从无到有地构建这项"新"制度。

(二)局部外观设计之申请文件标准构建

目前,学界对于引入局部外观设计制度之后申请文件的意见和建议多集中在局部外观设计的产品名称和图片或照片上。

对于局部外观设计的产品名称的命名方式,有学者建议以完整产品的名称结合部分外观设计的部位命名,这种命名方式体现了部分外观设计应用的产品和部位,并且有助于满足准确地给出洛迦诺分类号的需要。[46]

这种命名方式固然能够在一定程度上强调申请人希望突出的局部,例如,目前GUI 设计通常以"具有图形用户界面的 XX 设备"命名,这样能够充分体现申请人希望重点保护的是设备上显示的图形用户界面。然而,纵观一些局部外观设计制度早已构建的国家和地区,从它们的外观设计专利名称上似乎并不能看出存在与以上类似的命名要求,不过有些国家会在名称上直接标注"部分"的字样,以体现局部外观设计。[47]

实践上,并非所有的局部都能合适地命名(例如某些结构的拐角部位)。同时,名称中提及的局部也可能仅仅是为了与其他类型产品相区别(例如,"具有帽檐的帽子"可能仅仅是与不带帽檐的帽子相区别而已),而未必意在将保护范围限定在该局部。另外,洛迦诺分类号是审查员根据简要说明中的产品用途来确定的,其不像发明和实用新型采用的 IPC 国际分类那样细化,并没有具体到工业产品的不可分割的局部,所以局部名称对洛迦诺分类号的确定基本不存在影响。因此,本文认为这种"产品+部位"的命名方式不应当成为局部外观设计的标志,更不应当成为一种硬性规定,外观设计产品名称还是应当以体现整体产品为其主要功能。

而对于图片或相片,从美国、欧盟、日本等保护局部外观设计的主要国家和地区来看,图片中实线表示局部、虚线表示整体产品的其余部分是其一般的表现形式。这似乎也是大部分国家和地区所使用的形式。不少学者支持采用这种通用的虚实相结合的方式。[48] 不过在当前中国外观设计审查实践中,除了虚线之外,展示产品立体效果的阴影线、效果线等也是不允许的。在这种情况下,某些产品以照片的形式呈现则更有

---

[46] 参见刘亚凡、路莉:"我国引入部分外观设计制度的初步思考",载《法制与社会》2015 年第 15 期。

[47] 例如,欧盟外观注册号 001461164,其视图中包括了以虚线示出的不保护部分,但名称即为其整体产品"children safety seats",不过名称最后标注了"part of-";日本外观设计注册号 JP,1600436,S,其视图中同样以虚线示出了不保护部分,但名称同样为其整体产品"電子ダーツゲーム機",并在名称最后标注了"部分意匠"。

[48] 参见袁真富、朱华:"'部分外观设计'的制度设计及其影响——以美国部分外观设计审查实践为借鉴",载《中国发明与专利》2016 年第 11 期。其中认为"部分外观设计的表现形式采用美国专利申请一样的虚实相结合的方式,更为合适"。

利于清楚地表达和保护。而对于这种照片来说,就很难以虚实结合的方式来体现局部外观设计了。因此,对于照片而言,也有建议提出,以加粗的实线在照片中描绘出请求保护的部分外观设计,并辅以引出线,在简要说明中说明引出线所示部位为请求保护的部分外观设计,或提交能够完整表达该部分外观设计内容的视图,同时提交可以清晰、准确地表达该部分外观设计所应用的完整产品的视图。㊾

　　对于外观设计而言,图示的方式必然胜于文字的表达,这也是绝大多数国家都以图片显示内容为根本基础解释外观设计专利保护范围的原因。㊿ 为避免不同类型文件的标准混乱,直接套用美国法律针对局部外观设计图片的要求不失为一种便利的策略:根据美国《专利审查指南》的规定,照片是可以接受的,但如果以照片代替线条图来提交申请的话,是不允许显示出环境结构的。㉛ 即,理论上,局部外观设计只能以线条图来表示,实线表示所要求保护的局部,虚线示出整体产品的其余部分。如此一来,可以考虑将对展示产品立体效果的阴影线、效果线等的限制也放开。事实上,即便对于小规模的国内申请人来说,随着近年来对外观设计专利意识的普及,制图的困难也几乎不再存在。放开对虚线、阴影线和效果线等的限制不仅能够基本避免优先权方面的风险,也能让局部外观设计的图片审查标准清晰统一。

　　进一步而言,在虚线得以允许的情况下,仅仅通过图片中存在虚线来推定该专利涉及局部外观设计可能会在授权后的无效和诉讼中出现涉及保护范围的争议,为避免这些争议的发生,申请人的主动声明也是必要的。美国外观设计专利申请中,在说明中会作出对虚线使用目的的声明㉜,如果参照这一方式,则需要相应地在中国外观设计

㊾ 李媛媛:"我国引入部分外观设计保护制度初探",载《中国发明与专利》2013 年第 11 期。

㊿ 中国《专利法》第 59 条第 2 款规定:"外观设计专利权的保护范围以表示在图片或者照片中的该产品的外观设计为准,简要说明可以用于解释图片或者照片所表示的该产品的外观设计。"USPTO, Manual of Patent Examining Procedure, 1503.01 Specification [R-08.2017] "……No description of the design in the specification beyond a brief description of the drawing is generally necessary, since as a rule the illustration in the drawing views is its own best description……" Egyptian Goddess Inc. v. Swisa Inc. (Fed. Cir. 2008)案中也指出:"……Given the recognized difficulties entailed in trying to describe a design in words, the preferable course ordinarily will be for a district court not to attempt to "construe" a design patent claim by providing a detailed verbal description of the claimed design……"

㉛ USPTO, Manual of Patent Examining Procedure, 1503.02 Drawings [R-08.2017] "……Photographs submitted in lieu of ink drawings in design patent applications must not disclose environmental structure but must be limited to the design claimed for the article……"

㉜ USPTO, Manual of Patent Examining Procedure, 1503.01 Specification [R-08.2017] "……In addition to the figure descriptions, the following types of statements are permissible in the specification……(3) Statement indicating the purpose of broken lines in the drawing, for example, environmental structure or boundaries that form no part of the design to be patented……"

申请的简要说明中予以说明[53]。不过,本文认为,为了免去不必要的麻烦,完全可以在中国外观设计申请请求书中设置相应选项(例如"本申请为局部外观设计,请求保护的范围为实线所示的局部,虚线示出产品的不请求保护的其余部位"),申请人只需予以勾选即可。[54] 如此一来,对于局部外观设计而言,无须通过在名称中特意标注来体现其保护范围,而对于与整体产品可分割的零部件的外观设计而言,也能够通过虚实结合的图片表达、但不声明为局部外观设计的方式予以体现,这样也解决了某些零部件外观设计进入中国时对虚线修改的两难境地。[55]

(三) 局部外观设计之特殊申请标准构建

在中国外观设计制度框架下,相似设计、套件申请、组件申请和分案申请这些特殊的申请情况也应当考虑是否适合局部外观设计。对于相似设计以同一设计构思衍生出的相似的局部外观设计提交这一方式并未产生任何争议。但对于分案申请、套件申请和组件申请,有观点认为,局部外观设计不宜允许这三类申请方式。[56] 不过本文持有不同意见。

根据《专利法实施细则》的规定,专利申请包括两项以上发明、实用新型或外观设计的,专利申请人可以在规定的期限内提出与原申请相同类别的分案申请。[57] 相较于普通申请的审查标准,提出分案申请的技术方案还需要满足"不得超出原申请记载的范围"的要求。[58] 实务中,发明和实用新型专利的分案申请往往采用与原申请相同的说明书和附图,仅在权利要求上作出变动以请求保护原申请权利要求中未包含的技术方案,这些新的权利要求所涉及的技术方案可以来自原申请中被删除的权利要求,也可以来自原申请的说明书记载的内容。总之,只要不超出原申请中记载的范围即可。对应于外观设计申请,也应当采取相同的标准。虽然局部外观设计的图片中会以虚线示出不要求保护的设计部分,这些部分虽不属于请求保护的范围,但仍然属于原申请

---

[53] 在中国专利实务中,就外观设计专利申请而言,申请人如欲对颜色进行保护则需要在简要说明中作出具体声明。

[54] 同样,在中国专利实务中,针对"相似设计"和"成套产品"的保护,申请人需要在外观设计专利申请的请求书中勾选填写来加以体现。

[55] 以笔者曾处理过的儿童安全座椅外观设计申请为例,其首次申请是在欧盟注册,包括了安全座椅的几个零部件(下部底座、上部座椅、座椅扶手、安全气囊等),各部件在图片中以虚实结合的形式体现,例如,下部底座以实线表示,安全座椅的其余部分为虚线。在进入中国时,由于申请人希望保护的仅限于下部底座,但如果将虚线全部删除,之前不可见的与上部座椅的内部连接结构将暴露,这必然涉及优先权问题和修改超范围问题,如此很多视图就只能删除。但对于立体产品而言,删除过多视图又将引起产品表达不清楚的问题。

[56] 李媛媛:"我国引入部分外观设计保护制度初探",载《中国发明与专利》2013年第11期。

[57] 《专利法实施细则》第42条第1款和第3款。

[58] 《专利法实施细则》第43条第1款。

记载的范围,只要在规定的期限内,应当允许申请人就虚线表示的某一或某几个局部提出分案申请。

根据《专利法》的规定,成套产品是用于同一类别并且成套出售或者使用的产品[59],例如茶壶和茶杯,可以将茶壶和茶杯这样的成套产品提交在一个申请中,是为套件申请。而组件申请在法律上并无提及,而是在《专利审查指南》中定义为由多个构件相结合构成的一件产品,并规定了这类申请的图片提交规则。[60]对于这两种类型的产品,无论是"套件"还是"组件"都是针对整体产品的概念,而不是针对产品的局部,如果整体产品涉及"套件"或者"组件",那么允许针对它们的局部外观设计并无不妥,反而有利于其保护。具体而言,无论从整体产品种类的角度还是保护范围确定的角度来看,体现局部外观设计所应用的整体产品都是必要的,从已经允许局部外观设计的国家实践和当前学界对中国引入局部外观设计建议的审查方案来看亦是如此。以茶壶和茶杯构成的套件为例,茶壶的壶把和茶杯的杯把可以是整体产品不可分割的局部,对壶把和杯把以同一设计概念而成的茶壶茶杯套件也不在少数,由于茶壶和茶杯的尺寸比例差异,壶把和杯把可能仅在尺寸比例或者某些弧度设计上略有不同。如果不允许针对壶把和杯把的局部外观设计以套件申请的方式提交,为了全面地保护相关产品设计,就需要对这两个局部外观设计分别申请后进行提交,如此不仅增加了专利申请人的申请成本和审查工作的负担,而且两者的高度相似性还可能带来授权后的争议。

因此,本文认为,应当针对局部外观设计允许上述各项特殊申请,如此一来,《专利审查指南》相关部分也无须作出任何修订,针对局部外观设计的上述各项特殊申请仍然依照现行《专利审查指南》的规定进行审查即可。

四、外观设计比对之"局部标准"讨论

(一)"局部外观设计"比对中的"整体视觉效果"要素考量

从中国当前的司法实践来看,整体产品的视觉效果(即"整体视觉效果")这一要素在外观设计专利中具有标杆地位,纵使在外观设计专利与在先设计或被控侵权产品进行比对时考虑的因素多样,但是否相同或相近似的标准最终还是落在"整体视觉效果"是否有显著区别。例如,根据《专利审查指南》的规定,即便专利权人在简要说明中声明了设计要点,但只要其对整体视觉效果没有显著影响,就不会由此导致相关专

---

[59] 《专利法》第31条第2款。
[60] 《专利审查指南》第一部分第三章4.2.1 视图名称及其标注:组件产品,是指由多个构件相结合构成的一件产品。分为无组装关系、组装关系唯一或者组装关系不唯一的组件产品。对于组装关系唯一的组件产品,应当提交组合状态的产品视图;对于无组装关系或者组装关系不唯一的组件产品,应当提交各构件的视图,并在每个构件的视图名称前以阿拉伯数字顺序编号标注,并在编号前加"组件"字样。

利与现有设计的明显区别。[61] 在当前不保护局部外观设计的实践下,"整体视觉效果"标准虽然在一定程度上依赖于主观判断,但对于整体产品的外观设计而言是必要并且易操作的。不过,在局部外观设计纳入外观设计保护客体之后,"整体视觉效果"要素在局部外观设计比对中的权重是否需要调整以及调整到何种程度值得探讨。

局部外观设计针对的是产品的不可分割的非独立部分,其保护范围当然也应聚焦于该部分,这也是多数国家和地区的实践。例如,美国实务界认为,虚线部分属于权利保护范围外,只要实线部分的形态相同,实质上相同或相似的话,被控侵权产品就落入局部外观设计的保护范围之内,与虚线部分的形态无关。类似地,日本特许厅对于局部外观设计的保护范围也有图示说明如下——即便虚线部分存在差异,被控侵权产品也落入该局部外观设计的保护范围[62]:

登录意匠[部分意匠] 　　　他人的实施意匠

图 1

在这样的保护范围下,"整体视觉效果"似乎不再是局部外观设计比对时的考量标杆。具体而言,相对于要求保护的局部,即便未要求保护的其余部分的区别使整体视觉效果产生显著区别,在进行外观设计比对时也不应予以考虑。同样以桌子为例,如果请求保护的局部外观设计专利在于桌子一角的特定形状,其余部分则以虚线示意出惯常的桌子形状;而被控侵权产品采用了该桌角的设计,但同时其桌腿也有相较于惯常桌腿不同的设计,由此被控侵权产品在整体视觉效果上与专利产生显著差异。在这种情况下,仍然应当认为被控侵权产品落入该局部外观设计保护范围内,而不考虑桌腿为桌子整体带来的不同视觉效果。本文认为,在局部外观设计比对中,排除其余部分对整体视觉效果的影响是必要的。在全球社会经济工业产品的技术与设计发展已经达到一定高度的今天,专利法意义下所要激励的创新更多时候都是"站在巨人肩膀上"的局部改进,发明和实用新型如此,外观设计亦是如此,这也是各国逐渐开始保护局部外观设计的原因之所在。"局部"之外部分的创新可以享有相应的知识产权,但这并不应当成为对该局部外观设计的使用不构成侵权的理由,否则,对局部外观设计的

---

[61] 《专利审查指南》第四部分第五章 6.1 与相同或者相近种类产品现有设计对比:应当注意的是,外观设计简要说明中设计要点所指设计并不必然对外观设计整体视觉效果具有显著影响,不必然导致涉案专利与现有设计相比具有明显区别。例如,对于汽车的外观设计,简要说明中指出其设计要点在于汽车底面,但汽车底面的设计对汽车的整体视觉效果并不具显著影响。

[62] 参见特許厅 著「各国・地域の意匠権の効力範囲及び侵害が及ぶ範囲に関する調査研究報告書」,一般財団法人 日本国際知的財産保護協会,2014 年 2 月,页 20。

保护也就失去了意义,很可能间接地为仿冒者规避侵权提供空间,由此打击工业产品设计者的创造积极性,也不利于工业产品市场的良好发展。

在实践中,工业产品种类繁多、外观设计比对的情况各异,将其余部分对整体视觉效果的影响排除并不意味着对整体产品因素的完全摒弃和局部外观设计保护范围的无节制扩张。外观设计专利是"富有美感""适于工业应用""新"的设计:"富有美感"揭示了其可视性和美观性,"适于工业应用"限定了其所应用的载体(即工业产品),而"新"则体现了其区别于现有设计的视觉效果。"视觉效果"的受众是所有能够看到相应载体的人,由于局部外观设计仅涉及产品的不可分割的非独立部分,最终看到的自然还是带有该局部的整体产品,因此,即便是局部外观设计的比对也不能完全脱离"整体产品"。例如,整体产品的种类仍然需要作为重要的参考因素:把对桌面图案的局部外观设计应用到桌椅等产品上,将导致侵权的成立,但若应用到充电器、墙纸等产品上,则不应认定为侵权,这一点保持与当前整体外观设计中对相同或相近种类的标准一致为宜。

目前,有的国家和地区的司法实践也体现了对"整体"要素的考虑。日本学界存在两种不同的判断方式——仅判断局部是否相同的独立说以及总体观察单独判断的要部说。在平成22(ネ)10014案中[63],日本知识产权高等法院认为,局部外观设计制度是因有必要保护系独创物品的局部设计而设立的,但局部设计也是与物品形状整体相关的一部分,因此不单要考虑局部外观设计的形态,还要参考物品整体的位置、大小来判断类似局部设计的范围。也因此,要部说得到司法实践的支持,在涉及局部外观设计的侵权案件中,一般情况下,法院会采用对仅仿造产品中的一部分的被诉侵权产品与局部外观设计之间是否构成相同或相似的评判标准。欧盟的司法实践中对于整体产品的考虑也有所体现,在T-68/10案件中,欧洲一审法院从比较整体特征之后,对外观设计所要保护的要素进行了讨论,并认为用虚线保护产品的部分不属于外观设计的保护部分。两个设计之间均包含简单的圆形表,其边缘部分都穿有颈绳并在下方合并在一起,两者的区别甚微,整体形状没有变化。[64]

综合分析来看,本文认为,局部外观设计比对中仍然应当以相同或相近种类的整体产品为基础,聚焦于所请求保护的局部设计的独立比对,排除局部之外部分对"整体视觉效果"的影响因素,但仍然需考虑所请求保护的局部设计上的区别给"整体视觉效果"带来的变化。

(二)"一般消费者"主体标准调整的必要性

根据《专利审查指南》的规定,外观设计无效程序中判定主体为"一般消费者",其

---

[63] 参见知财高裁平成23年3月28日判决。
[64] 参见サブリナ・フナガリ著,村井康司 訳,「欧州共同体における部分意匠の保護」、知财ぷりずむ,2014年3月,NO.12,NO.138。

特点为:(1)对涉案专利申请日之前相同种类或者相近种类产品的外观设计及其常用设计手法具有常识性的了解;(2)对外观设计产品之间在形状、图案以及色彩上的区别具有一定的分辨力,但不会注意到产品的形状、图案以及色彩的微小变化。⑥ 这一主体标准在司法实践的侵权判定中也逐渐得到认可和广泛采用,北京市高级人民法院《专利侵权判定指南》中也有基本相同的定义,并且指出一般消费者不是一般设计人员或产品实际购买者,而是一种假设的"人",其知识水平和认知能力的界定应当考虑外观设计专利申请日时授权外观设计所属相同或者相近种类产品的设计空间。⑥

从名称和以上特点(2)来看,"一般消费者"可以等同于对外观设计产品的普通"购买者"。有法官就曾认为,外观设计专利侵权判定中的一般消费者应当是被控侵权产品的实际购买者,而非外观设计专利产品物理效用的享用者;当外观设计专利产品是中间产品时,外观设计专利侵权判定中的一般消费者应当是被控侵权中间产品的实际购买者,而非最终产品的实际购买者。⑥ 不过,从通用的《专利审查指南》中的定义来看,将"一般消费者"理解为"购买者"似乎并不合适,因为以上特点(1)赋予了他一定的设计者的能力。有学者将中国的判定主体标准总结为"一般消费者 + 设计空间"。⑥ 还有法官认为,对于外观设计的新颖性和创造性判定应当适用不同的判断主体,由购买者判断新颖性,而由产品的普通设计者判断创造性,侵权判定中也同理适用。⑥ 另外,也有学者指出,学界和司法实践中对于非日常用品的专业类产品外观设计侵权判断主体的定位分歧——对于非日常用品的专业类产品外观设计,有观点认为判断主体应该是对该专业产品具有常识性了解的"一般消费者",另有观点认为判断主体应当是本领域的普通专业设计人员。⑦

纵然存在颇多争议,以购买者的角度判定的标准由来已久并且在很多国家和地区广泛适用,例如,美国专利制度下规定的"普通观察者"在 Gorham 案中就是以购买者的角度来描述的⑦,在中国司法实践中采用产品终端购买者和使用者为标准也较为普遍

---

⑥ 《专利审查指南》第四部分第五章第四节判断主体。
⑥ 北京市高级人民法院《专利侵权判定指南》第 81 条、第 82 条规定。
⑥ 参见张晓都:"如何确定外观设计专利侵权判定中的'一般消费者'",载《中国专利与商标》2011 年第 1 期。
⑥ 参见管育鹰:"局部外观设计保护中的几个问题",载《知识产权》2018 年第 4 期。
⑥ 参见芮松艳:《外观设计法律制度体系化研究》,知识产权出版社 2017 年版,页 166、244、307。
⑦ 参见胡充寒:"外观设计侵权判断'一般消费者'标准的反思与修正",载《法学杂志》2013 年第 12 期。
⑦ Gorham Mfg. Co. V. White, 81 U. S. (14 Wall.) 511, 512, 20 L. Ed. 731 (1872) "……We hold, therefore, that if, in the eye of an ordinary observer, giving such attention as a purchaser usually gives, two designs are substantially the same, if the resemblance is such as to deceive such an observer, inducing him to purchase one supposing it to be the other, the first one patented is infringed by the other……"

地体现在很多判决中⑫。这一角度产生的原因在于强调外观设计在市场环境下的经济价值：在市场环境下，在影响消费者购买行为的因素（如功能、品牌等）均无变化的情况下，其对该产品的外观的喜好会在很大程度上决定消费者的购买行为。因此，设计者需要付出智力劳动使其所设计的产品在视觉效果上符合消费者的喜好，从而实现其设计的经济价值。正因如此，才使得外观设计产生保护的必要性。⑬ 但在引入局部外观设计之后，以终端购买者和使用者的角度作为判定标准似乎变得愈加不那么合理，尤其是某些中间产品的局部设计。例如，对于车灯这种中间产品而言，终端购买者和使用者是车主，他们对车整体具有一定的视觉敏感性，但对相对小得多的车灯部件设计未必熟知和了解。

专利立法的目的在于"保护专利权人的合法权益，鼓励发明创造，推动发明创造的应用，提高创新能力，促进科学技术进步和经济社会发展"⑭；外观设计作为专利的类型之一，同样意在保护、鼓励和推进"新设计"。类比而言，实用新型的新创性和侵权判定主体为"所属领域的技术人员"，即由"本领域技术人员"去判断请求保护的技术方案是否具有"实质性特点"和"进步"，而不是由最终享有相应产品的技术效果的购买者和使用者来判断；相应地，是否可以考虑将"所述领域的设计人员"作为外观设计的判定主体呢？本文认为，答案应当是肯定的。其理由在于，创新带来的市场和商业上的成功当然可以作为一种体现，但并不应当作为主要的参考标准，这一点在《专利审查指南》对发明的创造性判断中也有所体现。⑮ 换言之，创新带来的经济价值自会在市场环境中通过终端消费者和使用者的反应在实践中得以体现，而外观设计可专利性和侵权与否仍然应当由所属领域的设计人员来判断，这样不仅在整个专利制度框架下形成统一的标准，也能够在引入局部外观设计之后避免终端购买者和使用者视角判断所带来的问题。同时，这样的判断主体标准的逐渐适用也将潜移默化地提高外观设计专利的创新质量，这也呼应了专利法的立法目的。

参考"所属领域的技术人员"的定义，"所属领域的设计人员"可以假定为其知晓申请日或者优选权日之前相同或相近种类产品所有的现有设计，并且了解该日期之间相同或相近种类产品的常规设计手法，但他不具有创造新设计的能力。鉴于当前外观设计判断主体的相关规定已经遍及《专利审查指南》、司法解释等，如果以"所属领域的设计人员"为判断主体，那么《专利审查指南》和司法解释中的相关规定需要相应地作出统一的调整。

---

⑫ 例如，"一般消费者"在摩托车车轮案中最终被确定为组装商、维修商、购买者和使用者；在路灯案中最终被确定为路灯的购买者、安装和维护人员以及行人（即使用者）。
⑬ 参见芮松艳：《外观设计法律制度体系化研究》，知识产权出版社2017年版，页17。
⑭ 《专利法》第1条规定。
⑮ 参见《专利审查指南》第二部分第四章5.4发明在商业上获得成功。

五、结论

中国专利体系中不对产品局部设计进行保护既不利于本地域的工业产品创新的发展,也不利于对申请主体的保护,尤其是境外外观设计进入中国会带来一些在确权和维权上的障碍和困惑,因此中国亟待引入局部外观设计制度以期解决这些问题。不过,一味强调通过单纯的法律修改来建立局部外观设计制度,并不是解决问题的根本路径,每个国家和地区的专利法基础框架和具体国情各异,直接移植已有该制度国家的"形"来构建中国专利法体系中的局部外观设计制度的"魂"反而可能出现水土不服的现象。

无论对于外观设计定义的修订在中国《专利法》第四次修改过程中是否能够通过,局部外观设计制度构建的步伐都不应当受到影响;而即便不予通过,也可建立具有中国"本土化"意义的局部外观设计制度。而且,一项新制度的引入自然也会对整个专利法体系产生影响,局部外观设计制度在中国专利法下从无到有的改变必将需要审查授权以及司法实践作出有可能颠覆性的调整。相对的,充分的制度构建和实践准备的成本往往是巨大的。因此,本文提出以操作相对灵活和高效的修改《专利审查指南》作为确立局部外观设计保护地位的引入方式,即删除《专利审查指南》规定的"不授予外观设计专利权的情形"中与局部设计相关的第(4)项。相应地,本文进一步建议针对局部外观设计形成一套从申请文件至特殊申请方式的确权标准,同时在局部外观设计比对中调整平衡"整体视觉效果"要素的权重,将判断主体校正为"所属领域的设计人员",由此完成对局部外观设计制度的初步构建。

(责任编辑:张楠)

Preliminary conception of "localized" partial design system in China

Abstract: One of the most important purposes for building intellectual property system is to protect and encourage creativity. Certainly, partial design is a typical type of creativity and thus deserves legal protection. However, partial design is not a statutory subject matter under the design patent system in China, while partial design system has been built and well developed in a lot of countries and areas. Now, the result of whether partial design would be introduced in the fourth amendment to PRC Patent Law is still pending. Nevertheless, such introduction undoubtedly follows the international trend and is a must which will be a significance for the development of legislation, examination, juridical practice, and industries in China. The present article is, from different perspectives, discussing the problems caused by lack of partial design under Chinese design patent system. With reference to the partial design system in some main countries and areas, the present article also attempts to build a "localized" partial design system and discuss its feasibility.

Key words: Partial Design System, Patent Law, Examination Guidelines, Juridical Practice

区块链技术在知识产权确权和交易中的运用及其法律规制

马　超　邱　睿[*]

【摘要】 作为继云计算、大数据等信息技术后的又一创新技术,区块链技术是基于计算机网络的分布式账本技术。区块链技术凭借其去中心化、不可篡改、可溯源等特性,可以全程参与到知识产权注册、授权、评估、交易、维权等流程中,极大简化知识产权确权和交易的过程,高度契合知识产权确权和交易管理的需求。然而,区块链技术在知识产权确权和交易的运用中存在适用瑕疵、法律规制不完善等问题,所以有必要对区块链技术如何应用于知识产权确权和交易、如何应对确权和交易中的法律规制漏洞等问题进行深入探讨,以期对进一步完善具有新时代中国特色社会主义的区块链技术在知识产权确权和交易中的法律制度有所裨益。

【关键词】 区块链技术;知识产权确权和交易;法律规制

一、区块链技术的界说

(一)区块链技术的内涵

广义来讲,区块链技术是一种基于计算机网络通过特殊方式加密的、不可修改的、可溯源的分布式记账技术。狭义来说,区块链是以哈希指针的方式按照时间顺序组成的单向数据链,能够实现所有交易参与人在交易过程中全部交易行为的无差别记录,确保交易的真实性。

区块链本质上是一个去中心化的分布式账簿数据库,由创世区块和普通区块两部

---

[*] 马超,四川省合江县人民检察院检察辅助人员;邱睿,四川省合江县财政国库支付中心经济师。

分构成,创世区块即最早构成的区块,普通区块是通过后续交易构建的区块。每个区块都由两部分构成,一部分为区块头,另一部分为区块体。区块头负责记录这个区块的特征,包括时间戳(防止重复交易)、上一个区块的哈希值(即上一个区块的ID,创世区块无此内容)、本区块的哈希值(即本区块的ID);区块体负责存储记录数据信息。区块链之间通过哈希指针构成链条,并通过特殊的传播方式实现全网络的播报、记录和验证,进而构成一个全网记录的不可篡改的交易系统。区块链的数据结构详见表1。

表1 区块链的数据结构①

数据项	描述	大小
Version	区块链版本号	4字节
Hashprevblock	前一区块的hash值	32字节
Haskmaerletroot	一个区块中所有交易的hash值	32字节
Time	时间戳	4字节
Bits	当前目标Hash值	4字节
Nonce	随机数	4字节

(二) 区块链的分类和特点

1. 区块链的分类

目前区块链主要分为三类:公有链、私有链和联盟链。公有链是指像比特币这样的完全去中心化、不受任何机构控制的区块链,当前应用最为广泛。私有链是一种中心化控制的区块链,仅仅使用了区块链的信息录入技术用于记账,其本质与传统的中心化数据存储并无多少差异。联盟链是居于公有链和私有链之间的一种区块链,它不像公有链一样完全去中心化,也不像私有链一样由单个节点独享数据的写入权限。联盟链可以指定多个预选节点作为记账人,作为特定领域、特定群体使用的区块链。

2. 区块链的主要特点

第一,不可篡改。由于区块链所记录的数据都是通过时间戳和哈希指针实现可溯源记录的,且每一个链条都被全网参与者共同记录,因此无法通过单独修改一个记录节点数据的方式来对数据进行篡改。要实现记录的修改,需要掌握全网50%以上的节点数据,这在实际生活中几乎是不可能发生的,因此区块链记录的数据存在不可篡改的特性。

第二,可溯源性。区块链技术的可溯源性是由区块链技术不可篡改的特点延伸出来的一个重要特点。因为区块链是以哈希指针的方式按照时间顺序组成的单向数据

---

① 参见邵宇:"区块链技术对金融监管的挑战",载《上海政法学院学报(法治论丛)》2017年第4期。

链,而区块链技术的不可篡改性使得区块链的记录难以修改,那么如果以数据记录的某个节点为原点,以时间为轴线,就可以逆时溯源了。

第三,分布式,也即去中心化。不同于传统数据的记录需要一个数据库(即数据存储中心),区块链内的数据通过计算机网络就能够实现全网记录。通过特殊算法,全网的每一个区块链运算参与者都成为一个数据记录的节点,且每一个节点所记录的信息通过特殊的运算、验证程序后依然能够保持数据的一致,从而实现不依赖个别节点或设备的去中心化的数据记录。

二、区块链技术在知识产权确权和交易中的运用

利用区块链技术分布式、可溯源、不可篡改等特性,结合数字环境下知识产权的特点,通过将区块链技术与知识产权保护有机结合,能够有效地解决当前互联网背景下知识产权确权、交易中的难题。

(一)数字环境下知识产权的特点

随着互联网的发展,特别是知识产权的数字化,知识产权呈现出虚拟性、衍生性、共享性等新特点。第一,知识产权具有虚拟性:知识产权是无形资产,特别是随着知识资产的数字化,大部分知识产权都是通过互联网进行存储和转移。第二,知识产权具有衍生性:由于知识产权在互联网上以数据的形式保存和传输,相关数字资产不断沉淀,通过对已有资产的引用和扩张可以衍生出新的资产数据。第三,知识产权具有共享性:不同于传统的知识产权具有地域性特点,知识产权数字化后能以较快的速度在互联网上实现转移和传播,地域甚至国与国之间的界限都在不断地模糊和淡化。

(二)区块链技术在知识产权确权和交易中的运用

区块链技术凭借其去中心化、不可篡改、可溯源等特性,可以全程参与知识产权的注册、授权、评估、交易、维权等流程,高度契合了知识产权确权和交易管理的需求。

1. 知识产权的注册

通过区块链对符合条件的知识产权进行注册,知识产权所有人创建创世区块,在区块体内录入与知识产权相关的数据并加盖时间戳,从而实现对知识产权的注册。由于注册后所发生的行为都是基于创世区块的数据,所以能够有效地确保知识产权使用人和所有人的权益。以商标权为例,我国采用商标自愿注册制度,需要经过商标局的核准注册,商标所有人才能享有注册商标专用权,但未经核准注册的商标也能在商业中使用,这就会产生使用在相同或类似商品上、设计相同或近似的在先使用商标和在后注册商标权利间的协调问题。2019年修订的《商标法》明确指出在先使用的有一定影响的商标所有人不会侵犯在后商标注册人的权利,在先使用人可以在原使用范围内

继续使用商标。② 判定在先使用需明确考量在先商标开始使用的时间、商品或服务范围、地域范围、销售对象和途径、广告宣传时间和程度等因素,人工统计在一定程度上会有遗漏,尤其是对某些有一定影响的商标,统计数据多、耗时长、成本高。③ 再来看由区块链技术支撑的国家数字音像传播服务平台(版权云),在版权登记阶段利用无钥签名区块链技术对版权进行存在性证明,能够为数字作品提供高效、易操作、成本较低的版权登记服务。另外,版权云数字版权登记平台还提供双证服务,即申请人通过平台上传作品5秒后即可获取数字版权存证证书,此外还可根据需求申请获得贵州省版权局的作品自愿登记证书。④

2. 知识产权的授权

知识产权的授权往往是不充分的授权,各项权利很可能会被分散授予。在传统的知识产权授权当中,知识产权因其无形性非常难以被分散授权。与此不同的是,通过区块链技术的应用,知识产权的每次授权都会在区块链中得到记录,且所有此知识产权的参与者都能够获取此信息,从而比较容易地实现知识产权的分散授权。以著作权为例,著作权权利自作品创作完成之日起即自动产生,不需要经过国家行政机关的审查登记,而我国实行的是著作权自愿登记制度,登记费用高且需要填写著作权人的真实信息。在作者署假名或匿名的情况下,在作品传播过程中极易导致作者身份不明,成为"孤儿作品",这就使计划使用作品的第三方难以找到著作权人以获得使用作品的授权许可,因此要么放弃使用该作品,要么在后续使用中面临著作权确权后的侵权风险。⑤ 再来看厦门安妮股份有限公司开发的采用联盟链形式的版权区块链系统,可以高效地处理各种数字作品品类(文字、图片、视频等)的版权业务,具备更加高效的业务数据吞吐能力,可达到业务实时处理的水平,使海量的互联网创作及时、低成本确权和快速交易流通成为可能。⑥ 基于区块链的一次著作权登记成本最低只有0.4元,且登记几乎在瞬间便可完成。⑦

3. 知识产权的评估

区块链技术在知识产权评估方面的应用主要体现在可以提升评估的质量。一般

---

② 参见《商标法》第59条第3款:商标注册人申请商标注册前,他人已经在同一种商品或者类似商品上先于商标注册人使用与注册商标相同或者近似并有一定影响的商标的,注册商标专用权人无权禁止该使用人在原使用范围内继续使用该商标,但可以要求其附加适当区别标识。

③ 参见华劼:"区块链技术与智能合约在知识产权确权和交易中的运用及其法律规制",载《知识产权》2018年第2期。

④ 参见工业和信息化部信息化中心发布《2018年中国区块链产业白皮书》,页67。

⑤ 参见华劼:"区块链技术与智能合约在知识产权确权和交易中的运用及其法律规制",载《知识产权》2018年第2期。

⑥ 参见工业和信息化部信息化中心发布《2018年中国区块链产业白皮书》,页66。

⑦ 参见吴健、高力、朱静宁:"基于区块链技术的数字版权保护",载《广播电视信息》2016年第7期。

情况下,相近案例的交易情况对知识产权的评估具有比较重要的引导意义。通过区块链技术可以公开查询相近案例的评估情况,从而更好地引导评估过程,实现评估质量的提升。知识产权的无形性使其在传统的授权模式当中往往是不充分的授权,各项权利非常难以被分散授予。与此同时,在传统的知识产权交易模式当中,卖方的信息披露往往是不完全、不充分的,因为买卖双方信息的不对称,买方要充分了解知识产权的过往交易、授权情况等内容常常难以实现。在此种情况下,对知识产权的评估就无从谈起,以不完整的信息为参考作出的评估,其质量如何可想而知。在区块链技术应用于知识产权评估之前,想解决这个问题需要花费大量的人力、物力、财力去收集信息,或者寄希望于卖方完全披露信息,显然这在实践中难度非常大。而通过运用区块链技术,对大量类似的知识产权案例交易情况进行查询,再对需要交易的知识产权进行评估就事半功倍,质量也能够有所保障。

4. 知识产权的交易

传统的交易模式中卖方的信息往往披露不完全、不充分,买方难以充分了解知识产权的过往交易、授权情况等内容,通过区块链技术的应用,交易双方都可以充分了解该知识产权的所有交易、授权信息,从而实现交易价值的最大化。例如我国发布的微电影区块链版权(交易)服务平台,微电影和微视频的著作权人填好作品信息后,可自行决定作品价格和分销奖励,将相应付费条款用计算机语言编写为智能合约⑧,交易的双方无须彼此信任,一切交易都由代码强制执行。⑨ 当公众点击收看电影或视频时,平台将根据智能合约自动将费用付给著作权人和作品分销者;作品的上传、点播、分销和付费等过程都由智能合约自动执行。⑩ 再如知识产权众筹,知识产权产品的创作者通过众筹平台发布信息,获取公众的支持资金,在知识产权产品完成后,将使用该产品中知识产权的权利与数字货币绑定,使支持者能够获得对应该知识产权的特定账户,使用该知识产权和产品,该特定账户是唯一的。⑪ 图书出版和微影视制作是目前比较活跃的两类知识产权众筹类型⑫,图书编撰者和微影视制作者通过众筹筹集资金,用于图书出版和微视频制作发行,可通过智能合约将图书和视频发行后的著作权使用权或收益分红回馈给支持者,相应计算机算法程序无法被随意更改,能保证某特定支持者使

---

⑧ 所谓的智能合约就是以数字编码的形式定义承诺。

⑨ 参见苏德栋:"试论区块链法律规制与风险", http://article.chinalawinfo.com/ArticleFullText.aspx?ArticleId=100587,2018年8月17日最后访问。

⑩ 参见刘仁:"区块链技术助力微电影微视频版权交易",载《中国知识产权报》2017年2月10日第11版。

⑪ 参见韩锋、顾颖、贾红宇、翟振林:"一种基于比特币块链的知识产权众筹模式",载《清华金融评论》2014年第6期。

⑫ 参见佐思嘉:"众筹服务合同主体义务探究",载《法制与社会》2015年第10期。

用著作权的唯一性和收益分红的公正性。⑬

5. 知识产权的维权

通过区块链的应用,知识产权的所有信息都得以记录,管理者和相关人员能够对知识产权进行全流程溯源和跟踪,在侵权事件发生时得到维护知识产权权利人权益的有力武器。例如,重庆小犀智能科技有限公司的小犀版权链落地在版权端到端服务场景,支持版权确权、维权和用权三大环节,对接版权中心、公证处和版权协会等组织构建版权链平台,给个人和企业提供版权端到端服务。在维权环节,针对侵权证据的海量检索以及机器筛选等环节,应用爬虫和智能比对的人工智能技术,与区块链的侵权证据存证相结合,大幅提高采集和确认侵权证据的工作效率,降低侵权电子证据的存证成本。⑭ 又如,国家数字音像传播服务平台(版权云)提供版权监测维权服务,通过全网实时监测、跟踪版权内容的传播记录数据,用大数据分析进行锁定,为侵权维权提供证据支撑。⑮ 再如,安妮版权区块链通过和 CA 数字认证服务、国家授时中心可信时间服务、司法鉴定中心等具有公信力的机构接入,提高版权权属和授权法律效力。如发生版权纠纷,相关机构或个人可以在任意区块链节点提取多个公信机构的多种证据,优化举证维权环节。推出基于区块链的版权存证服务,为海量数字内容版权存证提供解决方案。在数字作品存证功能上,通过对内容的数字摘要计算和数字指纹提取上链,保证内容完整性与原创性;使用国家认可的数字证书机构颁发的证书提供数字签名,结合国家授时中心可信时间实现数字作品存在性证明、权属证明、授权证明和侵权证据固定。安妮版权区块链已经做到将用户的整个创作过程完整记录,在需要的时候可以作为法律证据提交,提升了原创性证明的法律证明力。⑯

三、法律对区块链技术在知识产权确权和交易中的运用规制

区块链技术作为当下互联网行业高新技术的网红,虽然以其分布式、可溯源、不可篡改等特性在知识产权确权和交易的运用中发挥了巨大的作用,但是在这个过程中也不可避免地出现了一些问题,尤其是在法律规制方面。

(一)区块链技术在知识产权确权和交易运用中的困境

1. 区块链技术在知识产权确权和交易的运用中存在适用瑕疵

首先,区块链技术中的智能合约还没有得到法律和司法的正式确认。区块链技术的广泛应用离不开智能合约,但是智能合约能否落入《合同法》等法律规制范畴值得进

---

⑬ 参见华劼:"区块链技术与智能合约在知识产权确权和交易中的运用及其法律规制",载《知识产权》2018 年第 2 期。
⑭ 参见工业和信息化部信息化中心发布《2018 年中国区块链产业白皮书》,页 66—68。
⑮ 同上注,页 67。
⑯ 同上注,页 66。

一步探讨。智能合约的形式及其内容的效力还没有得到法律的正式认可,其作为数字编码的形式体现出来的合同文本是否可以构成生效合同的要件,是否可以符合司法拟采信证据的真实性、合法性、有效性,尚无结论。

其次,区块链技术在知识产权确权和交易中有被滥用的风险。区块链技术作为一种或者一类计算机技术,在简化知识产权确权流程、便利知识产权交易上具有天然的优势,开发方一般在两个月内就可以获得相应的证书,如著作权证书、专利权证书。与此同时,却也给相应权利被反复确权、交易带来了风险,以著作权为例,著作权对于计算机技术的审核标准比较低,审核期限短,对于新颖性的要求比较低。因此,在特定区块链企业对该著作权进行确权后,其他区块链企业对该项区块链技术稍微加以修改后去申请新的著作权证书,同样可能会迅速地获得相应的证书。

最后,区块链技术在知识产权确权和交易中存在个别情形无法适用的问题。例如计算机程序的目的是为了实现一种工业过程、测量或测试过程控制,通过计算机执行这种控制程序,按照自然规律完成对该过程各阶段实施的一系列控制,从而获得符合自然规律的过程控制效果。这种解决方案属于技术方案,属于专利保护的客体。[17] 通常来说,区块链技术通过去中心化或分布式记账技术优化产业链流程的特征符合上述技术方案的定义,但实际申请的结果还需要根据个案的具体情况进行分析,因为并非所有区块链技术都能符合上述专利申请的条件。

2. 法律对区块链技术在知识产权确权和交易中运用的规制不完善

首先,区块链技术不可篡改的特性使智能合约难以迅速与修订的法律相匹配。智能合约的完整执行过程具有不可变更性,一旦订立智能合约,机器的独立执行就不可撤回。[18] 在合同有效成立以后,经过当事人双方协商一致,可以变更合同。[19] 在与合同条款密切相关的法律规定修订时,只有变更合同条款才能更加符合立法旨意。然而智能合约较难在程序设定好以后作出调整,因为智能合约是以区块链技术作为核心技术的,其保存的信息很难被修改。

其次,对区块链技术的系统性法律保护缺位或者说有漏洞。我国目前并没有针对区块链技术形成一个有效的法律保护体系,对区块链技术的法律保护散见于《专利法》《著作权法》等法律法规,而我国现有的《专利法》是10年前制定的,难免有不适应当前实践中区块链技术保护的部分。如发明的保护范围要以权利人提出权利要求的内容为准,那么如果区块链技术的所有人未对技术的内容作出明确的列举式的权利保护

---

[17] 参见陈云峰:"《2018 中国区块链产业白皮书》法律解读:优势技术的知识产权如何保护?", http://www.01caijing.com/blog/323032.htm, 2018 年 8 月 10 日最后访问。

[18] 参见金晶:"数字时代经典合同法的力量——以欧盟数字单一市场政策为背景",载《欧洲研究》2017 年第 6 期。

[19] 参见《合同法》第 77 条第 1 款:当事人协商一致,可以变更合同。

要求,就可能丧失法律对其合法权益的保护。然而区块链技术作为一项应用场景极广的底层技术,要对其潜在的一切权利保护内容都作出列举式的说明,具有一定困难,可能会增加专利人的权利保护成本,不利于相关权利的保护。

(二) 对区块链技术在知识产权确权和交易中的运用的法律规制建议

通过对区块链技术在知识产权确权和交易的过程中体现的价值和存在的法律规制问题进行思考,笔者有针对性地提出了几点建议。

1. 完善区块链技术在知识产权确权和交易运用中的法律

首先,以"互联网+"为导向,建立法律条文匹配数据库。要想使智能合约应对法律修订后的情形,有两种途径可供选择:一是赋予司法或政府机构"超用户"的权力,使其能够更改保存于区块链中的数据和智能合约的程序[20]设定,但这种方法使国家机构作为中立方介入计算机运行指令的变更,不符合区块链技术和智能合约去中心化及去信任化的特征;有学者提出另一种方法,即将一个法域内与该智能合约相关的法律条文数字化,纳入数据库中,形成应用程序接口,当法律条文被修订时,智能合约中的相关条款也能[21]得以更新。此种方法既能够充分发挥区块链技术的优势,也符合区块链技术的诸多特征,实为良策。

其次,调整知识产权等与区块链技术相关的法律、司法解释。如果考虑以专利的形式对区块链技术进行法律保护,就必然要求我国《专利法》依据现有的实践作出一定的调整或有效的解释,从而能够实现对区块链技术最为全面且有效的保护。例如,在版权制度中,适应区块链技术的要求重新定义作品这一概念;明确区块链技术对复制、发行等传统版权概念的影响;对因特网上的著作权有关问题,如作品的使用、付酬等作出具体规定;考虑技术含量较高的区块链技术专利权保护的可能性等。与此同时,对相关司法解释也要及时作出调整,健全区块链技术在知识产权确权和交易运用中涉及的保护制度,建立适应知识经济时代区块链技术发展需要的知识产权保护制度。

最后,建立对区块链技术保护的系统性法律制度体系。单独为保护区块链技术立法颇有些小题大做,可以尝试利用现有的法律建立对区块链技术保护的系统性法律制度体系。例如加强知识产权行政执法与司法信息沟通,健全对区块链技术规制的行政执法与刑事司法衔接机制,真正实现无缝衔接;构建"两法衔接"的长效联动机制,建立重大案件的会商通报制度、移送制度,完善对区块链技术在知识产权确权和交易中的运用案件的证据标准、移送标准等,使行政执法和司法保护能够更好地契合,发挥"双轨制"的作用。

---

[20] 参见韩锋、顾颖、贾红宇、翟振林:"一种基于比特币块链的知识产权众筹模式",载《清华金融评论》2014年第6期。

[21] See Max Raskin: The Law and Legality of Smart Contracts, Georgetown Law Technology Review, 2017 (305).

2. 增强区块链技术在知识产权确权和交易运用中的法律适用性

首先,对区块链技术中的智能合约进行法律确认并完善相关法律法规。关于智能合约的法律效力问题,最直接的解决办法就是修订智能合约的行业标准,使其与合同法的有关法律条款相适应,但是在实践以及技术层面上难度太大。当然,对智能合约单独立法是最好的结果,只是以目前的实践情况来看,还没有必要如此兴师动众,毕竟解决智能合约的法律效力和司法确认问题还有更简便、更有效的途径。例如,智能合约与《合同法》联系密切,可以适当修改《合同法》,诸如添加特殊的合同类型——智能合约,或者针对智能合约单独作出符合其法律适用的司法解释。

其次,适当调整区块链技术在著作权申请中的标准。著作权对计算机技术新颖性的要求比较低,区块链技术作为一项应用场景极广的底层计算机技术,容易被区块链企业滥用,适当调整区块链技术在著作权申请中的标准,如提高区块链技术申请著作权的新颖性门槛,就会使区块链企业稍加修改的某些区块链技术,因为与其参考的已有著作权的区块链产品相似度太高而不能够申请新的著作权证书。这样一来,即使区块链技术作为新兴的高科技技术,在知识产权确定和交易中的运用尚在摸索阶段,也能够尽量保证其在法律规制下健康有序地发展。

最后,建立区块链技术与知识产权的特殊协调机制。法律是普遍性的,个案问题如果不在法律框架内,那么只能说明此路不通。区块链技术在知识产权确权和交易中的个案无解,是新兴的高科技技术与滞后的法律间常见的冲突性问题,然而法律总是滞后的,尤其是面对高科技的迅猛发展时表现得更为突出。在技术发展与法律构建存在冲突,且暂时难以通过修订法律解决技术漏洞带来的管理无序时,将解决当下技术的漏洞问题寄希望于技术的进一步发展并非是一个好办法。这种情况下,建立区块链技术与知识产权的协调机制是最简便有效的解决方案,如建立区块链技术申请知识产权的快速个案通道等。

3. 发布区块链技术在知识产权确权和交易中运用的指导性案例

充分发挥司法的能动性,通过将一些标志性、具有代表性的判决上升为指导性案例,推动区块链技术在知识产权确权和交易中运用的体系进一步合理化,经由司法过程确认区块链技术在知识产权确权和交易中运用的正当性的边界,以此建构区块链技术在知识产权确权和交易中运用的新秩序。有影响力的公正判决可以通过个案裁判为区块链技术在知识产权确权和交易中的运用留出一定空间,以此确立相应的规则,划定基本的底线。司法可以通过对个案的裁判来规制不规范的或与社会利益相左的行为,从而遏制区块链技术在知识产权确权和交易中的运用的异化发展。

四、结语

以习近平新时代中国特色社会主义思想为指导,正确把握区块链技术在知识产权确权和交易中的运用以及实践困境,以本土考量和回应现实需要为立足点,以解决当前适用为目标,以笔者能力有限的抛砖为引,期待大家之玉,进一步完善具有新时代中国特色社会主义区块链技术在知识产权确权和交易中的法律制度。

(责任编辑：尹秋实)

Application of Blockchain Technology in Confirmation and Transaction of Intellectual Property, and Relevant Laws and Regulations

Abstract: As an innovative technology following the cloud computation and big data, the blockchain technology is a computer network-based distributed ledger technology. Featuring decentralization, tamper-proofness and traceability, the technology could be used for the entire process of the registration, authorization, evaluation, transaction and protection of intellectual property (IP), thus streamlining the IP confirmation and transaction and catering for the management demands. However, there are issues in the application of blockchain technology in the IP confirmation and transaction, such as defects in applicable scope and incomplete laws/regulations. Therefore, it's imperative to have an in-depth discussion on how the blockchain technology could be used for the IP confirmation and transaction and how to deal with the legal loophole in the application of blockchain technology in the IP confirmation and transaction, thus contributing to the improvement of legal system for the application of blockchain technology with Chinese socialism characteristics in the new era in the IP confirmation and transaction.

Key words: Block Chain Technology, Intellectual Property Rights Confirmation and Transaction, Legal Regulation

网络游戏直播的著作权问题分析

刘　彤[*]

【摘要】 网络游戏产业的迅速发展引发了学术界对其著作权问题的关注,其中涉及问题广泛,包括网络游戏的作品属性、权利归属以及在网络游戏直播过程中相关主体的利益分配。本文仅围绕网络游戏直播过程中存在的著作权问题进行分析,结合相关理论和司法实践,得出以下结论:网络游戏直播过程中游戏运行呈现的画面因具有独创性的创作过程和类似电影的表达形式,构成以类似摄制电影方法创作的作品。剧情类游戏运行画面著作权归属于游戏开发商,对该类画面的直播不能构成合理使用;绘画类游戏运行画面著作权归属于游戏玩家(主播),玩家在创作游戏画面过程中对游戏元素的使用属于正常使用;竞技类游戏运行画面著作权归属于游戏开发商,对该类画面的直播可以认定为合理使用。

【关键词】 网络游戏直播;游戏运行画面;著作权;合理使用

引言

电子游戏是指所有依托于电子设备平台而运行的交互游戏,其内核包括代码、画面和互动,其中代码是运行的基础,画面是表达的呈现方式,互动是游戏的特征。网络游戏直播是指将游戏玩家操作各类电子游戏的过程通过电视或互联网等媒体向公众进行同步传播,使公众实时地了解该玩家运行游戏的过程,从而了解该玩家使用的游戏策略和在游戏中的进展。[①]

上文所提到的代码是电子游戏产品的内核之一,代码构成的代码化指令序列,或者可以被自动转换成代码化指令序列的符号化指令序列或符号化语句序列是著作权

---

[*] 刘彤,北京交通大学法学院硕士研究生。
[①] 参见王迁:"电子游戏直播的著作权问题研究",载《电子知识产权》2016 年第 2 期。

法意义上的计算机程序②，也是形成网络游戏的核心技术支持，计算机程序的著作权人为游戏开发商是无可争议的。网络游戏进行直播中，吸引观众的是游戏运行后呈现的画面，而非计算机程序本身，且玩家运行游戏的过程没有获得游戏软件的源代码，不可能构成对计算机程序著作权的侵犯。因此，对网络游戏直播著作权法律问题的解决不涉及计算机程序，不在本文讨论之列。

本文所讨论的网络游戏直播行为仅指平台个人直播，即将游戏玩家操作游戏的过程通过网络直播平台向公众传播。③ 网络游戏直播行为法律关系中所涉及的三方主体分别是：直播平台、网络主播（游戏玩家）及游戏开发商。其中直播平台与网络主播间的法律关系基本分为签约模式、合伙分成模式和会员注册模式三种④，分别受《劳动法》《合同法》及《侵权责任法》的规制，不涉及《著作权法》问题，本文不予讨论。目前存在争议的主要是直播平台与游戏开发商之间的利益分配问题。呈现给观众的直播画面由主播运行游戏的画面、主播讲解和弹幕三部分共同组成。直播平台将运行游戏画面向公众播放的行为是否应受游戏开发商控制，这一问题是游戏直播著作权问题的核心。本文将围绕直播过程中游戏运行画面的著作权归属问题进行分析，即直播过程中网络游戏运行所形成的画面是否构成著作权法意义上的作品，如何分配其中产生的利益，以及对网络游戏进行直播是否侵犯游戏开发商的专有权利。

一、直播过程中网络游戏运行呈现的画面构成以类似摄制电影方法创作的作品⑤

根据《著作权法实施条例》的定义，电影作品和以类似摄制电影方法创作的作品是指摄制在一定介质之上，由一系列有伴音或无伴音的画面组成，并借助适当装置放映或以其他方式传播的作品。关于网络游戏运行画面的争议主要集中于其是否构成类电作品，有观点认为因网络游戏比赛过程具有随机性和不可复制性，结果具有不确定性，不能构成类电作品⑥；也有观点认为游戏运行画面在创作过程、表达方式上与电影作品类似，可以认定为类电作品⑦。本文认为直播过程中游戏运行画面通过互联网方式传播，如其具有独创性及与电影作品类似的表达形式，即可认定为类电作品。

---

② 参见《计算机软件保护条例》第3条。
③ 网络游戏直播行为包括电竞赛事直播和平台个人直播两种形式，其中电竞赛事直播，即直播网站对大型电子游戏竞赛现场进行实时转播的行为，其直播画面的制作方式类似于体育赛事直播，本文暂不予讨论。本文仅对平台个人直播的网络直播行为进行分析。
④ 参见孙磊："电子游戏竞技网络直播中的IP保护"，载《电子知识产权》2016年第11期。
⑤ 本文简称"类电作品"。
⑥ 参见上海知识产权法院(2015)沪知民终字第641号判决书。
⑦ 在"奇迹MU"案的上海知识产权法院(2016)沪73民终190号判决书和"梦幻西游2"案的广州知识产权法院(2015)粤知法著民初字第16号判决书中，法院分别从游戏整体画面的表现形式与电影作品类似及游戏创作过程与"摄制电影"的方法类似这两方面来论证其构成以类似摄制电影方法创作的作品。

(一) 网络直播游戏运行画面具有独创性

1. 相当于影视作品的创作过程

网络游戏画面的创作过程包括策划、美术和程序设计三个步骤，其中策划相当于电影作品创作过程中的剧本创作、场景安排，凝聚了游戏画面策划人员独特的思想内涵和设计思路；美术实现了策划内容在视觉上的可视性，是策划人员思想感情及其对游戏领域研究成果的表达方式；通过程序调动美术作品，实现用户电脑端游戏画面的形成，这一过程相当于影视作品创作过程中导演对演员的指导以及对摄影师拍摄角度等的把握，体现了游戏开发商对游戏画面呈现效果的具有独创性意义的个性化选择。网络游戏运行画面由游戏本身画面和玩家操作游戏共同形成，具备著作权法意义上的独创性，是游戏相关人员美学观点和智力创造的结晶。

2. "摄制"要件的不必要性

《著作权法》规定的以类似摄制电影方法创作的作品要求其"摄制在一定介质上"。有观点认为游戏画面不是通过"摄制"方法制作完成的，不符合"摄制"要件，不能被认定为类电作品。游戏运行画面包括游戏自身画面和玩家运行游戏形成的画面，下文将对这两种画面形成过程中的"摄制"要件分别进行分析。"摄制"的本质要求是将作品固定在一定介质上。根据著作权法原理，作品本身就是一种纯粹的无体物，在被传播、被感知的过程中与一定的物质载体相结合，形成一种具有形式化的表达，该物质载体可以是有形的或无形的。游戏画面的操作和直播过程被存储在肉眼不可识别的光电载体上。从制作方式上看，网络游戏画面虽然没有"摄制"在相关介质上，但游戏开发人员在预设游戏画面时，将游戏画面的形成过程均储存在了电脑程序客户端上，符合以类似摄制电影方法创作的作品的"固定性"要件；玩家运行游戏所形成的画面虽未被电脑储存下来，但却是以能被他人客观感知的形式呈现出来，且可以通过拍摄等方式将其复制下来，符合《著作权法实施条例》规定的"能以某种有形形式复制"的作品构成要件。

实际上，无论是从我国签署的关于著作权保护的国际公约还是从我国《著作权法》的发展方向来看，"摄制"都不应当成为以类似摄制电影方法创作的作品的必要条件。《保护文学和艺术作品伯尔尼公约》第 2 条第(1)款将以类似摄制电影方法创作的作品界定为以类似摄制电影方法表现的作品(assimilated works expressed by a process analogous to cinematography)，并未将以类似摄制电影方法创作的作品的创作方法限制为"摄制"⑧，我国作为该公约成员国，对以类似摄制电影方法创作的作品保护应与该公约的精神保持一致。也正因为如此，我国《著作权法修订草案(送审稿)》中将电影作品和以类似摄制电影方法创作的作品以及通过计算机编程制作等摄制方法以外的方

---

⑧ 参见王迁、袁锋："论网络游戏整体画面的作品定性"，载《中国版权》2016 年第 4 期。

法制作的连续画面构成、能够借助计算机等设备被感知的作品都归为视听作品。

（二）表达形式

从直播画面的表现形式来看，随着玩家的操作，游戏人物在游戏场景中不断展开游戏剧情，所呈现的画面由图片、文字、音乐等多种元素集合而成。⑨ 根据北京市高级人民法院发布的《侵害著作权案件审理指南》，这些网络游戏组成要素可单独构成作品，游戏运行所呈现的整体的连续动态画面属于类电作品规定的一系列有伴音或无伴音的画面表达方式。

综上，无论是从创作过程还是从表达形式来看，网络游戏运行画面均构成以类似摄制电影方法创作的作品。

二、游戏运行画面的著作权归属及合理使用问题

在网络游戏直播画面构成作品的前提下，如何对其上的著作权权利归属加以划分，决定了直播游戏投资方、直播平台以及玩家之间利益的划分。现有的类似电影方法创作的作品著作权权利归属给制片者，即投资方，然后再通过合同规定在其他创作者之间进行利益分配。这种模式考虑到产业的特点，体现了效率与公平的结合。对直播游戏画面作品利益的划分也应当遵循上述思路，应当考虑游戏产业的特点。因此，笔者认为对游戏画面著作权的归属不能一概而论，不同类型游戏的游戏主旨和运行方式各有不同，同一款游戏中存在不同类型的游戏部分，各部分的运行方式有所不同。基于不同类型的游戏之间或同一款游戏的不同部分之间操作方式的差异，游戏整体运行过程中玩家对画面的创造性也有所不同。需在区分游戏画面种类的基础上，对画面著作权的归属及未经许可使用是否构成侵权分别进行认定。

（一）剧情类游戏画面

1. 剧情类游戏运行画面著作权归属于游戏开发商

剧情类游戏画面是指将预设好的故事情节、游戏场景、角色形象、游戏道具等元素组合成的画面向玩家逐步展现的一类游戏画面，如《梦幻西游2》中，玩家登录游戏后，无须任何操作，在游戏进展到一定阶段时出现和展示的动态画面。⑩ 对该类游戏的操作类似于播放电影，主要取决于游戏本身的预设，玩家创作空间小，操作游戏的过程不能形成新作品。游戏运行画面著作权归属于对游戏进行策划并预设其运行画面的游戏开发商。

2. 对剧情类画面的直播不能构成合理使用

剧情类游戏画面主要表现为向玩家的单向输出，玩家观看游戏的过程是对游戏内容的被动接受，与普通的电影作品或动漫作品无异。直播过程中对该类画面的传播是

---

⑨ 参见李扬："网络游戏直播中的著作权问题"，载《知识产权》2017年第1期。
⑩ 同上。

对画面全部过程的播放,会使观众了解和接受画面的所有内容,从而不用亲自操作游戏以感受相同的内容,这对游戏本身市场产生替代性作用,如同视频播放平台未经电影作品著作权人许可而向公众传播电影的行为,属于侵权行为。

上述侵权行为具体侵犯著作权人的何种权益?通过网络进行直播的行为虽然因非以有线或无线方式传播作品而不能受到广播权的控制,也因不属于交互式的网络传播不能受到信息网络传播权的限制,但其可归入"其他侵犯著作权的行为"。"应由著作权人享有的其他权利"这一兜底条款的存在在现行法律具体条款不能涵盖新兴法律问题,而不对该新兴法律问题进行规制又违反公平公正原则时,提供了法官造法的法条基础。为避免可能出现的司法解释权滥用,将兜底条款解释为我国已经加入的国际公约中的权利范畴,可以有效解决我国现有权利类型范畴上的缺陷。⑪ 我国已加入《世界知识产权组织版权条约》(WCT),说明在与国外发生著作权纠纷时,我国同意适用该条约,同时也证明我国已经认同该条约中著作权类型的设定。《世界知识产权组织版权条约》第8条规定了"向公众传播权",控制以各种技术手段向公众传播作品的行为,包括通过互联网向公众进行直播的行为,因此可将网络游戏的直播认定为"其他侵犯著作权的行为"。

(二)绘画类游戏

1. 绘画类游戏运行画面著作权归属于玩家(主播)

绘画类游戏画面是指为玩家预留创作空间并提供创作工具和素材的游戏画面,如《我的世界》这类游戏中的主画面。玩家在游戏的过程中出于创作的意志可制作出富有美感、体现玩家个性的游戏画面,该游戏画面体现了玩家的独创性表达,具备构成作品的可能性。当玩家通过对游戏素材的运用运行游戏,游戏操作的画面是由一个或多个玩家独立创作,体现玩家智力及个性化表达时,玩家在运行游戏的过程中创作出了新作品,该作品的权利人是游戏玩家。在直播过程中,主播作为游戏玩家,对画面的直播行为属于对自己创作作品的使用,不受游戏开发商的控制。

2. 玩家对游戏元素的使用属于正常使用

上文已经确定游戏运行画面构成以类似摄制电影方法创作的作品,著作权归属于玩家。玩家在操作游戏的过程中对单独构成作品的游戏元素的使用,可类比电影作品著作权人对电影作品的使用,无须经过游戏元素著作权人的许可。根据《保护文学和艺术作品伯尔尼公约》第14条之二的精神,除非存在相反规定或约定,电影作品创作过程之前已经存在的作品的著作权人,一旦许可将其纳入电影作品之中,就不能阻止电影著作权人以各种方式向公众传播电影作品。据此,对我国《著作权法》第15条的恰当解释是:利用电影作品自身(也即排除改编成其他文艺形式的利用方式)的权

---

⑪ 参见熊琦:"著作权法定与自由的悖论调和",载《政法论坛》2017年第3期。

利,完全属于制片者。⑫ 同样,玩家利用权利归属于游戏开发商的游戏元素创作出具有独创性的以类似摄制电影方法创作的作品——游戏运行画面,以类似摄制电影方法创作的作品的著作权人如不能在约定不明的情况下利用其作品,会给该以类似摄制电影方法创作的作品的传播造成极大的障碍。因此,利用绘画类游戏运行画面本身的权利,也应归属于游戏玩家。

  对此有人持相反观点,认为电影作品创作过程中对其他权利人作品的使用是有偿使用,而游戏对玩家多为免费开放,玩家对游戏画面的创作不需要付出金钱上的成本,却能通过直播来获得巨大经济利益,而游戏元素创作者即游戏开发商为开发游戏付出了相当的成本,却不能阻止玩家对其作品的商业性使用,这样的结果有失公平。持该反驳观点的人没有认识到游戏对玩家的免费开放是有限的,游戏开发商为从游戏中获利,往往只将游戏最基本的玩法和相关元素的使用向公众免费开放以吸引目标受众,高阶玩法和更丰富的游戏元素则需要玩家付费获取。⑬ 在绘画类游戏中,玩家进行个性化表达时往往需要在运用游戏过程中付费,包括购买游戏应用程序和随着操作的逐步深入购买游戏道具。且玩家操作画面所形成的独创性越高,追求个性化表达越极致,其需要消费购得游戏元素的可能性就越大,玩家对游戏的付费高低与玩家对画面独创性大小是成正比的,并不会出现上述不公平现象。因此,作为游戏运行画面著作权人的玩家有权将画面向公众传播,这属于正常使用。

(三)竞技类游戏

1. 竞技类游戏运行画面著作权归属于游戏开发商

  竞技类画面展现玩家在游戏过程中策略的选择和技巧性的操作,最终技高一筹者赢得比赛。为实现该目的,游戏开发商通过计算机的海量算法,预设了游戏运行时的无数操作选择及相应的画面,再由玩家展现出来。玩家在游戏中展示的主要是比赛技巧,而没有创造出具有美感和观赏性作品的意志。不同的动态画面只是不同玩家在预设系统中的不同操作所产生的不同结果,是一种实用技巧的操作而非具有独创性的表达,是对游戏开发商预设结果的再现,因而不具有独创性。玩家对该类游戏的运行画面不能形成著作权法意义上的新作品,运行画面著作权归属于游戏开发商。

  与上文对剧情类游戏直播的论证过程相同,未经游戏开发商许可对竞技类游戏的直播行为如不能构成合理使用,则应归为"其他侵犯著作权的行为"。

2. 对画面的直播构成合理使用

  我国《著作权法》只规定了12种具体的合理使用情形,而未做一般性规定,但《伯

---

⑫ 参见王迁:《知识产权法教程》(第五版),中国人民大学出版社2016年版,页187。
⑬ Newzoo 在最近发布的2017全球游戏行业报告显示,2017年全球的活跃游戏玩家数为22亿,其中付费玩家数量为10亿人,占总玩家数量的47%。参见:http://games.qq.com/a/20170626/018725.htm,2018年5月12日最后访问。

尔尼公约》《与贸易有关的知识产权协议》(TRIPS协议)和《世界知识产权组织版权条约》(WCT)均规定了"三步检验标准",即成员国对著作权限制和例外的规定只能在特殊情况下作出、与作品的正常利用不相冲突以及没有不合理地损害权利人合法权益。我国加入了以上三个国际公约,并将"三步检验标准"的规定转换为国内法,具体体现在我国《著作权法实施条例》的第21条。因此,对他人作品的使用行为符合"三步检验标准"的,在我国也能被认定为合理使用。

美国《版权法》第107条也规定了合理使用的四项衡量因素[14],实践中,人们认为第一个因素中的"转换性使用"标准属于三步检验标准的第二步。第四个因素"使用对著作权作品潜在市场或价值的影响"与三步检验标准的第三步极为相似,且其可以通过是否构成第二步的"正常使用"[15]来判断。因此,本文对合理使用的认定主要从转换性使用和对原作品潜在市场的影响两方面进行分析。

第一,直播过程中对游戏画面的使用构成对游戏画面的功能性转换。首先,一场完整的游戏直播是对玩家从开始进入游戏到游戏结束的整场播放,主播以玩家身份进入游戏,将自己的游戏过程进行直播,是对游戏的实质性使用。但直播的功能在于使观看直播的玩家学习高超的游戏技巧,感受高水平玩家对游戏的操作以及游戏高配功能,通过主播的玩法和解说吸引观众,从观众的打赏和广告商对直播平台的投资获取利益,其价值在于满足观众单向性的对直播游戏画面的观赏。玩家观看直播往往是为了回到游戏中更好地操作游戏,提升自身技能,游戏开发商则是通过游戏程序的设计,吸引玩家进入游戏,购买游戏或游戏中的装备、技能等游戏工具来获取利益,其价值是通过吸引玩家互动性的操作,满足玩家主动参与、亲自操作游戏的乐趣,这与观众被动观赏游戏直播的功能不同。其次,观众观赏直播不仅不会减少其对游戏投入的金钱和时间,反而会提高玩家对游戏的热情和兴趣,增加一款游戏的玩家粘性,直播平台通过直播的渠道获取利益,不会损害游戏开发商的利益。因此,游戏直播对游戏运行画面的传播具有转换性,它不是单纯的画面再现,而是为了展示特定的游戏技巧和战果。[16]

在直播对游戏画面构成功能性转换的基础上,还需考虑功能性使用的成分是否高于商业性使用和竞争性使用。对网络游戏的直播虽属于商业性使用,但直播行业和游戏行业所追求的价值实现方式不同,两个行业之间不存在竞争关系。在司法实践中,有些游戏公司起诉直播平台未经许可进行直播,理由之一是其对游戏公司旗下直播平

---

[14] 参见17 U.S.C. §107。

[15] 根据WTO争端解决专家小组对"美国版权法第110(5)条案"所做的报告:第二步,与作品的正常利用不相冲突,是指版权人根据法律规则、市场和技术的发展在未来以新的方式利用作品以获取经济利益的可能性。

[16] 参见王迁:"电子游戏直播的著作权问题研究",载《电子知识产权》2016年第2期。

台的利益造成了竞争性损害。⑰ 本文认为,不能因竞技类游戏画面的权利归属于游戏开发商,进而认定其归属于游戏开发商旗下的直播平台。直播平台之间必然存在竞争关系,但这不能构成直播平台与游戏开发商之间同样存在竞争关系的理由。因此,直播对游戏画面的使用不属于竞争性使用。

在一场游戏直播过程中,玩家对网络的操作,辅之其生动形象的讲解是直播吸引观众的重要原因。同一款游戏尤其是热度较高的游戏往往有无数名主播在不同直播平台上进行直播,有名气的主播可以靠观众的打赏月收入上千万⑱,而有近半数主播月收入仅在千元以下。由此可见,玩家对直播平台的选择与主播有密切关系,观众观看直播的目的主要在于通过主播操作过程和讲解内容了解、学习主播的竞技技巧,若观众对直播中的主播毫无选择性,就不会出现主播收入差距悬殊的事实。因此,主播对游戏直播的贡献程度要远高于游戏本身,直播中对游戏画面功能性转换的成分高于商业性使用。

第二,对游戏运行画面潜在市场的影响,可以通过使用是否属于权利人未来利用作品的新形式以及是否不合理地损害权利人的合法权益来判断。

首先,游戏直播不影响游戏画面的衍生市场。游戏画面与电影市场类似,是基于画面自身的美感和其反映的思想感情吸引公众付费⑲,虽然游戏画面是贯穿在整个直播过程中的,观众对直播的欣赏过程中会不可避免地观赏到具有美感的画面,但观看画面中所呈现的艺术美感并不是观众观看直播的根本原因,观看游戏主播操作游戏的过程及其独特的讲解才是观众的目的所在。如只为观看具有美感的游戏画面,观众完全可以通过其他方式,如游戏公司对某款游戏的介绍视频来感受该部分画面,而无须通过观看游戏的直播全程。

其次,在网络游戏直播这种商业模式出现之前,游戏公司从未试图将其作为对游戏的一种利用方式并从中获利,在网络游戏直播市场刚兴起的很长一段时间内,网络游戏的著作权人对网络游戏的解读、直播行为采取默许甚至鼓励的态度⑳,将直播行为视为对游戏的免费宣传而非其潜在市场。潜在市场的划分本质上是一项政策性规定,是对游戏开发商和游戏玩家对游戏传播行为所带来的利益进行分配的行为。㉑ 根据对

---

⑰ 如《梦幻西游2》的二审庭审中,网易公司以华多公司的直播行为侵犯网易旗下直播平台利益为由进行抗辩。

⑱ 参见腾讯新闻:"多位87后主播身价过亿,主播排行榜小智获1.83亿",网址:http://games.qq.com/a/20160803/017195.htm,2018年5月13日最后访问。

⑲ 参见王迁:"电子游戏直播的著作权问题研究",载《电子知识产权》2016年第2期。

⑳ 参见熊琦:"网络游戏直播行为的转换性使用认定证伪",http://wemedia.ifeng.com/49775732/wemedia.shtml,2018年5月14日最后访问。

㉑ 参见崔国斌:"认真对待游戏著作权",载《知识产权》2016年第2期。

当前游戏直播市场和游戏市场的分析,直播市场存在很多可以互相竞争的直播平台主体,且各直播平台的市场占有率变化迅速,直播市场充分的竞争有利于网络游戏直播这个新兴行业的发展。而游戏市场主要由个别主体控制[22],如果将网络游戏直播认定为游戏开发商未来利用作品的新形式及其潜在市场,为保护作者的该种未来权利而不认定他人对网络游戏的直播行为属于合理使用,游戏开发商有可能出于为发展自己的直播平台或其他原因,不愿向其他直播平台进行许可,这会造成游戏直播行业市场失灵。如果需要的话,权利人有权放弃自己的权利,这就无异于给了游戏著作权人关闭直播行业的完全权利,将导致其他人担心该行业被禁止而不会涉足。游戏著作权人可以决定一个其尚未开发且可能从未想到过的行业的许可费,这种对著作权人过度的保护会限制网络游戏的传播途径及新兴行业的发展,是对著作权的滥用。如果网络游戏开发商不能证明其因直播行为而受到实际损失,且其从未意图以直播方式使用电子游戏,就让游戏开发商就直播平台以该方式对作品使用获得报酬,不利于实现著作权法促进作品传播和激励创作的目标。[23]

综上,对游戏画面的直播构成对游戏画面功能上的转换性使用,且不影响游戏开发商对游戏画面的正常使用和潜在市场,游戏画面直播可以认定为合理使用,游戏主播和直播平台无须为直播行为承担侵权责任。

三、结语

综上所述,游戏直播画面虽然构成复杂,但本质上因为满足独创性和表达的作品构成要件,可以归入类似摄制电影方法创作的作品,对附着其上的著作权应在区分游戏运行画面的类型的基础上分别认定,除对剧情类画面的直播会造成对游戏开发商权利的侵犯外,绘画类游戏画面形成过程中对游戏元素的单独使用属于正常使用,竞技类游戏画面直播构成对游戏运行画面的合理使用,都不侵犯作为著作权人的游戏开发商的专有权利。这样的结论不仅符合我国《著作权法》的立法趋势,且有利于游戏直播行业的发展。

(责任编辑:丁洁瑶)

---

[22] 根据游资网相关报道,腾讯、网易两家公司坐拥国内七成市场份额,无论是资本、人才抑或是 IP 资源都是其他游戏公司无法企及的。http://www.gameres.com/781281.html,2018 年 5 月 13 日最后访问。

[23] See Jacob Rogers, Crafting an Industry: An Analysis of Korean StarCraft and Intellectual Properties Law, Harvard Journal of Law and Technology Digest, DIGEST ARTICLE—AUGUST 24, 2012.

Analysis of Copyright Issue in the Online Game Live Broadcast

Abstract: The rapid development of the online game industry has aroused the attention of the academic community to its copyright issues, which involves a wide range of issues, including the online games' work attributes, rights ownership and distribution of interests in the online games during the live broadcast. This article only analyzes the copyright issues that exist during the online game live broadcast process. Based on related theories and judicial practices, the following conclusions are drawn: the dynamic images of online games during the online game live broadcast process are works created by virtue of an analogous method of film production, for the original creative process and the expression which is similar to films. As for the Scenario games' dynamic images, which are mainly display the plot of the games to players, the copyright belongs to the game producers, live broadcast of this type of dynamic images cannot constitute fair use. As for the creative games' dynamic images, the copyright belongs to the game players, the exploit of game elements by players during the creation of game images is normal use. As for the sports games' dynamic images, the copyright belongs to the game producer, live broadcast of this type of dynamic images can be identified as fair use.

Key words: Live Broadcast of Online Games, Games' Dynamic Images, Copyright, Fire Use

规范手机 APP 对个人数据收集的相关探讨
——以必要性、知情同意原则为视角

张立祥[*]

【摘要】 随着智能手机的普及,各种类型的 APP 在为用户提供便捷的同时,也在不断过度"窃取"着用户数据,致使用户数据泄露事件屡有发生。而之所以造成如此现状,主要是由于如下因素:用户数据保护与维权意识的淡薄、知情同意和必要性原则缺乏具体操作规范、法律监管和惩罚机制的不足等。因此,要规范运营商对用户数据的收集、处理必须要依赖政府、运营商、用户三方的努力。政府应设立监管机制,加强对运营商资质以及数据处理业务方面的监管,结合运营商的服务性质划定"必要收集的数据范围";运营商应保证在最小限度内收集用户数据的前提下采取合理方式履行告知义务,完善隐私程序的设置,确保在数据收集、处理的各个阶段,保证用户的选择权和同意权,同时完善运营商的管理制度,加强对自身数据处理业务的监督审查;用户应提高自身的数据保护意识,确保在点击"我同意"之前,了解运营商所收集的数据范围和自身权利,积极同运营商的侵权行为作抗争,保护自身的数据安全。

【关键词】 数据泄露;必要性;知情同意;加强监管

一、个人数据泄露的现状及原因分析

(一) 数据泄露已成为普遍现象

随着智能手机的普及,各种类型的 APP 已成为手机应用中不可或缺的部分。据互

---

[*] 张立祥,中国社会科学院大学政法学院 2017 级硕士研究生。

联网第三方研究机构 DCCI 互联网数据中心发布的《2016 年中国安卓手机隐私安全报告》①显示,2016 年 Android 非游戏类 APP 中有 91.7%需要读取位置信息,其中 13%属于越界;需要访问联系人的占 49%,其中 9.1%属于越界。此外,"越界"读取短信、通话记录、手机号码等行为也非常普遍。2018 年 1 月 17 日,腾讯社会研究中心联合 DCCI 互联网数据中心联合发布《2017 年度网络隐私安全及网络欺诈行为分析报告》②,报告显示安卓应用在 2017 年下半年越界获取用户隐私权限的比例有所下降,但数据泄露现象依然存在。而 2018 年"剑桥分析事件"无疑将这个问题推至舆论的风口浪尖。

(二) 个人数据泄露的原因分析

从上述现象可知,手机应用数据泄露已成为一个不争的事实,想要对此问题进行规制,首先要分析数据泄露的原因。

从主体角度进行分析,用户作为数据的产生主体,亦是数据保护的第一道关卡,用户数据保护意识和权利意识的强弱与否是数据能否得到保护的关键。

首先,从实践而言③,用户的数据保护意识缺乏。以下载、安装手机 APP 为例,通常情况下,用户都不会阅读甚至仔细了解运营商提供的服务条款、隐私条款、运营商收集的数据范围、隐私权限设置等信息,更不会采取法律手段与运营商的非法行为进行抗争。用户数据权利意识模糊,确切而言,用户不清楚自身所享有的数据权利,亦无法断定自身权利是否遭受损害,更不用提是否清楚权利的行使方式了。无论是《网络安全法》还是《电信和互联网用户个人信息保护规定》均规定互联网信息服务提供者收集、使用用户个人信息的,应明确告知用户收集、使用信息的目的、方式、范围等以及未经被收集者同意,不得向他人提供个人信息。换言之,如果运营商不按照法律的规定收集、处理用户数据,便是对用户相应权利的侵犯。而实践中用户往往因贪"一时之利"对权利侵犯现象置若罔闻。据 2018 年 11 月 28 日中国消费者协会发布的《100 款 APP 个人信息收集与隐私政策测评报告》(以下简称《测评报告》),59 款 APP 未明确告知收集个人信息类型且收集敏感信息时未明确告知用户信息的用途,57 款 APP 未明确告知用户个人信息使用方式,42 款 APP 对外提供个人信息时不会单独告知并征得用户同意。这其中最为典型的就是我们经常使用的支付宝 APP 和 ofo 小黄车 APP,报告显示,支付宝未在收集的信息种类中注明个人敏感信息,且未对核心和附加功能进行区分;而 ofo 小黄车向关联公司及第三方分享相关信息时,未单独征得用户同意,

---

① 参见 DCCI 互联网数据中心:"2016 年中国 Android 手机隐私安全报告",https://wenku.baidu.com/view/a7343aca846a561252d380eb6294dd88d0d2d66.html,2018 年 7 月 4 日最后访问。

② 参见腾讯社会研究中心、DCCI 互联网数据中心:"2017 年度网络隐私安全及网络欺诈行为分析报告",http://www.chinanews.com/cj/2018/01-17/8426702.shtml,2018 年 7 月 4 日最后访问。

③ 参见人民网:"北京市消协发布手机 APP 个人信息安全调查报告",https://news.china.com/domEstic/945/20180307/32166071_all.html#page_2,2018 年 7 月 3 日最后访问。

且对外提供行为未体现其必要性。④ 造成这种现象,运营商的责任固然不可推卸,但这又何尝不是因为消费者对自身权利的漠视呢?

其次,用户主动维权意识淡薄。如上所言,用户数据权利受到侵害的情形已普遍存在,但实践中用户的权利视角却仅局限于传统的人身权,如人格尊严权、肖像权、名誉权等,而对自身数据维权的案例寥寥无几,当然这也体现出用户数据权利保护意识的薄弱。具体分析如下:笔者通过查询裁判文书网、威科先行、北大法宝等,发现因运营商过度收集用户数据、违反知情同意原则而引起的纠纷几近为零。以威科先行为例,笔者以"网络安全法"为关键字进行检索,共计得到案例13篇,其中民事12篇、行政1篇。⑤ 而只有在"刘瑞博与乐元素科技(北京)股份有限公司隐私权纠纷一审民事裁定书"中,当事人刘瑞博认为乐元素公司运营的消消乐APP在收集其个人数据时违反了《网络安全法》规定的"必要、合理"的原则,故提起了诉讼。另外,笔者以"APP"为关键字进行检索,得出2017年相关案件共计4433件,其中民事3630件、刑事686件、行政113件、国家赔偿4件。民事案件主要以合同纠纷(2235)、知识产权纠纷(872)、侵权纠纷(112)为主,但通过具体查询也未找到与用户数据收集相关的争议;刑事案件主要以破坏社会主义市场经济秩序罪(135)、侵犯财产罪(409)、妨碍社会管理秩序罪(92)为主,其中财产类犯罪中的犯罪分子主要是通过利用技术手段获取用户信息而实施相应犯罪(就这类犯罪的本质而言,仍归因于运营商对用户数据的过度收集,这也恰恰印证了用户数据权利意识不足的观点);行政案件主要以商标争议、治安管理类为主。此外,笔者又以相同的方式对2018年的案件进行检索(2018年至今共计1918件,其中民事1470件、刑事415件、行政33件),亦未发现相关的案例。可见,要依靠用户主动维护自身数据权利,还有很长的路要走。

数据收集者、分析者是数据保护的又一道关卡,因为其作为大规模数据的控制者,通常也是数据泄露的主体。原因如下详述:

首先,关于APP运营商主体资质规制的法律规范不完善。根据《互联网信息服务管理办法》的规定,只对经营性互联网信息服务实行许可证制度,且主要集中在新闻、

---

④ 参见中国消费者协会:"100款APP个人信息收集与隐私政策测评报告",https://www.cca.org.cn/jmxf/detail/28310.html,2018年11月30日最后访问。

⑤ 分别是:北京市石景山区人民法院(2018)京0107民初2442号、江苏省无锡市梁溪区人民法院(2017)苏0213民初8149号、浙江省杭州经济技术开发区人民法院(2017)浙0192民初691号、江苏省常州市中级人民法院(2018)苏04行终16号、山西省晋城市中级人民法院(2018)晋05民终153号、广东省佛山市禅城区人民法院(原广东省佛山市城区人民法院)(2017)粤0604民初15861号、江苏省南京市中级人民法院(2017)苏01民终10531号、陕西省西安市中级人民法院(2017)陕01民终12384号、海南省澄迈县人民法院(2017)琼9023民初1377号、福建省石狮市人民法院(2017)闽0581民初4000号、山东省淄博市淄川区人民法院(2017)鲁0302民初2379号、北京市大兴区人民法院(2017)京0115民初3916号、广东省惠州市惠城区人民法院(2016)粤1302民初9298号。

出版、教育、医疗保健等行业,其他行业并不做特殊限制。但反观当前 APP 的发展现状,早已涉足各个领域,且其运营模式和盈利方式也已经发生改变,大到互联网企业,小到初创公司的 APP 产品,往往都是通过提供免费服务,依靠流量变现实现盈利的。因此,我们可以得出这样的结论:各个领域的 APP 产品虽然本质上从事着经营性服务,但却没有受到相应的法律规制。此外,惩罚机制也存在不足,缺乏明确的裁量标准。虽然《网络安全法》第 64 条规定了法律责任,但缺乏明确的处罚标准。而实践中对运营商过度收集用户数据的问题,监管部门往往采取约谈的方式加以解决,忽视了对用户权益的维护。⑥

其次,运营商未严格按照法律规定对用户数据进行收集、处理。正如《测评报告》中所陈述的,部分 APP 涉嫌过度收集个人财产信息、生物识别信息等敏感信息。典型的如美图秀秀涉嫌过度收集生物识别信息、财务信息等。此外,运营商在过度收集个人数据的同时,存在故意规避用户的知情同意权的嫌疑。以某视频软件为例,笔者在下载其 APP 之后,发现该软件在访问照相机、语音信息、日历信息、通信录信息、地理位置信息、拨打电话信息等方面的默认设置是自动开启的,而且还自动开启了诸多非与基础功能相关的设置,如消息推送、热点推送等。除了在数据收集阶段对用户权利进行限制外,大多数软件对用户的更正权、删除权、注销权亦进行相应的限制。⑦ 如在《测评报告》中指出:57 款和 96 款 APP 未明确告知用户如何更正个人信息和撤回同意。如 ofo 小黄车 APP 未向用户明确说明撤回同意、删除更正个人信息的方式,客服联系不够便利。此外,笔者通过实践发现运营商主要采取如下方式限制用户注销:不设置注销程序(如拼多多、饿了么、美柚、新浪新闻等);只显示存在注销设置,但具体操作需要联系客服(如小红书);设置注销程序,但严格限制注销条件(如微信、微博等)。

最后,运营商技术保护措施、管理制度的缺陷是导致用户数据泄露的又一原因。技术保障是用户数据保护的基石,一旦运营商的服务器遭受攻击,便会对用户的生产、生活产生无法估量的影响,而实践中由于运营商技术保护机制的不足导致用户数据泄露的事件屡有发生。此外,不论是数据的分析、存储还是系统的升级维护都需要大量的资金投入和专业的技术支持,因此,运营商对服务器的选择、服务器管理者的资质、服务器质量的好坏等都从技术角度决定着用户数据的保护水平。另外,数据存储机构管理制度不健全也是导致企业泄露用户数据的主要因素。从实践来看,企业因管理制度的不健全导致的数据泄漏事件经常发生。如美团网因自身管理制度的失误造成用

---

⑥ 参见太平洋电脑网:"大众点评回应泄露用户隐私:诚挚道歉 已经整改",http://www.sohu.com/a/2400926938_223764,2018 年 7 月 13 日最后访问。

⑦ 参见周到上海:"都是骗人的! 尝试注销 24 个 APP,7 款无法注销! 微信微博注销过程复杂到想哭",http://www.sohu.com/a/215719896_790178,2018 年 7 月 20 日最后访问。

户数据泄露,因数据技术处理机制的失误导致用户个人的隐私信息暴露在公众的视野。⑧

综上,用户数据保护意识的缺乏、维权意识的淡薄、运营商对用户数据的过度收集、法律监管和惩罚机制的不足以及数据控制者管理制度不规范等多方因素,致使用户数据泄露现象屡有发生。

二、对运营商收集用户数据的规范分析

(一) 个人数据收集的现有规范梳理

目前,对个人数据保护的法律规范主要有《民法总则》《网络安全法》《信息安全技术公共及商用服务信息系统个人信息保护指南》(以下简称《信息保护指南》)、《电信和互联网用户个人信息保护规定》《移动互联网应用程序信息服务管理规定》等。

为了适应信息社会和互联网快速发展的新情况,《民法总则》第 127 条规定:"法律对数据、网络虚拟财产的保护有规定的,依照其规定。"这一规定无疑具有时代前瞻性,但其仍未就公民的具体权利加以规定,造成了公民数据维权的困难;《网络安全法》对规范网络服务提供者对用户数据收集方面进行了较为全面且系统性的规定;《信息保护指南》对个人信息的等级分类和信息的收集、处理进行了较为全面的规定;此外,《电信和互联网用户个人信息保护规定》《移动互联网应用程序信息服务管理规定》等均对移动应用程序的管理以及维护公民、法人和其他组织的合法权益进行了有益探索。

(二) 知情同意原则的规范分析

何谓用户知情且同意？APP 运营商的行为要达到何种程度才算履行了告知义务,保障了用户的知情同意权？《网络安全法》第 22 条第 3 款规定:网络产品、服务具有收集用户信息功能的,其提供者应当向用户明示并取得同意。此外《移动互联网应用程序信息服务管理规定》第 7 条第(2)项、《电信和互联网用户个人信息保护规定》第 9 条等都有类似的规定,要求互联网服务提供商或者移动应用程序提供者(即 APP 运营商)在收集用户数据时,应履行告知义务,尊重用户的知情权。但均没有对用户的知情同意作出进一步的具体说明,也并未对运营商如何保障用户的知情同意划定明确的标准。

笔者认为"知情同意"应从如下方面进行解释:从文意解释来看,"知情"即为通晓、认识的意思,"同意"的意思为对某种主张的赞同或允许,合并理解"用户知情同意"指的就是用户在了解 APP 运营商所提出的协议之后,对此表示认同。但是如何从法律角度对用户是否"知情"和"同意"进行认定呢？

就"知情"而言,其对应的是运营商的告知义务,只有告知充分才有知情的可能,那

---

⑧ 参见京西武馆:"美团外卖用户数据遭泄露:平台应负哪些责任",https://www.admin5.com/article/20180424/847519.shtml,2018 年 7 月 20 日最后访问。

如何认定运营商履行了告知义务？实践中，APP 运营商大都通过与用户签订格式合同的形式履行自己的告知义务，而根据《合同法》第 39 条的规定可知，法律对于合同相对人，尤其处于弱势地位的相对人是否知情的认定，是建立在地位较强的一方采取合理方式提请对方注意的基础之上。结合《最高人民法院关于适用〈中华人民共和国合同法〉若干问题的解释（二）》第 6 条对"合理方式"的解释，要求运营商对格式条款中免除或者限制其责任的内容，在合同订立时采用足以引起对方注意的文字、符号、字体等特别标识，并按照对方的要求对该格式条款予以说明。但是，笔者认为即使运营商在免责或限制责任条款的方面履行了上述的义务，仍不意味着运营商完成了告知义务。基于 APP 运营商和用户之间的特殊关系，运营商还应采取特殊方式对法律所规定用户数据权利的相关内容进行提示，如用户数据收集的范围、使用目的、方式等。但从实践来看，因为用户数据权利及内容的特殊性，往往绝大部分的内容都需要运营商进行提示，这可能又会导致运营商的告知方式体现不出针对性和特殊性，又陷入告知是否"合理"的难题，因此，对于告知方式的完善有待于在实践中不断摸索。

　　如何理解"同意"？从规范角度进行分析，同意可以分为明示同意和默示同意。根据《民法总则》第 140 条第 1 款的规定可知，默示作为法律行为具有有效性。但结合第 2 款的规定，沉默只有在有法律规定、当事人约定或者符合当事人之间的交易习惯时，才可以视为意思表示，这无疑是从侧面限制了沉默有效的适用范围。就用户和 APP 运营商之间的授权协议而言，运营商能否将用户点击"我同意"视为用户的意思表示呢？笔者以为不妥，因为实践中用户在点击授权协议时，往往对协议内容置若罔闻，欠缺内心意思和效果意思，可能只是表示行为。因此，的确不应将其视为用户的意思表示。那能否以用户实际享受服务为由，以用户已经实际履行了合同为由，从客观解释的角度出发，将用户点击"我同意"的行为视为用户的默示同意，而赋予其法律效果呢？笔者认为不能。首先，法律限制了默示法律效力的适用范围，即在法律规定、当事人约定或交易习惯这三种情形下，而用户点击"我同意"的行为不符合上述任何一个情形；其次，结合相关的司法实践⑨，可以看到法院一般对于一方当事人以格式合同方式主张对方同意的都不予支持；最后，目前 APP 运营商告知方式合理性以及用户对自身数据权利认知缺乏通识的标准、协议内容的不可变通性也是笔者不认同默示有效的理由。实践中，运营商通常只在一份隐私政策中对所要收集的数据范围进行整体约定。如果同意默示协议的效力就意味着，一旦用户点击同意，就视为接受了运营商对于数据收集和处理的全部规定，而这种"强制同意"的方式显然是不合理的。根据波恩州法院对"ICANN 与 EPAG 的争议"[被称为《通用数据保护条例》(以下简称 GDPR) 生效之后

---

⑨ 南宁铁路运输中级人民法院（2017）桂 71 民终 345 号民事判决书、山西省运城市中级人民法院（2018）晋 08 民辖终 26 号民事裁决书、云南省红河哈尼族彝族自治州中级人民法院（2018）云 25 民终 247 号民事判决书。

法院的首例裁决]所作的裁决可知⑩,用户即便点击同意选项也并非意味着用户同意运营商所有的协议内容,换言之,运营商的数据收集范围亦受除合同之外的法律限制。这一判决理由也已在 Noyb. eu 投诉 Facebook、Google 的纠纷中得到德国、奥地利监管机构的认同⑪,那么应如何理解用户的同意权呢?

笔者认为,首先,应结合《网络安全法》的规定进行理解。《网络安全法》第 41 条第 1 款规定网络运营商收集、使用个人信息,应当遵循合法、正当、必要的原则,公开收集、使用规则,明示收集、使用信息的目的、方式和范围,并经被收集者同意。从上述规定我们可以得出告知范围的全面、明确是保证用户同意权的前提。其次,为避免"强制同意"现象的产生,有必要对不同类型的数据采取不同的告知及同意方式,而这样操作的前提就在于对用户数据的分类,分类依据可以参考信息保护指南对个人信息分类的规定。最后,完善同意程序的设置,主要包括两个方面:其一,在数据收集阶段针对不同数据采取不同的同意方式;其二,在数据处理阶段设置用户对已分享数据的撤回或删除程序,尤其要保证用户在数据处理阶段享有撤回权或删除权。完善用户同意权的设置之所以必要,原因如下:

虽然《网络安全法》规定了运营商在用户数据收集时应履行的义务,但结合第 41 条第 2 款和第 64 条的法律规定及实践效果进行分析,仍有如下两个关键问题亟待解决:其一,由哪一主体监管运营商履行《网络安全法》第 40 条所规定的义务?换言之,不能只依赖用户的反馈解决问题,否则极有可能演变为"公地悲剧"。其二,政府和运营商是否设置了专门的机制应对用户反馈?法律不能只授予或确认用户享有相应的权利,还应从规范的角度为运营商和政府设置对应的义务或职责。

综上分析,确保用户同意应满足如下条件:第一,运营商应根据法律规定针对不同类型的用户数据采取针对性的且合理的告知及同意方式;第二,保证用户同意权的行使贯穿数据收集、处理的各个流程。

(三) 必要性原则的分析

必要是知情同意的前提,只有确保运营商的数据收集遵循了必要性原则,用户的知情同意才具有意义,否则对用户知情同意权的保证便是一纸空文。但究竟什么才是必要,如何确定运营商履行了必要性义务,这对理解必要性原则至关重要。

何为"必要"? 从文义解释而言,"必要"意为"不可缺少的、非这样不行的",换言之,运营商是基于服务目的而不得不收集用户的某些数据,否则便会在服务履行方面存在障碍,而数据收集一旦超出了"不得不的范围"就意味着运营商违反了该原则。但

---

⑩ 参见上海邦信阳中建中汇律师事务所国际业务团队:"GDPR 首例法院裁决:判决原文、翻译与评述",https://mp.weixin.qq.com/s/Cms8eHx21sbj93B5FNJ89w,2018 年 7 月 15 日最后访问。

⑪ 在 GDPR 生效的第一天,奥地利的 Noyb. eu 因 Google 和 Facebook 的"强制同意"分别向法国、德国、比利时、奥地利的监管机构提起投诉,最终以 Facebook 和 Google 违反 GDPR 第 7 条第 4 款的规定作出认定。

是,在实践中往往难以确定运营商所必须收集的数据范围,原因如下:

运营商提供服务类型的多样化、数据分享关联方的不确定性是必要性范围难以确定的重要原因。就多样性而言,当下任何一款 APP 都不可能只包含一种服务。因此,实践中运营商为了巩固和拓宽业务范围,往往尽可能多地收集用户数据。这些数据类型包括:服务所必要的,即 APP 服务必须依赖这些数据才能发挥作用,如导航 APP 所收集的位置信息;服务附加功能所需的,如大多数 APP 除了提供基础服务之外还会提供附加类型的服务;服务目前暂不需要的。之所以对暂不需要的数据进行收集,可能是以下因素造成的,如用户数据的免费性、技术的可操作性、进行数据交易等。而恰恰因为服务范围的多样化加大了数据收集范围确定的难度,也导致了 APP 运营商过度收集用户数据的现象屡见不鲜,正如《测评报告》中所提到的,10 类 APP 均存在涉嫌过度收集或使用用户个人信息的问题,其中多达 91 款 APP 存在过度收集用户个人信息。此外,数据分享关联方或合作方的不明确,加大了"必要数据范围"的认定难度。如拼多多、小红书、美柚、腾讯等 APP 均在隐私政策中列明:其会与合作方或关联方分享或获得用户数据,但并未对关联方以及关联方使用数据的方式进行说明。这无疑是对必要性原则的破坏,因为即便能保证关联方在合法的范围使用用户数据,但却无法保证运营商或者关联方因此获得与前述用户数据互补的数据。

因此,要确定 APP 运营商收集用户数据的最小范围,就必须要在明确运营商的服务类型的前提下划清其所能收集的用户数据的范围,还应适当加强对运营商与第三方合作机构在用户数据分享方面的监管。

三、规范用户数据保护的若干思考

(一)新版 Google 隐私政策对用户数据权利的保护

GDPR 被认为是欧盟有史以来最为"严格"的网络数据管理法规,它不仅详细规定了数据主体所享有的数据权利,而且规定了网络服务提供商对用户个人数据的处理应承担的义务,还规定了严格的惩罚机制,如高额的罚款。因此,为应对 GDPR 的生效,规范自身的数据处理业务,许多企业对其现有的隐私政策都进行了修改,其中尤以 Google 为代表。下文便以 Google 隐私政策在 GDPR 生效前后的变化为例,分析其对用户数据权利的保护。

首先,在告知义务的履行方面,新版隐私政策的语言表述更加生动、形象。区别于旧版语言表述的专业化,新版隐私政策通过采用视频、图片等方式更为形象、准确地向用户展示了隐私政策的内容,清晰地表明了数据收集的主体、原因、范围、以及相应的法律依据等。同时,新版的隐私政策延续了旧版隐私政策的优点,即通过变更字体颜色、划定下划线等对用户的重要信息进行告知。

其次,在保证用户知情同意权方面,新版隐私政策设置了较为完善的措施,并贯穿于运营商对用户数据收集、分析、传输的各个环节。在数据收集环节,新版隐私政策允许用户选择 Google 可以收集的数据范围；在数据分析和管理环节，新版隐私政策增设了隐私控制项，允许用户选择保存在自己账号下的数据范围，控制他人可查看自己信息的范围，此外还设置了管理偏好选项，保证用户对广告推送的同意权与选择权；在数据分享环节，通过设定事前同意的方式，保证用户对自身数据分享或传输的权利。综上，Google 隐私政策在数据各个流程均设置了一定方式保障用户对自身数据的控制权，从另一个侧面也限制了 Google 对用户数据的收集和滥用。

（二）结合现状探讨 APP 运营商数据合规的可能

1. 必要性原则的完善迫在眉睫

坚持必要性原则是规范运营商数据收集、处理的关键一步，而要保证运营商对用户数据收集、处理的适当、必要，则应从以下方面进行努力：

首先，运营商应提高自身的数据保护意识，坚持必要性原则，避免对用户数据过度收集，如严格按照法律规定和所提供服务的性质，在必要限度内收集用户数据。其次，完善用户对自身数据控制权的程序设置，防止运营商对用户数据的过度收集和使用。如增加用户选择分享数据范围的设置，保障用户对数据分享范围的控制；保障用户撤回权的行使，允许用户在不接受运营商某一项甚至整个服务时，有权要求运营商删除或导出该数据的内容。再次，向用户披露与其合作或关联的第三方及与其所分享的数据内容，保证对外分享的数据进行了匿名化处理，确保第三方不会依靠此数据追踪到用户个人。从次，根据企业情况，设置专门的对接机制或对接渠道，对用户异议进行处理、反馈等。最后，建立对数据处理的定期审查机制，审查数据收集、分析、传输的各个方面，保证运营商在数据处理的各个流程遵循法律规定。

2. 确保用户知情同意权的实现

确保用户知情同意权的实现可以从如下两个方面进行：

首先，确保运营商告知义务的恰当履行，主要从以下方面进行完善：就语言表述而言，确保为用户提供了解专业性术语的方式或渠道，包括但不限于设置视频演示链接、通过图片展示等，保证用户能够知悉有关自身数据权利的内容；就告知内容而言，确保对用户的告知内容全面且重点突出，包括数据收集的范围、原因、目的、行使方式及用户的维权渠道等。其次，完善程序设置，保证用户知情同意权的实现。当前大多数 APP 的权利告知与程序设置存在权利告知完备但程序设置缺乏或协议及程序设置均缺乏等情形。有的即便存在程序设置，但若用户不同意其附加条款，则将无法使用整个或者相应的 APP 服务。如《测评报告》中统计，47 款 APP 隐私条款内容不达标，34 款 APP 没有隐私条款。以"小红书"为例，其规定了用户有权选择接受或拒绝接受 cookies，也可以通过修改浏览器设置的方式拒绝接受 cookies。但如果选择拒绝接受 cookies，则可能无法登录或使用依赖于 cookies 的小红书平台服务或功能。但小红书却没有提供明确的修改指引，也不存在相应的程序设置[12]，而类似现象大量存在。因此

---

[12] 参见小红书："小红书用户隐私政策"，https://www.xiaohongshu.com/privacy，2018 年 7 月 20 日最后访问。

确保用户知情同意权的实现重要且必要。

其次,采取明示同意和默示同意相结合的方式保障用户的同意权。之所以引入明示同意方式,是因为根据欧洲晴雨表的调查报告[13]显示"8/10 的用户认为他们没有完全掌控自己的个人数据;6/10 的用户表示他们不信任企业的在线业务",我国的数据保护现状[14]亦是如此。因此,基于上文对默示协议效力的分析以及为改善运营商与用户之间的信任关系,确有必要在格式合同中引入明示同意的方式。而要做到这一步就必须对用户的数据进行分类,划分明示同意和默示同意的数据范围。笔者认为可以从两个角度确定用户数据的分类标准:从运营商的角度,将数据分为必要性数据、非必要性数据;从用户的角度,按照数据对用户的重要程度将数据分为个人敏感数据和非敏感数据(具体可参照《信息安全技术公共及商用服务信息系统个人信息保护指南》的规定)。综上,具体分类标准可采取如下方式:采取默示同意方式的数据范围应为必要非敏感数据、非必要非敏感数据;采取明示同意方式的数据范围应为必要敏感数据、非必要敏感数据。而明示同意的方式,可以将上述数据单独提取出来,通过发送邮件的方式让用户选择回复邮件或匿名短信的方式予以确认。当然,上述分类标准和方式是否可行仍有待商讨和实践的检验。

(三) 用户数据保护意识亟待提升

从用户角度而言,其既是数据的产生主体又是数据保护的第一道防线,只有不断提高自身的权利保护意识,才能从源头预防数据泄露事件的发生。用户可采取如下方式保护自身数据:选择正规渠道下载 APP 软件,如应用宝、360 手机助手、91 手机助手等;仔细审查运营商所提供的隐私条款,尤其注意以下内容:数据收集的范围、隐私权限的设置、纠纷解决的渠道等;设置不同的账号密码;及时清除不用的"僵尸软件";积极同运营商损害自身数据权利的行为作斗争。

(四) 完善政府的监管职责和机构设置

《网络安全法》第 8 条规定,网信部门具有监督的责任,但并未具体规定监督内容的方式,因此这只是原则性的规定;第 49 条虽然规定了网络运营者的机构设置,但只侧重于网络安全方面。目前尚未建立用户数据保护的争议处理机制。反观欧盟 GDPR 的规定,要求成员国必须设立 DPA,即数据保护局,负责数据保护条例的实施;与特定企业的数据保护官(以下简称"DPO")进行合作,并将其作为 DPA 和用户的联络点;同时,规定 DPO 设定的条件,即企业必须在如下情形中指定 DPO:企业需要定期或系统

---

[13] 参见 http://ec. europa. eu/commfrontoffice/publicopinion/index. cfm/Survey/getSurveyDetail/instruments/STANDARD/surveyKy/2142,转引自 The GDPR: New Opportunities, New Obligations, https://ec. europa. eu/commission/priorities/justice-and-fundamental-rights/data-protection/2018-reform-eu-data-protection-rules _ en, 2018 年 6 月 25 日最后访问。

[14] 参见杨学义:"工人日报追问手机 APP 越界获取权限:边界在哪,隐私谁保护", http://tech. qq. com/a/20170325/013616. htm,2018 年 6 月 25 日最后访问。

地监控用户数据或处理特殊类别的用户数据、企业的核心业务便是数据处理、企业的自身规模较大。例如,如果企业是基于人们的在线行为,通过搜索引擎处理个人数据以实现广告的精准投放(典型如 Google),那么 GDPR 就要求企业内部必须设立 DPO。⑮因此,我们有必要借鉴 GDPR 关于政府监督职责的规定,明确具体的监管机关、厘清监管内容、确定监管方式、细化监管职责。与此同时,结合我国 APP 的发展现状,有必要要求特定企业必须设置专门的数据保护机构及程序,负责用户数据安全的保护和对自身的数据处理业务的评估,并协助政府对自身业务进行监管。

(责任编辑:丁洁瑶)

Discussion on Standardizing Personal Data Collection by Mobile App
—From the perspective of necessity and informed consent principle

Abstract: With the popularity of smart phones, various types of APP provide convenience to users, but also continue to "steal" user data excessively, resulting in frequent user data leakage incidents. The reason for this situation is mainly due to the following factors: the weak awareness of user data protection and rights protection, the lack of specific operational norms for the principle of informed consent and necessity, and the lack of legal supervision and punishment mechanisms. Therefore, to regulate the collection and processing of user data by operators must rely on the efforts of the government, operators and users. The government should set up a supervision mechanism to strengthen the supervision of operators' qualifications and data processing business, and delimit the "necessary data range" according to the service nature of operators. Operators should ensure that users' right of choice and consent is guaranteed at all stages of data collection and processing by taking reasonable measures to fulfill their obligation to inform on the premise of minimum data collection. In addition, improve the operator's management system and strengthen the supervision and review of its own data processing business. Users should raise their awareness of data protection, ensure that they understand the data range and their rights collected by operators before clicking "I agree" and actively fight against operators' illegal actions to protect their own data security.

Key words: Data Disclosure, Necessity, Informed Consent, Strengthening Supervision

---

⑮ 参见 The GDPR: New Opportunities, New Obligations, https://ec.europa.eu/commission/priorities/justice-and-fundamental-rights/data-protection/2018-reform-eu-data-protection-rules_en,2018 年 6 月 25 日最后访问。

论网络游戏直播与二次创作著作权的合理使用

于 韵[*]

【摘要】 随着电子游戏产业网络化、移动化、社交化,游戏直播和针对网络游戏的二次创作市场也高速发展,网络游戏著作权合理使用的适用性讨论意义凸显。网络游戏直播的定义与著作权保护范围目前依然是一个存有争议的问题。同时网络游戏本身与网络游戏直播如何同网络游戏开发商、运营商等著作权人和游戏玩家、直播平台以及二次创作者等著作权使用者达成利益平衡是问题的关键。网络游戏直播是否受《著作权法》保护取决于游戏用户在进行游戏直播的过程中的单纯性游戏操作,还是对游戏直播呈现的整体画面具有独创性贡献。在确认网络游戏直播的可版权性的基础上,游戏用户在直播平台对已有著作权的网络游戏进行的直播行为要分情况定义为合理使用行为。

【关键词】 网络游戏直播;著作权;合理使用

一、网络游戏直播著作权保护的法律属性

(一)网络游戏直播与影视作品的异同

目前,网络游戏直播属于互联网行业中的新兴领域,尚无一个独立的作品类型加以保护。目前著作权作品类型中的影视作品与网络游戏直播可能的法律定性最为接近,但仍存区别。体现在三个方面:

首先,我国《著作权法》第3条中,将"电影作品和以类似摄制电影的方法创作的作品"作为独立类型的作品,给予著作权保护。因而在不脱离影视放映的背景时,场景设计、美术效果、音乐效果和场景段落均是影视作品的一部分。换言之,影视作品是受到

---

[*] 于韵,北京大学法学院博士研究生。

完整统一的著作权保护的。而我国现行《著作权法》中并未对网络游戏直播规定专门的作品分类，这就导致了网络游戏直播著作权的"分散性"，也即网络游戏直播的不同组成部分，只能归入多个作品类型分别加以保护。

其次，影视作品的剧情流程一般单一化。也就是说同一部影视作品，一般来讲，可能形成的作品分支是有限的。但网络游戏直播不同，网络游戏直播是游戏玩家基于现有的网络游戏场景进行不同游戏体验从而呈现出不同的游戏直播画面。由于，游戏玩家之间的游戏体验是完全不同的，因此游戏直播画面也会完全不同，那么著作权保护的客体就具有了高度的"复杂性"。换言之，游戏玩家在进行网络游戏直播的过程中，不仅仅是基于网络游戏本身进行操作的游戏体验者，同时是网络游戏直播的创作者。这种游戏玩家被动获得或主动制造的剧情复杂度，为著作权保护制造了难度。

最后，网络游戏直播较影视作品的市场动态更为活跃，间接导致游戏制造商的著作权维权态度更为暧昧。对于影视作品来说，基于现有的影视作品进行二次的剪辑或续作，甚至解说都需要得到影视作品著作权人的许可，反之则为侵权。但是网络游戏直播与此不同。由于网络游戏类别不同，除了游戏玩家通过自己的设备对游戏体验过程进行直播与剪辑外，有的具有高度创作自由度的游戏还提供官方的"可选下载内容"（Downloadable Content, DLC）和玩家自制的"游戏增强模组"（Modification, MOD）。DLC和续作的不同在于，续作是对前一作品剧情进行延伸而产生的作品，在影视作品著作权保护中，更倾向于获得单独的保护。而 DLC 则是对当前作品的增强，与当前作品是密不可分的关系，因而在司法实践中的著作权归属较为模糊。而 MOD 与 DLC 类似，都是对于当前游戏的增强，其增强可能出现在剧情、画面、音效等与原作重叠的部分，相当于游戏玩家自制的 DLC。在二次创作中，很多游戏玩家参与到游戏的设计、更新和优化上，在更深的层次，从"体验者"变为"创作者"之一。因此，网络游戏直播与影视作品在实施层面具有明显差异，不能完全用影视作品的保护标准来衡量网络游戏直播的著作权保护。

（二）网络游戏直播属于类电影作品

目前，在我国，网络游戏作为一个整体，尚无法纳入一个合适的作品类型加以保护。我国《著作权法》第 3 条对作品的类型采取封闭式列举规定，网络游戏本体毫无疑问属于该规定中的"计算机软件"，但是"计算机软件"不足以覆盖网络游戏的全部利益。网络游戏的美术设计、音乐效果、视频片段乃至计算机程序设计、游戏策划均携带着不同的作品属性。

网络游戏的游戏程序、游戏数据为其基本构成，而承载着计算机程序的背景故事、游戏角色、游戏模式、运行算法等要素以及游戏对上述要素的合理安排和配置，均属于"计算机软件"范畴内的著作权保护目标。但是，当脱离了网络游戏这个背景后，网络游戏中单独的设计元素，如美术图片、音乐效果、剧情、游戏任务、游戏道具等，都可单独作为一类作品给予著作权保护。这一点可以类比影视作品,在脱离了电影放映的背景后,电影、电视剧的场景设计、音乐效果和场景段落均可作为单独作品,其权利归属于创作者。

与网络游戏不同的是,网络游戏直播作为网络游戏体验者所参与的产物,其本身是否具有版权性一直存有争议,其权利归属同样更为复杂与多样化。判断网络游戏直播是否受《著作权法》保护首先要判断其客体是否具有可版权性。有的学者,如李扬认为至少网络游戏直播应当被认定为"电影作品和以类似摄制电影的方法创作的作品"①。网络游戏直播从表现形式上看,属于一系列动态,有伴音的连续画面。虽然其创作手法属于制作而非摄制,但是不能否认其作品性。根据我国现行《著作权法实施条例》的解释,认为"电影作品和以类似摄制电影的方法创作的作品,是指摄制在一定介质上,由一系列有伴音或无伴音的画面组成,并且借助适当装置放映或者以其他方式传播的作品",认为只要在屏幕上显示,都应当受到保护。但是有的学者也因此认为,网络游戏直播不应被草率地认定为类似于电影作品,因为很多网络游戏直播和电影作品不同的是其创作方法不属于类电影作品所规定的摄制于一定介质上,如焦和平认为"游戏画面与类电影作品的差异远大于共性,游戏直播画面的创作手法不符合类电影作品的'摄制'要件要求"②。在我国司法实践中,对于网络游戏直播相关的"奇迹MU"案,法院将游戏画面认定为由一系列有伴音或无伴音的画面组成,可以构成类电影作品。③ 但在"耀宇诉斗鱼案"却被认定属于体育竞技比赛,具有随机性与不可复制性,比赛结果具有不确定性,故比赛画面并不属于《著作权法》规定的作品。④

在我国现行《著作权法》保护范围内的作品必须是在文学、艺术或科学领域内的具有独创性并且可以被客观感知的外在表达的人类的智力成果。⑤ 同时,美国《版权法》保护的作品亦是需要满足"fixed in a tangible medium of expression"⑥的条件。因此,对于网络游戏直播是否可以归于著作权保护范围,我们可以通过其是否满足《著作权法》所规定的受保护作品的条件进行判断。网络游戏直播作为一个复杂的作品,与网络游戏本身画面是不可分割的。网络游戏玩家主播是基于网络游戏画面本身进行二次创作。在直播的过程中,其本身的游戏操作同时配有的音乐、解说、弹幕、音效等元素组合在一起,通过网络平台向公众进行传播。因此,可以理解为网络游戏直播画面是由游戏开发者与游戏玩家共同参与创作的,并且可以通过网络直播的形式进行表达,同时该表达也能通过网络录播技术进行储存与复制。这方面满足《著作权法》对于作品

---

① 参见李扬:"网络游戏直播中的著作权问题",载《知识产权》2017年第1期。
② 参见焦和平:"网络游戏在线直播画面的作品属性再研究",载《当代法学》2018年第5期。
③ 参见上海知识产权法院(2016)沪73民终190号民事判决书。
④ 参见上海浦东新区人民法院(2015)浦民三(知)初字第191号民事判决书。
⑤ 参见王迁:《著作权法》,中国人民大学出版社2015年版,页17—19。
⑥ 参见美国《版权法》17 U.S.C. §102(a)。

的存在一定介质的可复制性的要求。然而,网络游戏直播是否具有独创性一直是学界的争议。王迁认为,玩家在玩游戏的过程中是无法对网络游戏本身进行干预与修改或者二次创作,因为网络游戏本身已经是由网络游戏开发者设定好的统一故事线索与任务或者统一情节、角色与音乐,玩家仅是基于现有的游戏,按照网络游戏开发者设定好的游戏程序进行游戏体验,因此对游戏画面并没有独创性贡献。⑦ 笔者认为单纯将网络游戏玩家的游戏操作、解说、音乐与音效的网络游戏直播归于网络游戏本身的程式化运行,是对游戏玩家精心准备的直播内容的智力成果的抹杀。如果仅是游戏玩家的游戏操作画面确实可以归为网络游戏程式化运行,但是网络游戏直播作为网络游戏玩家精心准备的解说内容,同时配有的音乐与音效、贴图或表情等一系列素材组合,呈现给屏幕前观众的整体视听效果已经符合《著作权法》中独创性的要求。

《著作权法实施条例》第 4 条第(11)项规定:"电影作品和以类似摄制电影的方法创作的作品,是指摄制在一定介质上,由一系列有伴音或者无伴音的画面组成,并且借助适当装置放映或者以其他方式传播的作品。"⑧在"奇迹 MU"案上,法院判决是这样表述的:"从表现形式上看,随着玩家的操作,游戏人物在游戏场景汇总不断展开游戏剧情,所产生的游戏画面由图片、文字等多种内容集合而成,并随着玩家的不断操作而出现画面的连续变动。上述游戏画面由一系列有伴音或者无伴音的画面组成,通过电脑进行传播,具有和电影作品相似的表现形式。"⑨关于网络游戏直播是否可作为类电作品进行保护,目前还是一个具有争议的问题,然而武断地将游戏玩家的操作定性为遵从游戏程序指令的机械性操作并不妥当。在游戏直播过程中,玩家最后呈现给电脑前观众的整体画面是由玩家准备的解说词,选择适当的音乐,配有符合当时场景的贴图或音效的综合产物,增加了游戏玩家在玩游戏过程中独创性的贡献性,因此游戏直播并非不能受到《著作权法》的保护,其保护类型亦可参照类电作品的标准进行判断。

二、网络游戏及相关作品的著作权归属

网络游戏本身是集多种著作权于一体的复杂的著作权客体,其中包含音乐、文字、情节、画面及在游戏运行过程中玩家可与玩家或电脑进行互动的人物。因此网络游戏不仅仅是一个单一的作品,而是一个融合各类可版权性的元素的作品。

近 20 年来,由于网络游戏产业高速发展,开发一款游戏需要大量的专业人士。如果说 20 世纪 80 年代,开发一款游戏需要几个人来完成,那么现代游戏产品的开发常常需要几十甚至上百个人员来进行共同制作开发,而游戏开发公司及平台的规模则决定开发一款游戏会涉及多少人。由于,近年来的游戏市场逐步吸纳了大量的相关技术

---

⑦ 参见王迁、袁锋:"论网络游戏整体画面的作品定性",载《中国版权》2016 年第 4 期。
⑧ 参见《著作权法实施条例》第 4 条第(11)项。
⑨ 参见上海知识产权法院(2016)沪 73 民终 190 号民事判决书。

人员来开发制作游戏,因此导致了一款游戏中包含了大量不同的著作权主体。

(一) 作为"类电影作品"判断著作权归属

将网络游戏整体视作著作权的客体时,需要首先明确,虽然网络游戏以程序代码为基础,依托于计算机软件而存在,但是游戏并不等同于程序代码。尽管没有程序代码就没有游戏的诞生,但代码并非游戏与玩家交互的工具。玩家获得游戏体验,是通过人物、画面、音乐等元素。正如前述,这些单元虽由程序代码产生,但更需有专业的设计人员进行创作,从而真正使完整的游戏呈现于玩家面前。因此,代码仅是网络游戏的一个组成要素,不能将其视为网络游戏本身。因此,本文所讨论的网络游戏是包含了多个创作元素的集合作品,其创作过程也涵盖了游戏开发过程中的各项工作。

对于游戏整体及其各要素作为著作权的客体时,其著作权应当归属于哪一主体这一问题,学界中支持游戏整体具有可版权性的观点普遍认为,其著作权应归属于开发者所有。这一观点通常是立足于将网络游戏视为类电影作品的角度。与电影作品相似,网络游戏由连续性的画面呈现出来,通过PC端或手机客户端进行传播,与电影的表达形式相似。并且,网络游戏由人物、图画、音乐等多种要素组成,根据故事背景和情节发展有机组合而成,故而玩家进行游戏体验的过程类似于观看电影作品,因此将网络游戏视为类电影作品。由于电影作品的著作权应当归属于制片人⑩,而非演员或编剧,因此网络游戏的整体著作权应归属于其开发者,而非某一部分的创作者。

但根据《著作权法实施条例》中的定义,电影作品和以类似摄制电影的方法创作的作品,是指摄制在一定介质上,由一系列有伴音或者无伴音的画面组成,并且借助适当装置放映或者以其他方式传播的作品。⑪ 根据这一定义,类电影作品应当是经过"摄制"而成的,但正如上文所言,网络游戏是依托于游戏代码而成的,并未使用"摄制"这一方式。二者创作方式不同,因此,是否能将网络游戏视为类电影作品,还有待商榷。⑫

(二) 作为"职务作品"判断著作权归属

对于网络游戏各要素的版权归属,学界通常认为,应当将其视为职务作品,由游戏开发者拥有版权。根据《著作权法》第16条第2款,如果是主要利用法人的物质技术条件创作,并由法人承担责任的工程设计图、产品设计图、地图、计算机软件等职务作品;或是法律、行政法规规定或者合同约定著作权由法人或者其他组织享有的职务作品,其著作权归属于开发者所有。⑬《著作权法》第11条第3款中规定,若作品创作是由法人或其他组织主持,根据其意志进行创作并由其承担法律责任,则法人或其他组

---

⑩ 参见凌宗亮:"网络游戏的作品属性及其权利归属",载《中国版权》2016年第5期。
⑪ 参见《著作权法实施条例》第4条第(11)项。
⑫ 参见田恩雅:"论网络游戏整体画面视为类电影作品的认定",载《法制与社会》2017年第5期。
⑬ 参见《著作权法》第16条第2款。

织是作品的作者。[14]

网络游戏由多种不同元素组成,其各个部分也由不同的设计者负责。例如,游戏原始代码由程序员创作而成,人物、画面等由专业美工人员进行创作,游戏情节由专门的人编写设计。虽然代码、人物、画面等要素都具有可版权性,但是其著作权却不一定归属于其创作者。这是由于这些要素的创作者并非游戏整体的构思者,其虽单独创作美术作品、文字作品、音乐作品,并在其中注入自己的创意,但其创作框架确是根据游戏整体特点而来的,并不是自由随意创作,而是需要符合游戏整体风格。而游戏风格又是由开发者事先订立好的,并非某一设计者可以单独改变。游戏各元素的创作者们往往是游戏开发公司所雇佣的员工,其根据开发公司的目的进行设计,创作的作品属于职务作品,作品的法律责任也归属于开发公司。因此,网络游戏的著作权应当归属于开发者。即便游戏中存在的美术作品、音乐作品的创作者不受雇于同一家公司,也应当将其相对应的著作权归属于美术作品设计者、音乐作品设计者所受雇的主体。只有在网络游戏是由设计者自行规划开发、发行的情况下,其著作权才可能归属于创作者本人,在这种情况下,创作者也就是开发者。

1. 著作权归属于游戏创作者

《著作权法》第 16 条第 1 款规定,除本文上节所述两种情况外,职务作品的著作权归作者所有。因此,若在游戏开发过程中,单个元素的设计者在创作过程中并未存在上述两种情况,则其创作的美术作品、音乐作品等的著作权归属于作者本人。虽然在实践中,由法人作为开发者,但不由法人承担责任的情况少之又少。但是在理论上讲,出现这种情况时著作权确实应当由作者享有。除此之外,职务作品的著作权归属于法人,并不是指著作权整体归属于法人。著作权分为著作人身权和著作财产权,著作人身权又分为发表权、署名权、修改权、保护作品完整权等。其中,署名权是著作人身权的核心[15],是作者固有的权利。即使是在职务作品中,根据法律规定,作者依然享有署名权。对于网络游戏来说,即使其著作权归属于开发者,但其中美术作品、文字作品等作品的署名权应当属于其各自的创作者。

2. 著作权归属于游戏玩家

网络游戏由游戏开发者设计、发行,故其开发者对游戏享有著作权。但是当游戏开发完成后,在游戏进行过程中,其所呈现的游戏画面却是不尽相同的。虽然游戏画面的变化呈现是基于程序代码的不同组合而形成的。但是有观点认为,网络游戏的生产商研发出的游戏是以静态的智力成果的表现形式存在,而动态游戏画面的呈现在一定意义上融入了游戏玩家的智慧与贡献。[16] 但是,这种动态画面是基于设计者所呈现

---

[14] 参见《著作权法》第 11 条第 3 款。
[15] 参见王迁:《知识产权法教程》,中国人民大学出版社 2007 年版,页 111。
[16] 参见祝建军:"网络游戏直播的著作权问题研究",载《知识产权》2017 年第 1 期。

出的静态的成果所产生的,而在产生动态画面的过程中,网络游戏玩家并未在其中倾注自己的创作,并未展现出独创性。因而在这种情况下所产生的动态游戏画面并不能被认定为是由玩家所创作,其著作权也不能归属于游戏玩家。[17]

但是,在某些游戏中,游戏画面确实能够体现玩家的独创性。例如,在绘画类游戏过程中,游戏玩家就如同在纸上创作一般,通过绘画过程创作出独一无二的美术作品。以"你画我猜"类游戏为例,玩家通过绘画以描述特定词汇,由于每个人对词汇的理解和表达能力不同,所做画作也大相径庭,从中能够体现出作者的创作思想。此外,还有一些单纯的画图游戏,玩家可以在创作过程中表达自己的审美,创作出具有美感的作品,体现出独创性,也能通过拍照等方式保存、传播,符合《著作权法》上关于美术作品的定义。因此玩家玩这类游戏的过程,实际上也就是创作的过程,游戏画面的版权自然应当归属于游戏玩家所有。

在游戏运营的过程中,学界和业界一般认为,游戏玩家通过操作游戏而进行的行为不属于创作作品的行为。这一行为不影响网络游戏本体,因为游戏是由游戏开发者通过游戏程序和游戏场景产生的固定可能的操作选择,尽管这种选择在数量上极其庞大,但是游戏操作并未产生独创性产品。因而,这一行为本身,不影响网络游戏本体著作权的归属,由此产生的直播行为则归于直播视频的著作权问题的研究。

(三) 网络游戏直播著作权归属

网络游戏直播的著作权问题比较复杂。首先,我们需要讨论网络游戏直播的视频是否构成作品。从当前学术界的观点来看,对于网络游戏直播视频是否属于作品这一问题,讨论者仍有较大分歧。在主张此类视频具有作品属性的学说中,学术界对于直播视频属于何种作品也有不同看法,存在认为直播视频是美术作品、汇编作品等等多种观点。而主张网络游戏直播视频不具备作品属性的学说则主要强调的是其非独创性,认为游戏玩家按照游戏开发商既定的程序进行游戏,并不具备作品的独创性。[18]

这里我们需要针对不同的网络游戏直播进行分别讨论,对于不同的网络游戏直播给予不同的《著作权法》上的考察。一般情况下,网络游戏直播可以分成两类:一类为有专门机构组织、冠名、拍摄的大型游戏竞技比赛;一种为游戏玩家、游戏主播或主播平台自行操作游戏并加以录制、播出的游戏直播,两者可以类比传统竞技比赛的大型赛事和友谊赛。两者在内容上、制作环节上和投入财力物力上均有所不同,呈现的画面均以网络游戏的比赛画面为主。不同的是,大型网络游戏竞技比赛中,类似于传统体育比赛,主办方会在录制中加上专业的配乐、解说、竞赛双方背景信息等较为专业的信息。尽管在游戏过程中,参赛选手本身的动作幅度较小,但是选手的细微动作、表情

---

[17] 参见冯晓青:"网络游戏直播画面的作品属性及其相关著作权问题研究",载《知识产权》2017年第1期。

[18] 参见王迁:"电子游戏直播的著作权问题研究",载《电子知识产权》2016年第2期。

等信息往往更动人心魄。此时尽管游戏开发公司提供了"地形空间",参赛者和主办方仅在"可能性空间"中活动,但正如我们不能将足球比赛直播的著作权归于足球场一样,我们不能完全排除主办方和参赛者的经济权力。而且,对于很多网络游戏竞赛的主办方来讲,现行的网络游戏可能有一定系统上或平衡性上的问题,所以很多主办方会选择对网络游戏加以二次创作,提供 MOD,以供参赛者更公平地竞赛。此时我们主张,在网络游戏的程序上和录制上,大型网络游戏竞赛均有一定的独创性。而在录制手法上,网络游戏竞赛也与摄制电影的手法相近,均属于设置在介质上、由有伴音或无伴音的画面组成、借助适当装置放映或以其他方式传播的作品,所以该直播的制作者可以享有一定相关的权利。在司法实践中,大型网络游戏竞技比赛的主办方往往与游戏开发商有着千丝万缕的联系。主办方可能是开发商、游戏设备商或者游戏运营商。推出网络游戏竞赛的目的,可能在于进一步推广此类游戏,因此在大型网络游戏竞赛中,罕有著作权相关的诉讼问题。

对于游戏主播或玩家参与游戏并自行录制的游戏视频,我们也要区分对待。正如上文所说,游戏直播中的美术画面、音乐音效、故事情节等内容均发生在游戏的"可能性空间"中,所以针对游戏本身的游戏解说难以使游戏直播整体上达到具有保护需求的独创性。但是我们也应该看到,一些游戏主播在直播时具有强烈的个人色彩,在解说时脱离了游戏,上升到更高的层次。比如说可能将网络游戏或游戏竞赛作为一个背景,进行脱口秀式的解说,给听众或观众带来不一样的吸引。[19]

三、网络游戏直播的合理使用

(一)合理使用的法律基础

所谓著作权的合理使用,是指在法律规定的条件下,不必征得著作权人的同意,且不必支付报酬,基于正当目的而使用他人著作权作品的合法行为。我国《著作权法》第22条第1款以封闭式列举的方式规定了12种合理使用的情况,同时2014年《中华人民共和国著作权法(修订草案送审稿)》第43条第1款第(13)项中增加了"其他情形"的规定,为解决网络游戏著作权问题建立起基础。根据我国现行法律,游戏直播和其他网络游戏周边产品尚不属于《著作权法》列举的合理使用情形。

著作权的合理使用可以参考"三步检验法"和"四要素法"。一方面,三步检验法要求,合理使用只能在特定情况下适用,而非在所有情况下通用;合理使用不得影响原作的正常使用;合理使用不得不合理地影响著作权人的合法权利。值得讨论的是三步检验法中的第三点,也即网络游戏及其相关产品的著作权使用是否会不合理地影响其著作权人的合法利益。在真实生活中,网络游戏的著作权使用者和著作权人之间往往

---

[19] 参见祝建军:"网络游戏直播的著作权问题研究",载《知识产权》2017年第1期。

不是竞争关系,如果有使用者侵害著作权人的利益问题,往往伴随着名誉类侵权问题。因而我们认为,在更多情况下,网络游戏直播和二次创作对于网络游戏本身来讲,是符合三步检验法的。在较少情况下,直播和二次创作可能影响到著作权人的合法权利。

另一方面,从"四要素法"角度上讲,我们需要判断合理使用的目的和性质、有版权作品的性质、同整个有版权作品相比所使用的部分的数量和内容实质性,以及这种使用对版权的潜在市场或价值所产生的影响。首先,从使用的目的和性质上讲,网络游戏直播多数是商业性或具有潜在商业性的。即便对于直播制作者来讲是非商业性的,对于网络游戏直播平台来讲也是商业性的。而对于二次创作者来讲,他们编程产生的MOD存在商业性和非商业性两种,非商业性的MOD更多可能是善意的,纯粹基于制作者的兴趣爱好,为使用者提供正常便利。而商业性的MOD则可能是类似于非商业性MOD的善意举措,也可能是破坏游戏体验甚至游戏程序的恶意产品,比如网络游戏中常常被打击的"外挂"。其次,在网络游戏的性质上,网络游戏、网络游戏直播和二次创作产品均应属于受著作权保护的作品,即便是网络游戏直播和二次创作,其相关利益也应受到保护。网络游戏直播和二次创作对网络游戏本体的使用是不一样的,网络游戏直播更多使用游戏画面、音效等内容,对于作品的数量和质量使用都是实质性的,且占比较大。而二次创作时,由于涉及了大量编程,在创作 MOD 时,二次创作者对网络游戏的使用往往是超过了游戏直播的。最后,从市场价值上讲,网络游戏直播对观看者的影响可能是复杂的,一部分观众可能由于对游戏产生了兴趣而愿意购买游戏,另一部分观众则可能提前了解到了游戏剧情,从而不愿付费购买游戏。而二次创作则不同,二次创作往往加强了游戏的体验感,提升了游戏的质量,对网络游戏销量有正面作用。因此笔者认为,对于网络直播和二次创作我们需要具体问题具体分析,不能断言这些行为是否符合合理使用的四要素。

(二) 网络游戏著作权合理使用的实践

从实践的角度上讲,著作权合理使用的适用条件一般有两种观点:一部分学者主张以是否有利于著作权作品的创新与繁荣为标准,建立有效的著作权合理使用规章制度。还有一部分学者认为,为了实现公共利益,应当寻求著作权人个人和著作权使用者之间的社会公益的平衡。

对于网络游戏著作权而言,我国现行的商业市场状况倾向于第一种观点,也即著作权使用应倾向于创新,而非对网络游戏著作权人的保护和对使用者的限制。这是由于我国网络游戏市场现处于高速发展阶段,在不断发展、创新的过程中,尽管现行法律的封闭式列举中并不明确支持网络游戏直播和网络游戏的二次创作。但由于这些创作具有一定转化性,而且不仅不会构成对游戏的市场替代,反而会促进观看或关注这些二次创作的观众进入到网络游戏市场。[20]

以较为知名的网络直播平台抖音、快手和哔哩哔哩为例:在这些网络直播平台上,很多由于种种原因并不关注特定游戏的玩家,由于关注了一些知名游戏主播,从而对他们推荐和直播的游戏产生了兴趣,这也是一些游戏关注者戏称自己是"云玩家"的由来之一。从商业角度,我们可以把网络游戏的受众大体分为三类:核心玩家、非玩家和中间玩家,其中核心玩家的付费意愿和购买正版游戏的意愿较强,但数量最小。非玩家的数量最多,游戏开发商和运营商也往往难以针对他们进行营销。中间玩家则是有一定兴趣爱好,但因为一定原因不愿或未能进入市场的玩家,此类游戏玩家使用盗版的意愿最强,也是游戏开发商主要的营销对象。尽管游戏直播和其他二次创作在著作权合理使用上尚处于模糊地带,但我国现有市场中,很多游戏开发商将游戏直播平台作为营销的渠道之一。

而对于二次创作来讲,我国乃至全球市场均处于较为矛盾的状态。一方面,无论收费与否、善意与否,一般来讲游戏 MOD 提升了部分玩家的游戏体验,是游戏开发商和游戏运营商的一个补充。这一点多见于大型互动式网络游戏和单机游戏中,比如在知名网络游戏魔兽世界、剑侠情缘等游戏中,当游戏的部分功能尚不健全时,就会有玩家制作有利于游戏运行的二次创作产品,比如为游戏者提供在线指导、游戏道具买卖价格参考等功能。这种功能的确有助于提升游戏玩家粘性,是有利于著作权人的。但是另一方面,很多游戏的辅助功能只是提升了游戏的便利程度,其效果只是针对存量玩家的,对吸引新的玩家的效果有限。况且,有部分二次创作者由于提供的产品破坏了游戏原有的平衡性,使得大量游戏玩家流失,这种著作权的使用一般是各类游戏厂商较为抵制的。然而一个游戏 MOD 对著作权人的影响是非常复杂的,很难说只有正面或只有负面影响。所以从鼓励创新角度和从著作权人与使用者利益平衡角度,我们无法作出最终判断,需要具体问题具体分析。

(三) 网络游戏著作权使用的限制

综上所述,网络游戏直播平台不会对网络游戏本体及其市场作出替代,多数情况下有可能有利于网络游戏市场的运行,少数情况下可能使得客户退出市场。二次创作则在多数情况下可能加强游戏体验,少数情况下不利于游戏平衡。因而,我们应当在一定程度上支持和鼓励网络游戏主播和二次创作者对网络游戏著作权进行合理使用,同时保障著作权人正当权利的行使。对于网络直播来讲,一些低素质主播可能给观众带来不良观感,从而使观众对游戏质量、游戏参与者和游戏体验的认知存在偏差。这一点也同样可能发生在网络游戏二次创作中。因此,我们应当赋予著作权人对网络直播和二次创作的相关控制权,从立法和执法等多个角度,切实保障著作权人的利益,对

---

[20] 参见许安碧:"网络游戏直播中的著作权问题探究",载《政法学刊》2017 年第 1 期。

于不符合"四要素法"和"三步检验法"的著作权侵权行为予以打击,从而保障著作权人乃至互联网世界的合法权益。[21]

四、结语

著作权的合理使用制度是维护著作权人个人利益和社会公共利益平衡的重要手段,这一点在互联网经济高速发展、居民娱乐方式日渐网络化的今天更具有现实意义。随着电子游戏产业网络化、移动化、社交化,网络直播市场和二次创作市场必然高速发展,其发展也一定会涉及网络游戏产品著作权人利益的保护。基于上文讨论,我们判断网络游戏开发商、运营商和著作权使用者之间的利益可能是高度一致的,不能一概排除合理使用的适用。但是,同时也要更好地平衡各方利益,切实保护著作权人利益,推动互联网世界的发展。

(责任编辑:吴柯苇)

Fair use of Video Game Live Streaming and Second Creation Copyright Issues

Yun Yu

Abstract: As the video game industry becomes networked, mobilized and socialized, the market for video games living show and secondary creation of online games also develops rapidly, and the discussion on the applicability of fair use of online game copyright also shows up. How to balance the interests between copyright users such as online game developers, operators and game players, live broadcast platforms and secondary creators has become a key issue. Whether video game live streaming is protected by copyright law depends on the users' operation's minimum creative contribution to the overall picture of the live broadcasting. On the basis of confirming the copyrightable video game live streaming, the stream behavior of game users on the live streaming platform to the existing copyrighted video game should defined as fair use behavior.

Key words: Video Game, Copyright, Fair Use

---

[21] 参见易继明:"禁止权利滥用原则在知识产权领域中的适用",载《中国法学》2013年第4期。

编后记

自 2001 年《北大知识产权评论》问世以来，如今已走过 18 载，每一卷都承载着法律人在知识产权前进道路上的耕耘和收获。往卷精彩仍在，2018 年卷依约前来，只为与每一位读者相见，共同碰撞思维的火花。

2018 年是知识产权发展极为重要的转折点，知识产权机构改革完成，《专利法修正案（草案）》经国务院常务会议通过，全国人大常委会完成第一次审议。相关计划的推进、工作方案的印发实施在深深影响着知识产权保护进程的同时，也在启发着我们不断发现并提出问题，进而尝试研究、剖析甚至解决问题。

社会是时代的产物，我们身边的人、事、物都被打上时代的烙印。那么于知识产权而言，这是怎样的时代呢？这是在经济新形势下国家重视加强知识产权保护，印发指导性文件以明确知识产权工作路线的时代；这是在日常生活中处处可见与知识产权相关的事物，人人皆谈"IP"的时代；这是知识产权创造水平不断提升，保护力度不断加大，知识产权事业所取得的进步被逐渐认同的时代；当然，这也是需要知识产权人不断深入研究存在的问题，研究工作依然任重道远的时代。

毫无疑问，《北大知识产权评论》是这繁复研究工作中的沧海一粟，也是当下新媒体洪流中的一点学术坚守。在本卷中，我们收录的文章涵盖对专利劫持、许可、侵权、审查，以及著作权、商标、局部外观设计、个人数据保护等相关问题的探讨。

最后，我们要感谢每一位投稿人对《北大知识产权评论》的支持与厚爱，感谢各位对编辑工作的理解与配合，更要感谢责编们的辛苦校稿与付出。

《北大知识产权评论》编辑部
2019 年 1 月 1 日

《北大知识产权评论》征稿启事

《北大知识产权评论》是由北京大学知识产权学院主办的以研究知识产权法学理论、法律制度和有关案例为主的专业性学术刊物。

《北大知识产权评论》秉承北大"学术自由,兼容并包"的学术传统,融批判的精神于学术争鸣之中。但凡有新理论、新见地、言之成理、自圆其说者,均欢迎赐稿。

来稿请遵从如下要求:

1. 作者应保证所投稿件为原创,所投稿件不侵犯他人的合法权利。

2. 除正文外,投稿人应提供稿件的中英文标题、内容摘要、关键词,并另文撰写作者简介(包括作者姓名、所在单位、通信地址、邮编、手机号码、电子邮箱等信息)。

3. 来稿请用页内连续注释。有关中文文献的注释规范请参照附件《中文文献引征体例》,有关英文文献的注释规范请参照美国法学院通用的《蓝皮书——统一引证体例》(The Bluebook—A Uniform System of Citation (19th ed. 2010))。

4. 来稿和作者简介请采用 MS Word 格式编排,分别以电子邮件附件方式发送至 pkuipreview@163.com。邮件标题格式为:"投稿 + 作者姓名 + 稿件中文标题"。

5. 每位作者限投稿一篇,每篇稿件正文字数应在 8000 字以上。

6. 来稿一般不退,请作者自留底稿。

7. 本刊编辑部对来稿的审读期限为 3 个月,逾期未收到用稿通知的,作者可自行处理。

《北大知识产权评论》编辑部
二〇一九年一月一日

附：

中文文献引证体例

一、一般规定

1. 注释为脚注，每篇文章的全部注释编号连续排列。文中及页下脚注均用圈码，通常应在句中标点之内，句末标点之外。
2. 正文引文超过150字者，应缩格并变换字体排版。
3. 文献的信息顺序：作者，文献名，卷次（如有），出版者、出版时间及版次，页码。
4. 定期出版物的信息顺序：作者，文章名，出版物名称、年份及卷次。
5. 报纸的信息顺序：作者，文章名，报纸名称、日期及版别。
6. 译作的信息顺序：国籍（外加六角括号），作者，文献名，译者，出版者、出版时间及版次，页码。
7. 网上资料的信息顺序：作者，文章名，网址（外加尖括号），最后访问日期。
8. 引用学术集刊时，应首先注明特定文章作者，然后依次为文章名，收入该文之文集编者名，文集名，出版者、出版时间及版次，页码。
9. 引用之作品，书、刊物、报纸及法律文件，用书名号；文章篇名用引号。
10. 页码使用"页 N"或"页 N—N"。
11. 编辑或整理之作品，编者名之后加注"主编"或"整理"字样。
12. 同一文献两次或两次以上引用，第二次引用时，若紧接第一次引用注文，所引非同页，注"同上注，页 N"；所引为同页，则径注"同上"。
13. 非引用原文者，注释前加"参见"；非引自原始出处者，注释前加"转引自"。
14. 引用古籍的，参照有关专业部门发布之规范；引用外文的，遵循该语种的通常注释习惯。
15. 引用中国台湾、香港、澳门地区出版或发行的文献，可在出版或发行机构前加注地区名。
16. 原则上不引用未公开出版物。

二、引用例证

1. 著作

梁慧星：《民法总论》，法律出版社2001年版，页101—102。

再次引用,如中间无间隔所引不同页:同上注,页65。

如中间无间隔所引同页:同上。

李双元、徐国建主编:《国际民商新秩序的理论构建》,武汉大学出版社2003年版,页75。

2. 定期出版物

苏号朋:"论信用权",载《法律科学》1995年第2期。

3. 报纸

梁慧星:"医疗损害赔偿案件的法律适用",载《人民法院报》2005年7月13日第5版。

4. 译作

〔美〕亚历山大·米克尔约翰:《表达自由的法律限度》,侯健译,贵州人民出版社2003年版,页1。

5. 网上资料

李扬:"技术措施权及其反思",http://www.chinalawedu.com/news/2004_10/8/1803452391.htm,2010年7月23日最后访问。

6. 学术集刊

尹田:"论动产善意取得的理论基础及相关问题",载梁慧星主编:《民商法论丛》(第29卷),法律出版社2004年版,页206—207。

7. 港台文献

胡鸿烈、钟期业:《香港的婚姻与继承法》,香港南天书业公司1957年版,页115。

Call for papers

Peking University Intellectual Property Review is edited by the editorial board of the Review, and published by *Peking University Press*, under the auspices of *Peking University Intellectual Property School*. The Review invites the submission of papers on the study of Intellectual Property Law, Policy and Cases. Papers can be written in Chinese or English. Papers should be sent to pkuipreview@ 163. com or:

Editorial Office
Peking University Intellectual Property School
Kai Yuan Building Room 309, Peking University
Beijing 100871, China